刘斐丽 著

地方性知识视域下的精准扶贫研究

中国社会科学出版社

图书在版编目（CIP）数据

地方性知识视域下的精准扶贫研究／刘斐丽著 . —北京：中国社会科学出版社，2022.8
　ISBN 978 – 7 – 5227 – 0608 – 5

　Ⅰ.①地… Ⅱ.①刘… Ⅲ.①扶贫—研究—中国 Ⅳ.①F126

中国版本图书馆CIP数据核字（2022）第137044号

出 版 人	赵剑英
责任编辑	孔继萍　周怡冰
责任校对	王　龙
责任印制	郝美娜

出　　版	中国社会科学出版社
社　　址	北京鼓楼西大街甲158号
邮　　编	100720
网　　址	http://www.csspw.cn
发 行 部	010 – 84083685
门 市 部	010 – 84029450
经　　销	新华书店及其他书店
印　　刷	北京君升印刷有限公司
装　　订	廊坊市广阳区广增装订厂
版　　次	2022年8月第1版
印　　次	2022年8月第1次印刷
开　　本	710×1000　1/16
印　　张	14.25
字　　数	201千字
定　　价	88.00元

凡购买中国社会科学出版社图书，如有质量问题请与本社营销中心联系调换
电话：010 – 84083683
版权所有　侵权必究

序

  精准扶贫作为中国政府几十年贫困治理的创新工作机制，在全社会掀起全民扶贫的浪潮，一时间成为街谈巷议的话题。精准扶贫政策是从 2013 年提出，到 2015 年我进行博士学位论文选题的时候，已经在全国贫困的农村进行了两年多。机缘巧合中，我发现身边的好几个亲戚朋友都从事着农村精准扶贫的工作。他们都身处一线，非常清楚精准扶贫执行过程中的具体细节，一谈到精准扶贫工作都是滔滔不绝，给我讲着他们的所见所闻所感，对这一工作都是充满激情、充满想法。在与他们的深入交谈中，我对这项国家政策产生了浓厚的兴趣：国家制定精准扶贫的政策目的是帮助贫困地区的贫困户获得谋生手段，因而，就有各种项目类帮扶手段，意在借助别人的力量获得自己的谋生手段。正所谓"借精准扶贫之东风，助贫困户扬帆远行"，但是，这样一项国家的惠民政策，在执行过程中何以出现困局。这是我最初也是最强烈持久的问题意识。

  于是，我开始着手调研，选择田野点几经周折，始终没有确定具体的调研点。一次偶然的机会，我的一位亲戚付叔叔得知我对精准扶贫感兴趣，非常热心，愿意帮助我。他在国家级贫困村 W 村担任了两年的第一书记，感慨颇多而且毫无保留地向我分享了他任职两年以来的所见所闻所感。此外，他很快向我提供了他们评议小组在精准识别过程中的所有会议记录，让我对 W 村的精准识别过程有了初步的印象，当然这个印象是基于村干部视角的。在与他交流后，一方面，我发现这个农村的亲属关系网络、派系斗争以及专业上访户等现象非常有意思；另一方面，在精准识别中，一些普通村民为了被确定为贫困户，采取一定的策略来钻政策的空子。在精准识别的过程中，个人、村干部和国家的互动呈现出错综复杂的关系。这些现象和故事都深深地吸引了我，最终在这位亲戚的帮助下，我带着几个月大的婴儿和保姆住在了一户具有"特殊"象征意义的农户家，开始我接下来的田野调查。

入住这家农户是我的那位亲戚引荐的，他和我均没有料到入住这家农户会引起村民们的议论，我也是在与村民们熟络后才得知的。我的男女房东与当时W村的梁姓村主任关系非同一般，加之女房东烧得一手好菜，在梁主任的庇荫下，她家逐渐成为W村村委定点招待客人吃饭的地方，村委给予一定的报酬。另外，梁主任早年丧偶，年近60，妥妥的单身汉，经常去这个农户家蹭饭、聊天、看电视，私交甚好，村民们纷纷传梁主任与女主人有不正当关系（只是传言，未经证实）。我那位亲戚虽然在该村待了近两年，但是作为外来人并不知道其中的隐情，只是觉得经常来她家吃饭，相对熟识，而且房间宽敞明亮，就把我安排在了她家。由于房东与村干部的"关系"，我在农村中的出现在村民眼中有特殊的意义：首先，房东家被视作W村村委招待客人的场所，入住该户意味着我是村委的"座上宾"，与村干部、村委的关系不一般；其次，村民们暗自揣度，作为村委"客人"的我，很可能是"上面"派来的，代表着上级部门，或许有一定的"权力"；最后，长期居住在与村干部关系交好的家户，不管费用由村委支付还是由我个人支付，都说明村干部一直在"照顾"我的房东，有什么"好处"都会落到我的房东家，更加证实了关于女房东和村委千丝万缕的"关系"。因而，村民对刚入住村舍的我既好奇又疏离，对我心存戒备和警惕，这样的状态不利于我开展田野工作。好在经过一段时间的相处，大家逐渐了解认识了我，发现我只是个研究者，而非他们猜测的那样。总之，田野调查工作在逐渐熟悉的过程中进展顺利，许多真相和事实慢慢浮出水面，使得我的答案渐渐清晰。

人类学家对多元文化非常重视，许多人类学家力图发现不同文化的合理性，这种对不同文化的包容深深吸引着我。正所谓"子非鱼，安知鱼之乐"，我们的政策是否在将自己的价值观强加于贫困户？我们的政策是否满足农村的需要？于是，在整个调研中，我反复思考"精准识别"从政策制定到严格执行的过程中政策与地方性知识之间是否调适，也正是得益于这样的视角，才让我逐渐掌握了解开谜题的密钥。人类学中有一个经典的难题，我们应该如何"理解他者之理解"，田野工作中的换位思考使我可以参与"他者"，理解"他者"。在调研和写作中，我总是一次次拷问自己："精准扶贫的主体是谁？本书要研究的主体到底应该是谁？"一般而言，精准扶贫的主体是国家，因为政策的制定者是国家、政府；但是，如果从精准扶贫政策的初衷和目的的角度去看，精准扶贫是为了贫困村、贫困户，从这个意义上讲，精准扶贫的主体应该是贫困村、贫困户。确定好对象以后，就要围绕对象去解读。我明白，我所要研究的贫困村具有特定的文化，由生活在其中的人构成一套独有的意义系统；我还明白，我所要研究的贫困户，是活生生的、有价值观的人，他们的生活是属于他们自己的，是由他们在日常生活中形成和创造的，而不是我们大脑中想象的那样。因而，我必须站在主位视角，深入农村，理解当地的地方性知识；深入观察贫困户，理解他们之理解，解锁属于他们的、独特的文化密码。

本书从选题到调研再到写作，都试图用格尔茨意义上的文化，来解读、研究精准扶贫精准识别中国家、农村、村干部和村民之间的互动关系，以期用文化的视角来解释国家的精准扶贫理念、解释农村的地方性知识，进而从人类学的角度去思考贫困、探讨传统文化对现代社会的调适作用等。

让人欣慰的是，到本书出版，我国已经完成消除绝对贫困的任务,"精准扶贫""精准脱贫"工作取得胜利,这意味着我国将提前10年实现联合国2030年可持续发展议程确定的减贫目标,继续走在全球减贫事业前列。尽管我们国家已经取得如此骄人的成绩,但是,党和政府没有停止农村工作,我国的"三农"问题仍然是党和政府工作的重中之重。农村的长效脱贫机制、农村稳定脱贫和乡村振兴战略的有效衔接、农村土地制度改革等问题仍然是国家发展的焦点和学界研究的重点。我将不改初心,继续关注"三农"问题,关注社会现实,在这一领域展开我今后的研究工作。

目　　录

导　言 …………………………………………………………（1）

第一章　精准扶贫：卓有成效的贫困治理 ………………（11）
　　第一节　精准扶贫的国家实践 ……………………………（12）
　　　　一　国家的概念 …………………………………………（14）
　　　　二　中央在全国范围内的动员 …………………………（17）
　　第二节　精准扶贫政策的地方实践 ………………………（20）
　　　　一　全国各地宣传精准扶贫政策 ………………………（21）
　　　　二　地方媒体报道中的精准扶贫政策 …………………（22）
　　　　三　各地成功的地方实践 ………………………………（26）
　　第三节　精准扶贫的社会意义及基本经验 ………………（32）
　　　　一　精准扶贫的社会意义 ………………………………（32）
　　　　二　精准扶贫的基本经验 ………………………………（36）
　　第四节　小结 ………………………………………………（41）

第二章　精准扶贫的执行情况 ……………………………（44）
　　第一节　网络论坛里的精准扶贫 …………………………（44）
　　　　一　网友对精准识别的争论 ……………………………（45）
　　　　二　精准扶贫搞不好是扶贫工作者惹的祸 ……………（49）
　　第二节　学者眼中的精准扶贫执行困境 …………………（50）

一　解决瞄准偏离的新药方：学者界定的精准扶贫 …… (51)
　　二　精准扶贫在实践中遭遇的困境 ……………………… (51)
　　三　精准扶贫在执行过程中会遭遇困境的原因 ………… (54)
　　四　精准扶贫执行过程中出现困境的解决之道 ………… (57)
第三节　贫困村里的个案 ……………………………………… (59)
　　一　趋之若鹜：村民争当贫困户 ……………………… (59)
　　二　精准扶贫产业项目的困局 ………………………… (60)
第四节　提出研究问题 ………………………………………… (64)
　　一　成为真问题的精准扶贫政策研究 ………………… (64)
　　二　本书要研究的问题 ………………………………… (66)

第三章　精准识别的国家理念 ……………………………… (69)

第一节　国家的精准识别 ……………………………………… (69)
　　一　国家的第一次精准识别 …………………………… (70)
　　二　第二次精准识别中的国家话语 …………………… (74)
第二节　立足贫困村发现的国家视角 ………………………… (79)
　　一　田野点的精准识别 ………………………………… (79)
　　二　国家视角：精准识别中的政策逻辑 ……………… (83)
　　三　水土不服的国家理念：精准识别政策存在的问题 …… (87)
第三节　小结 …………………………………………………… (90)

第四章　复杂的地方性知识 ………………………………… (92)

第一节　乡土逻辑 ……………………………………………… (94)
　　一　某某某贫困吗？——村民心中的贫困 …………… (94)
　　二　权力的文化网络 …………………………………… (102)
　　三　"他们说……"——农村的小道消息 ……………… (112)
第二节　村干部的行动逻辑 …………………………………… (116)
　　一　纳入地方性知识的村干部 ………………………… (116)

  二　精准识别中的村干部行动逻辑……………………（122）
  三　影响村干部行动逻辑的因素……………………（135）
 第三节　小结……………………………………………（140）

第五章　贫困治理的文化视角……………………………（143）
 第一节　精准识别的瞄准偏差研究……………………（143）
  一　瞄准偏差的界定与相关研究……………………（144）
  二　地方性知识意义系统里的瞄准偏差……………（148）
  三　用地方性知识解释精准识别何以出现瞄准偏差……（149）
  四　讨论………………………………………………（152）
 第二节　精准识别执行偏差研究………………………（155）
  一　精准识别执行偏差的四种形式…………………（156）
  二　实践中的政策执行偏差…………………………（160）
  三　政策执行偏差产生的原因………………………（161）
 第三节　中国传统文化的调适作用……………………（170）
  一　关于贫困的思考…………………………………（170）
  二　关于扶贫的思考…………………………………（175）
  三　关于贫困文化的思考……………………………（180）

结　论……………………………………………………（187）

参考文献…………………………………………………（204）

后　记……………………………………………………（217）

导　　言

一　研究缘起

发展在第二次世界大战之后，一度被认为是拯救新兴国家的济世良方，是进步的代名词，然而，从20世纪80年代中期开始，学者对"发展"进行反思。阿图罗·埃斯柯瓦尔质疑了发展，认为发展话语在很大程度上与殖民话语类似，都通过建立某套话语体系，剥夺了其他途径、其他思维方式出现和延伸的可能；在全球权力关系中，它是一个关键性的意识形态工具。[1] 尽管学者质疑发展，但是发展是一套强有力的思想观念，它引导着20世纪后半叶人类的思想与行动，并通过有意识、有计划的社会变迁影响了世界，而且将继续影响人们的生活。[2]

1978年以来，在"发展是硬道理"的理念下，发展成为中国的主流话语。在发展进程中，治理农村贫困成为中国政府一项重要的工作。中国的农村扶贫经历了4个阶段：第一阶段为1978—1990年，该时期以农村经济增长消除普遍贫困；第二阶段为1991—2000年，该时期主要是以区域瞄准助推的开发式扶贫；第三阶段为2001—2010年，该时期以整村推进深化细化扶贫工作；第四阶段为

---

[1] Arturo Escobar, *Encountering Development: The Making and Unmaking of the Third World*, Princeton: Princeton University Press, 1995.

[2] G. Katy, D. Lewis, *Anthropology, Development and the Post-Modern Challenge*, London: Pluto Press, 1996.

2010年以来，这一时期以精准扶贫实现贫困人口如期脱贫。第一阶段普遍发展，第二阶段瞄准区域，第三阶段瞄准村落，可以看出前3个阶段的扶贫工作在瞄准个人方面均不够精准，但呈现逐渐精准的趋势。即使这样，整村推进的扶贫依然不能够准确帮扶目标人群，在这样的背景下，农村扶贫进入精准扶贫阶段，关键是扶贫到人/到户，目的是使农村扶贫工作能够真正落到实处，扶助真正需要帮助的贫困户。

在国家的动员下，精准扶贫政策成为全社会关注的焦点，在施助方话语体系中，精准扶贫政策成绩卓著，然而，在不同的话语体系中，我们却发现了不同的声音，暴露出精准扶贫政策并非完美：精准识别引起人们的非议，不少人觉得精准识别不公平。那么，精准扶贫政策在落地农村的过程中执行效果究竟如何呢？哪种话语体系才是精准扶贫政策的真实面貌呢？大量学者对精准扶贫政策在实践中遭遇的困境有了深入细致的研究，但是，笔者发现学者们对精准识别过程的探讨相对少，而且很少从地方性知识这一涉及文化的视角入手去探讨精准扶贫政策遭遇困境的根本原因。因而，在大量阅读前人的研究和发现现实矛盾的基础上，本研究深入田野，试图从发展人类学的视角，发现精准扶贫在精准识别的具体落地过程中存在的问题。希望通过对这个过程的研究，深入细致地探讨蕴含其中起助推作用的文化因素。

二 发展人类学的文献综述

发展人类学（development anthropology）自20世纪70年代以来蓬勃发展。作为应用人类学的一个分支，发展人类学基于项目援助，或是实地解决、缓解发展项目中因文化导致的社会、政治和经济问题，或是探索利用本土文化的可能，其目的是提高发展项目实施的效果。在发展人类学中，发展被视为一种文化的、经济的和政治的过程，而经济和权力不平等关系则在这一过程中被加以关注和分析。①

1. 国外发展人类学研究

国外对发展的人类学研究主要有三个视角：第一，质疑发展，思考发展如何成为话语体系，剥夺被扶助对象的话语权力。阿图罗·埃斯柯瓦尔通过对发展项目的考察，发现发展话语在很大程度上与殖民话语类似，通过建立某套话语体系，剥夺了其他途径、其他思维方式出现和延伸的可能②；斯科特认为以居高临下的科学观念为依据的农业技术革新不仅仅是生产的战略，也是控制和占有的手法，本应作为发展主体的农民，地位被边缘化，"为自己生产"变成了"为他人生产"，在全球化进程中沦为发展的受害者。③ 第二，考察发展过程中，经济的发展如何带来当地的变化，尤其是政治方面的影响。詹姆斯·弗格森在其《反政治机器》中试图探讨的是发展机器（development machine）为什么能够在不断失败的同时，却获得不断的延续。他认为，虽然发展项目在当地遭遇失败，但是却仍然持续运转，其原因在于中立的、技术化的发展项目，促成了国家官僚机构权力的扩大和加强。④ 第三，重点考察发展与地方的关系，突出强调地方性知识在发展中的重要作用，批判发展项目居高临下的扶助姿态。凯蒂·加德纳和大卫·刘易斯认为发展的理论和实践仅注重单纯地依靠资金和技术的密集投入来改变地方和社区的面貌，而忽视了地方性的文化与制度等因素，以及乡土知识能有效解决具体地方问题的重要作用。进一步讲，缺乏对社区文化与制度结构的考察，会使发展实践产生盲目性，不仅无法有效解决地区

---

① 杨小柳：《发展研究：人类学的历程》，《社会学研究》2007年第4期。
② Arturo Escobar, *Encountering Development: The Making and Unmaking of the Third World*, Princeton: Princeton University Press, 1995.
③ Scott, J. C., *Seeing Like a State*, London and New Haven, CT: Yale University Press, 1998.
④ James Ferguson, *The Anti-politics Machine：'Development', Depoliticization and Bureaucratic Power in Lesotho*, Cambridge: Cambridge University Press, 1990.

问题，而且还会产生导致当地社会进一步失衡、产生新的社会问题的危险。① 威赫斯特（Thierry G. Verhelst）的《没有无根的生命：文化与发展》一书批判西方的发展主义神话，提出"过度发展"（Overdevelopment）② 的概念，揭示出"发展"如何成为文化帝国主义的统一逻辑支配下的流行观念。西方一厢情愿地输出"发展"，它给未发展地区带来的不是消除贫困，反而是毁坏了当地人民赖以生存的环境，把他们从传统的生活方式中连根拔起。没有一种生命能够离开它的根，地方知识、地方文化的认同成为抵抗文化帝国主义的源泉，应该充分尊重地方性知识和地方性价值，使之成为多样化选择的发展道路之起点。③

2. 国内对发展的人类学研究

发展人类学将发展视作不同文化间的谈判与对话，强调任何发展项目都是在特定的文化情境中实施的，并非一个公式化事件，发展项目即是族际间文化碰撞和对话的过程。④

国内学者对发展的人类学研究主要有两个视角：第一，对现代化、发展进行反思。现代化给村民带来了思维方式和生活方式的改变，但是这些改变并没有带来他们生活的真正改善，反而带来了种种困境，现代农业科技使得传统农业日渐消逝，现代消费使得农村"被贫困"，现代生活方式使得农村文化认同产生危机。⑤ 第二，强调发展中要注重地方性知识。罗康隆从尊重文化多样性、倡导多样

---

① G. Katy, D. Lewis, *Anthropology, Development and the Post-Modern Challenge*, London: Pluto Press, 1996.

② Thierry G. Verhelst, *No Life Without Roots: Culture and Development*, London: Zed Books, 1990.

③ 马莉：《文化人类学视野下的发展观综述》，《兰州交通大学学报》2010年第2期。

④ 王宇丰：《发展人类学视野下的西南山区稻作农业困境》，《广西民族研究》2014年第5期。

⑤ 古学斌：《文化、妇女与发展：中国云南省少数民族乡村发展的一个实践案例》，载陆德泉、朱健刚《反思参与式发展——发展人类学前沿》，社会科学文献出版社2013年版，第149页。

化发展道路、将文化与经济发展相联系等人类学视角,来论述少数民族地区的发展问题。① 农村社区发展的视角强调社区的地方性,强调发展的主体是当地的居民,而非外来的权威和援助机构。强调社区的地方知识,地方知识不仅仅包括技术,也包括社会规则。认为农村发展不再只是引进的过程,而且也是农村自我发展的过程,社区发展要求关注当地居民的生计。王晓毅通过研究,发现项目发展不顺利的原因是没有将当地人的切身利益融合到项目中,因此他提出如果使当地人参与项目活动,并对实现项目目标做出贡献,那么项目就不仅不能损害当地居民的利益,而且有助于改善当地人的生计。②

运用发展人类学的视角反思中国扶贫工作的研究耐人寻味,为研究精准扶贫提供了一定的借鉴。朱晓阳、谭颖认为精准扶贫"扶贫到户/人"的政策所依据的假设——"贫困户得不到有效救助,因为穷人在乡村社区受到社会排斥,其利益与其他人的利益相矛盾"是不符合中国国情的。这一假设基于现代化理论的"涓滴理论"(trickle-down theory),而涓滴效应的假设前提在中国是不成立的,因为中国乡村社区物质和精神资源分配是在"差序格局"式关系下进行的③,穷人在现代化过程中不一定必然受到摒弃及必然变得更穷,这不符合中国的现实情境。在市场、政府政策和大自然的风险中,贫困小农并非总是被动承受风险,也会采取理性的策略去规避风险,而当前的扶贫项目没有考虑到贫困小农的生计逻辑④;因此,在目前的援助实践过程中,缺乏一种整体性理解贫困人口社

---

① 罗康隆:《发展与代价:中国少数民族发展问题研究》,民族出版社2006年版。
② 王晓毅:《农村社区发展:讨论与实践》,载陆德泉、朱健刚《反思参与式发展——发展人类学前沿》,社会科学文献出版社2013年版,第63—65页。
③ 朱晓阳、谭颖:《中国的"发展"和"发展干预"研究:一个批评性的评述》,载陆德泉、朱健刚《反思参与式发展——发展人类学前沿》,社会科学文献出版社2013年版,第14页。
④ 杨小柳、谭宗慧:《良美村的桑蚕种养业:基于微观家庭生计的人类学分析》,载陆德泉、朱健刚《反思参与式发展——发展人类学前沿》,社会科学文献出版社2013年版,第81页。

会文化体系的全方位贫困观,缺乏自始至终关注地方性知识的机制,而文化的抵制作用却在发展者和村民们的不知不觉中平静地发生。① 所谓的"贫困文化"绝不仅仅是传统文化"陋习",而是由内部和外部力量共同构筑的复合体,它以地方性文化为基础,既存在于贫困人口中,还被制度化地存在于贫困地区国家政策的整个运行机制中。因而,我们的研究就需要转向关注外部力量和贫困本土文化共同建构贫困文化的建构过程。②

发展人类学的研究为研究精准扶贫提供了一种思维方式,即我们在研究精准扶贫的执行过程的时候可以思考施助方与受助方之间互动的过程,这样的观点和视角可以有效避免一味地站在某一方立场而使观点有失偏颇。

三 研究内容、框架和研究问题

精准扶贫政策尤其是精准识别在执行过程中到底存在什么问题?为什么旨在"精准"的精准扶贫政策会给社会带来不公平感?带来不和谐的因素?精准扶贫政策带来什么样的影响?因而,本书研究的问题是:精准识别在执行过程中到底存在什么样的问题以及原因何在。

第一章和第二章是研究背景,详细说明笔者如何提出问题和思考问题。第一章研究精准扶贫在全国范围内的社会影响、取得的显著成效以及国家的动员。第二章研究精准扶贫在执行过程中出现的问题。在大众话语中、学者话语中以及受助方实际的田野中,我们看到了不一样的精准扶贫。人们将关注点聚焦在精准识别上,对于精准识别有不同的认识和观点,认为精准识别不公平,出现"懒恶

---

① 杨小柳:《地方性知识与扶贫策略——以四川凉山美姑县为例》,《中南民族大学学报》(人文社会科学版)2009年第3期。
② 杨小柳、谭宗慧:《良美村的桑蚕种养业:基于微观家庭生计的人类学分析》,载陆德泉、朱健刚《反思参与式发展——发展人类学前沿》,社会科学文献出版社2013年版,第81页。

俘获"的新问题等。为什么政府一方面严格制定规则、避免"精英俘获",另一方面举全国之力进行精准扶贫,在实际执行过程中仍然出现偏差呢?到底有哪些因素制约识别的"精准"呢?循着这些问题笔者开始探索。

第三章详细分析国家对精准识别的规定,以期发现精准识别在政策制定方面是否存在问题。通过研究,发现在精准识别的政策制定中,国家理念的简单化逻辑和经济视角是导致精准识别出现偏差的原因之一。

第四章以某个村为中心详细考察当地的地方性知识,以期发现精准识别在政策执行过程中是如何出现偏差的。笔者运用通过田野观察得来的资料,从乡土逻辑和村干部逻辑两方面来论述乡土社会的地方性知识。最终发现,在精准识别过程中,农村普遍存在的地方性知识是制约政策执行的重要因素,这成为导致精准识别出现偏差的原因之一。

第五章对精准扶贫政策和政策行为进行反思,发现引发精准识别在执行过程中出现问题的实质是政策行为与政策出现偏差,并且试图解释政策行为与政策出现偏差的发生机制。同时,试图站在主位视角去反思贫困和贫困治理,从而反思"经济至上"的发展理念,为解读贫困提供一种新的理论视角。

结论总结了田野发现并且提出用文化视角研究精准扶贫政的观点。

四 分析模型

第一,国家与社会分析模型。国家与社会的关系一直是研究国家治理的核心,目前对此关系通用的解释有"社会国家化"和"国家社会化"。"社会国家化"的框架(即传统的黑格尔范式),特点是在承认国家与社会分离的前提下,认为国家高于市民社会,国家具有至高无上的绝对权威和神圣性,而个人和社会只是国家的工具和附庸。"国家社会化"的框架（即传统的洛克范式）则认为社会决定国家，对国家享有最高裁判权。① 国家在研究中一般呈现出两种形象，即强国家和弱国家。强国家的形象是说，政治——特别是处于舞台中央的国家——可以根据工业化或者其他刺激所需将社会新塑造成新的形式。而在弱国家的形象中，国家在充斥着令人眩晕的社会变化涡流的社会中几乎无能为力，这些社会变化极大程度上独立于国家内部的力量。②

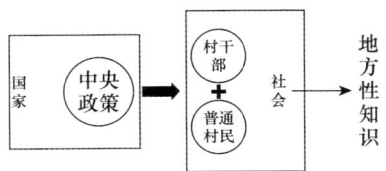

图 0—1　国家与社会的关系分析模型

无论是社会国家化与国家社会化，还是强国家与弱国家，这些解释框架都将国家与社会视为二元对立的关系，而笔者认为，国家与社会并非二元对立的关系，是既相互一致又相互对立的、相互作用、相互建构的关系。精准扶贫旨在改善贫困地区、贫困人民的生活，是国家治理社会的需要，目的是使社会更加稳定。同时，国家力图通过精准扶贫加强基层社会的治理能力，这说明二者没有本质上的矛盾。因而，国家与社会是一个共同体，虽然存在一些不调适之处，但是二者的根本利益是一致的，不是根本对立的。如图 0—1 所示，国家与社会的关系在本书中体现为中央政策与村干部和普通村民的关系，村干部和普通村民都属于生产地方性知识的主体。因而，本书试图在国家与社会的分析框架下研究精准扶贫政策与地方

---

① 白立强：《究竟是"社会国家化"还是"国家社会化"？——从马克思"国家—社会"结构理论看当代中国"政治国家"与"市民社会"的关系》，《理论探讨》2007 年第 2 期。

② [美]乔尔·S. 米格代尔：《社会中的国家：国家与社会如何相互改变与相互构成》，李杨、郭一聪译，江苏人民出版社 2013 年版，第 60 页。

性知识碰撞之后，村民、村干部、农村与国家的互动。运用这一分析模型，笔者发现在精准识别的过程中，农村社会的地方性知识作用于国家政策，使得精准识别政策水土不服，引起"懒恶俘获"这一新形式的瞄准偏差。

第二，政策和政策行为分析模型。罗红光在研究内蒙古城市化进程时，提出"政策行为"这一概念，"特指在制定与实施政策过程中具体的行为方式，如针对中央政策的'实施细则'，其中也包括一些政策实施中的负面现象，'政策行为'在营造具体的政策环境上有良莠之分"①。他认为，"用 GDP 指标来统计发展的政策行为属于'一刀切'，而'一刀切'的诡异之处在于将政策与政策行为混为一谈，其结果是把因当地政府的政策行为导致的失误转嫁给中央，造成大量的犯罪和对中央的抗争行为"②。

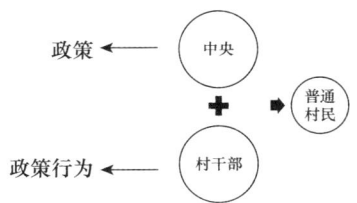

图 0—2　政策与政策行为分析模型

罗红光提出的政策和政策行为研究范式，一方面强调定性的研究方法的重要性，因为"定性研究可以检验大数据的可信度；能够看到因 GDP 的普遍增长所掩盖的真实问题"③；另一方面强调文化视角的重要性，在他看来，国家的治理模式与文化拥有者的逻辑不

---

① 罗红光：《少数民族边疆地区的城市化困境——以内蒙古为反思案例》，《文化纵横》2016 年第 5 期。
② 罗红光：《少数民族边疆地区的城市化困境——以内蒙古为反思案例》，《文化纵横》2016 年第 5 期。
③ 罗红光：《少数民族边疆地区的城市化困境——以内蒙古为反思案例》，《文化纵横》2016 年第 5 期。

同，前者的依据来自理性（如大数据），后者来自习俗——被历史验证了的传统规则，而"二者在面对同一问题时往往出现两种客观，缺乏良性对话的共同基础"[1]。因而，他提出运用定性的方法检验定量成果，同时要重视文化拥有者的习俗，"探讨因地制宜的生产模式和与当地生活方式有亲和力的发展模式"[2]。运用政策和政策行为的分析框架，有助于人们正确评价政策，具有一定的现实意义。政策行为的良莠与政策的好坏无关，不能因为一项政策在执行过程中存在这样那样的问题就全盘否定该项政策，在研究中要分析清楚到底是哪里出现了问题，是政策的问题还是政策行为的问题，二者不能混淆。如图0—2所示，本书主要研究的是村干部的政策行为，中央的精准识别政策与村干部精准识别的政策行为共同作用于普通村民，最终形成精准扶贫建档立卡贫困户名单，成为精准扶贫的扶助对象。

在这两个分析模型中，我们实际上可以看出的是村干部的双重角色，一方面，村干部作为农村社会的代表，是国家政策需要面对的地方性知识的一部分；另一方面，村干部作为国家的代理人，又在具体执行和落地国家政策的过程中，形成作用于普通村民的政策行为，又成为国家行政的末梢，承担着治理农村社会的重任。

---

[1] 罗红光：《少数民族边疆地区的城市化困境——以内蒙古为反思案例》，《文化纵横》2016年第5期。

[2] 罗红光：《少数民族边疆地区的城市化困境——以内蒙古为反思案例》，《文化纵横》2016年第5期。

第一章

精准扶贫：卓有成效的贫困治理

中国政府自20世纪70年代末80年代初开始，在全国范围内开展了大规模的贫困治理，以1994年《国家八七扶贫攻坚计划》的公布实施为标志。进入21世纪后，两个扶贫开发纲要成为扶贫工作的指导性文件。党的十八大以来，扶贫开发工作更是成为关系到全面建成小康社会的重要内容。实质上，作为一种贫困治理的创新机制，精准扶贫是中国语境下的发展问题。

根据《中国扶贫开发报告（2016）》的统计，中国凭借在长时间内比其他发展中国家更高的经济增长速度和高得多的减贫效率，实现了贫困人口的大幅度减少。从1990年至2012年，中国国民收入保持了年均近13%的增长速度，同期中国以外的其他发展中国家国民收入年均增速为6.35%，中国比其他发展中国家平均高出1倍多。在此期间，中国每增加1万美元（2011年购买力平价）平均可减少4.8个贫困人口，而其他发展中国家平均只能减少1.5人，中国单位国民收入增长减贫人数相当于其他发展中国家的3倍多。按照2010年价格农民年人均纯收入2300元扶贫标准，农村贫困人口从1978年的7.7亿人减少到2015年的5575万人，减少了71425万人或者92.8%；同期农村贫困发生率，从97.5%下降到5.7%，降低了91.8个百分点。不仅如此，中国为全球减贫事业做出了贡献，按照2011年购买力平价一天1.9美元的贫困标准，1981年至2012年全球贫困人口减少了11亿或者55.1%，同期中国贫困人口减少了 7.9 亿。中国减少的贫困人口占到全球减少全部贫困人口的 71.82%。

　　以上数字说明，中国的扶贫开发事业在几十年的不断摸索中取得了长足的发展。一直致力于目标瞄准式扶贫的中国政府，不断改进工作方式、创新工作方法，精准扶贫以一项创新性的工作机制[①]成为新时期扶贫开发的工作方略，成为整个国家的头等大事。一时间，全国上下进入了持续性的精准扶贫状态，上到中央出台文件一步步明确内涵，下到地方各级传达一个个红头文件，部署一项项围绕精准扶贫的工作，再到社会各界积极参与一个个扶贫项目，这些都说明精准扶贫政策不仅调动了中央和地方各级政府机构的积极性，而且还成为社会共同关注和参与的关系国计民生的大事。

第一节　精准扶贫的国家实践

　　精准扶贫从 2013 年首次提出以来就在全国范围内掀起扶贫高潮，国家在制度层面不断丰富其内涵：2015 年最终确立，2016 年提出脱贫攻坚，确保到 2020 年所有贫困地区和贫困人口一道迈入全面小康社会。从提出到最终明确再到不断实践，国家和全社会共同促进着精准扶贫话语的生产和再生产过程。国家通过官方文件、领导人讲话、会议等形式不断丰富精准扶贫政策的内涵、充分动员体制内的各级机构以及全社会，使得精准扶贫成为考核政府机构相关工作人员的重要内容之一；使得全社会包括大型国企私企、社会团体、个人等都成为扶贫的参与者。在电视、网络、广播、报纸等媒体的宣传下，全社会也积极参与，使得精准扶贫政策在实践层面得以不断地再生产，精准扶贫政策的意义逐渐丰富。

　　2013 年 11 月，习近平总书记来到地处武陵山片区中心地带的

[①]《建立精准扶贫工作机制实施方案》，2014 年 5 月 12 日，http://www.cpad.gov.cn/art/2014/5/26/art_50_23765.html，2014 年 5 月 26 日。

湘西土家族苗族自治州考察，首次做出"实事求是、因地制宜、分类指导、精准扶贫"的重要指示。2014年1月，中共中央办公厅、国务院办公厅颁布《关于创新机制扎实推进农村扶贫开发工作的意见》，提出要建立精准扶贫机制，对精准扶贫工作模式进行顶层设计，促进"精准扶贫"思想从理念走向实践。习近平总书记在2014年3月参加两会代表团审议时，进一步阐释了精准扶贫理念，强调要实施精准扶贫，瞄准扶贫对象，进行重点施策。2014年5月，国务院扶贫工作领导小组办公室、中央农办、民政部、人力资源和社会保障部、国家统计局、共青团中央、中国残联7单位联合出台《关于印发〈建立精准扶贫工作机制实施方案〉的通知》，提出精准扶贫的目标任务——精准识别、精准帮扶、精准管理和精准考核，并且部署了重要工作和保障措施，至此，精准扶贫政策正式形成。2015年6月，习近平总书记在贵州提出"六个精准"，即"扶贫对象精准、项目安排精准、资金使用精准、措施到户精准、因村派人精准、脱贫成效精准"，丰富了精准扶贫的内涵。紧接着，习近平总书记在2015减贫与发展高层论坛上提出"五个一批"，明确了"怎么扶"的问题。2015年11月29日，中共中央国务院发布关于打赢脱贫攻坚战的决定，确定实施精准扶贫方略，加快贫困人口精准脱贫。2016年11月23日，国家又印发《"十三五"脱贫攻坚规划》，详细阐明"十三五"时期国家脱贫攻坚总体思路、基本目标、主要任务和重大举措，这一规划将精准扶贫推向精准脱贫阶段。

通过上述梳理，可以看出精准扶贫政策在实践中一步步完善，各项措施也是在大量丰富的实践中逐渐提出的。因而，我们在研究政策的执行情况之前，需要先研究政策在国家层面是怎样进行的，即精准扶贫政策的国家实践；而要想搞清楚精准扶贫政策的具体国家实践，首先需要厘清"国家"的内涵并且说明在本书中"国家"这一概念是在何种层面上探讨的。

一 国家的概念

马克斯·韦伯（Max Weber）提出国家的新古典定义，成为其追随者一直推崇的定义，他认为，国家是在给定疆域中（成功地）垄断暴力的合法使用权的人类共同体。在乔尔·S. 米格代尔看来，韦伯的定义更趋于理想类型，是一个简化了发生于每个人类社会多重规则体系中大量谈判、沟通与抗争的定义。因而，米格代尔提出"社会中的国家"，他将国家界定为"国家是一个权力的场域，其标志是使用暴力和威胁使用暴力，并为以下两个方面所形塑：一个领土内具有凝聚性和控制力的、代表生活于领土之上的民众的组织的观念；国家各个组成部分的实际实践"[①]。米格代尔所界定的观念包含着领土边界（一国与其他国家之间的边界）与社会边界（公共的人员和机构与服从于其所制定规则的群体间的边界）两种意义上的边界。他提到的实践层面，是指国家人员与机构的常规工作，他们的实践，能够强化或削弱国家的观念。吉登斯认为，日常用语中的"国家"具有双重含义。"国家"有时指政府机构或权力机器，有时却又指这种政府或权力所支配的整个社会体系。同时，他认为"各式国家机器都是由多种组织构成的；而且凡是作为国家机器的国家，都能从它们为其一部分的更广大的社会中分离出来"[②]。然而，他最终把国家当作一个单一的组织来讨论。韦伯对构成国家机器的多种组织曾做过深入研究，他称之为官僚制。在他看来，官僚制是理性组织权威关系的工具，曾经是，而且至今仍是官僚机器控制者头等重要的权力工具。"官僚制一旦得到确立，就会成为最

---

① ［美］乔尔·S. 米格代尔：《社会中的国家：国家与社会如何相互改变与相互构成》，李杨、郭一聪译，江苏人民出版社2013年版，第16页。

② ［美］安东尼·吉登斯：《民族—国家与暴力》，胡宗泽、赵力涛译，生活·读书·新知三联书店1998年版，第19页。

难以摧毁的社会结构。"① 他认为，官僚制具有以下特征："第一，官僚制存在着官僚管辖权限的原则，该权限一般是由规则、即由法律或行政规章决定的；第二，由职务等级制原则与上诉渠道原则确立了一种公认的高级职务监督低级职务的上下级隶属体系；第三，对现代官职的管理是以书面文件、一个下属官员班子以及各种文员为基础的"②。

（一）"国家"的重新认识

据此，国家实际有3个层次的意涵，其一，作为社会体系的国家，这个维度的国家是一国与他国的领土边界，由政府、社会和个人共同组成；其二，作为政治机器的国家，主要是指政府机构，强调的是马克思意义上的维护统治和管理社会的双重职能；其三，官僚体制意义上的国家，强调的是构成国家机器的多种组织。

作为社会体系的国家与社会不是二元对立的，相反二者一荣俱荣、一损俱损；作为政治机器的国家包括国家的工作人员和机构，即从中央到地方的各级国家正式组织，这一层面意涵的国家主要指拥有行政权力的政府，与社会、个人相对；作为官僚体制意义上的国家，强调的是各级各个官僚机构和工作人员。在这个意义上，国家是指上级政府，位置是相对的，例如，在落实中央政策时，国家指中央；在面对省级政府指令时，国家代指中央、省级政府；而对于乡镇政府而言，国家代指中央、省级政府和市县政府。

（二）严格区分政策和政策行为：细化国家内涵的意义

普通大众、整个社会甚至学者在使用"国家"一词时，往往将整个政府机构看作一个国家整体，也就是笔者提出的第二层面上的国家。他们认为一项政策的制定、执行都是由国家统一发出指令操

---

① ［德］马克斯·韦伯：《马克斯·韦伯社会学文集》，阎克文译，人民出版社2010年版，第216页。
② ［德］马克斯·韦伯：《马克斯·韦伯社会学文集》，阎克文译，人民出版社2010年版，第188页。

作的，因而，就倾向于将政策在执行过程中所出现的问题全部归咎于政策不好，这样做的错误在于将政策和政策行为混为一谈。

周雪光认为，"组织上层的决策意图在实施过程中被具体执行者注入不同的解释、使用不同的执行方式，因此被曲解、转嫁，其结果常常与决策的初衷大相径庭，甚至适得其反"[①]。罗红光在研究内蒙古城市化进程时，提出"政策行为"这一概念，"特指在制定与实施政策过程中具体的行为方式，如针对中央政策的'实施细则'，其中也包括一些政策实施中的负面现象，'政策行为'在营造具体的政策环境上有良莠之分"[②]。

运用政策和政策行为的分析框架，有助于人们正确评价政策，具有一定的现实意义。政策行为的良莠与政策的好坏无关，不能因为一项政策在执行过程中存在这样那样的问题就全盘否定该项政策，在研究中要分析清楚到底是哪里出现了问题，是政策的问题还是政策行为的问题，二者不能混淆。政策关涉的主体是中央；而政策行为关涉的主体则是中央以外的各级政府。实际运作过程中，只看到第二层面的国家显然是不够的，因为整个政府机构不是铁板一块，各层级有各自的职能和任务。而笔者提出的第三层面的国家则有助于我们分析行为主体，区分出来各层级的国家能够让我们看清楚中央制定了怎样的政策、谁在执行哪级政府的政策、出现了怎样的政策行为，这样才能有的放矢地制定下一步的改进措施。

本书的贡献在于，将第二层面的国家与第三层面的国家相结合进行研究，其意义在于，其一，重视第二层面的国家，即整体意义上的国家符合实际情况。于社会而言，各级政府是一个统一体，它们共同构成国家，因而，普通大众和社会不会区别对待政策和政策

---

① 周雪光：《基层政府间的"共谋现象"——一个政府行为的制度逻辑》，《社会学研究》2008年第6期。
② 罗红光：《少数民族边疆地区的城市化困境——以内蒙古为反思案例》，《文化纵横》2016年第5期。

行为,他们认为二者都是国家的行为,这就要求一项政策不管在制定环节还是执行过程都不能出问题,在政策制定时要考虑政策行为。其二,重视第三层面的国家有助于看清问题的本质,进而对症下药。于各级政府而言,政策和政策行为又是不同主体发出的,因而,分析问题和提出建议都要看清不同的行为主体。

二 中央在全国范围内的动员

(一)被动员的各个部门

2014年1月中共中央办公厅、国务院办公厅联合印发《关于创新机制扎实推进农村扶贫开发工作的意见》,2014年5月7部门联合下发《关于印发〈建立精准扶贫工作机制实施方案〉的通知》,在这两个确立精准扶贫工作机制的重要文件背后,我们可以看到国家整个政府机构的充分调动。国家不仅设立了专门的实施机构,而且还动员了多个部门;这些部门不仅涉及中央的机构,而且涵盖了省、市、地、县各级机构,因而,在这场自上而下的精准扶贫中,中央掌握绝对话语权,各个部门通过各自的职能积极运作精准扶贫。

《关于创新机制扎实推进农村扶贫开发工作的意见》的发文单位是中共中央办公厅、国务院办公厅,这两个机构分别代表了中国共产党和中央人民政府,是中国最高领导机构和行政机构,主送单位涉及全国的党政军群,分别是各省、自治区、直辖市党委和人民政府,中央和国家机关各部委,解放军各总部、各大单位,各人民团体。中央的指导意见下达之后,中央级别的7个部门在4个月后联合制定精准扶贫的实施方案,随之,地方也积极依照这个意见和实施方案开展扶贫工作,这两个文件成为精准扶贫的纲领性文件。这个过程,可以洞见出在精准扶贫政策的建构过程中,中央在整个官僚体制中(无论横向还是纵向)占据绝对性主体地位。

在《关于印发〈建立精准扶贫工作机制实施方案〉的通知》的文件里，发文单位直接涉及2个中央级别的领导小组、3个中央级别的行政部门和2个人民团体，即国务院扶贫开发领导小组办公室、中央农办、民政部、人力资源和社会保障部、国家统计局、共青团中央、中国残联。主送单位分别是各省、自治区、直辖市和新疆生产建设兵团扶贫办、农办、民政厅（局）、人力资源和社会保障厅（局）、统计局、团委、残联，涉及全国各级的相关单位。通过分析两个领导小组的构成，我们发现精准扶贫涉及的部门远远不止这7个部门。作为国务院的议事协调机构，国务院扶贫开发领导小组的成员包括国务院办公厅、解放军总政治部、发展改革委、财政部、农业部、人民银行、教育部、科技部、民委、民政部、人力资源和社会保障部、国土资源部、环境保护部、交通运输部、水利部、商务部、文化部、卫生部、人口计生委、广电总局、统计局等共计21个国家行政机构；而中央农办的成员单位包括国家发展和改革委员会、农业部、水利部、国家林业局、中华全国供销合作总社、国务院扶贫开发领导小组办公室（扶贫办）、中央财经工作领导小组办公室（中财办）7个部门。经过合并计算，部署精准扶贫政策涉及中央级别的28个部门，以及各自的省、市、地、县各级机构。在这个由横向28个部门和纵向28个部门的各级下属机构构筑的相互交织的空间网络里，我们可以看到的是，庞大的国家机器在共同建构精准扶贫的话语，以及中央对整个政府机构强有力的调动和管理。

（二）动员各级地方政府和部门

在精准扶贫中，中央负责制度设计，全面调动和监督地方。其一，中央能够充分调动财政资源，利用财政管控手段，成为扶贫开发的主体，起主导作用；其二，党政一把手责任制，使中央能够更好地管理各级国家机构。各级一把手为了实现精准脱贫纷纷立下"军令状"，省级政府向中央政府签订军令状、地方政府向省级政府签订军令状，层层签订军令状，说明精准扶贫在国家行政体系中是必须完成的任务。其三，"中央主要负责政策制定、项目规划、资金筹备、考核评价、总体运筹等工作，省级负责目标确定、项目下达、资金投放、组织动员、检查指导等工作，市（地）县则主要从事基础性落实工作，如进度安排、项目落地、资金使用、人力调配、推进实施等工作。"① 这样，中央通过顶层设计，将精准扶贫制度化为以中央为主导、地方为实施主体的政策。

精准扶贫在制度化过程中，不仅使中央加强了对地方的纵向管理，而且也使中央能够更好地协调横向的各机构。行业扶贫制度便可以体现这一进程。《中国农村扶贫开发纲要（2011—2020）》对行业扶贫的规定，包括发展特色产业、开展科技扶贫、完善基础设施、发展教育文化事业、改善公共卫生和人口服务管理、完善社会保障制度、重视能源和生态环境建设7项内容。而在《关于创新机制扎实推进农村扶贫开发工作的意见》的文件中，对行业扶贫进行了更加细化的规定，由7项内容增加到10项内容，分别是村级道路畅通、饮水安全、农村电力保障、危房改造、特色产业增收、乡村旅游扶贫、教育、卫生和计划生育、文化建设、贫困村信息化"十项重点工作"。行业扶贫是如何以历史延续的方式成为精准扶贫的一项重要制度的呢？其一，精准扶贫的10项行业扶贫大多有行动指南，如村级道路畅通工作按照《全国农村公路建设规划》规定的任务进行，饮水安全工作的纲领是《全国农村饮水安全工程"十二五"规划》等。其二，中央对这10项行业扶贫都规定了相应的负责机构。其三，在随后的精准扶贫实践中，这10项行业扶贫的负责机构大多根据《关于创新机制扎实推进农村扶贫开发工作的意见》的要求做出了新的规划或方案，成为对应工作的行动指南。这

---

① 《习近平在贵州召开部分省区市党委主要负责同志座谈会上的讲话》，2015年6月18日，http://www.china.com.cn/lianghui/fangtan/2016-03/01/content_37908434.htm，2016年3月1日。

样，中央就以行业扶贫的制度方式将各职能机构框定在精准扶贫中，它们在中央的统一领导下各司其职。

（三）动员全社会

在国家的精准扶贫话语体系内，国家积极倡导社会扶贫，努力提高社会力量参与扶贫的精准性、有效性。国务院扶贫办和各级扶贫部门组织搭建社会扶贫信息服务平台，以实现社会扶贫资源的精准化配置。各级定点扶贫单位、参加扶贫协作的东部省市、军队和武警部队及民主党派、工商联、各类企业、无党派人士、社会组织以及个人都成为社会扶贫的参与主体，积极投身政府主导的精准扶贫。

2014年，国家设立"扶贫日"，旨在用仪式性的节日来强化全社会投身扶贫的实践。2014年和2015年两年共募集资金约150亿元。2014年11月，国务院下发第58号文件《进一步动员社会各方面力量参与扶贫开发的意见》，提出许多指导意见以培育多元社会扶贫主体，号召社会力量广泛参与精准扶贫。随后，相继开展一系列与贫困治理相关的评选表彰活动，并且启动民营企业"万企帮万村"的精准扶贫行动，一时间，各类企业成为扶贫事业的有生力量。此外，一些社会组织积极打造社会扶贫的参与平台，募集大量资金来运作精准扶贫项目。这样，全社会在国家的动员下积极投身于精准扶贫事业。

在精准扶贫的国家实践中，全社会成为精准扶贫的参与主体，不管是组织还是个人，不管是国家的政府机构还是民间的社会组织，不管是人民军队还是地方团体，在中央的统筹领导下，精准扶贫政策成为全社会关注的焦点。

第二节　精准扶贫政策的地方实践

中央提出精准扶贫政策以后，全国各地在媒体报道、会议讨论等过程中转述、解读中央政策。通过部署工作积极落实精准扶贫政策，我们看到的是全社会不断阐释"精准扶贫"的过程，在这一过程中精准扶贫政策得以传播，形成大量丰富的地方实践。

一 全国各地宣传精准扶贫政策

上到国家领导人、中央，下到各级政府通过各种政策、实践，努力在全社会形成精准扶贫的大合力，社会对于精准扶贫的反应如何呢？笔者通过使用"读秀"①学术搜索引擎对2013—2017年11月的以"精准扶贫"为关键词的全部报刊进行搜索，来研究社会对精准扶贫的关注度。当然，这个数据库统计的数字不一定能够包含所有的报刊，但是从该数据库所包含的一小部分数据可以"窥一斑而知全豹"：仅仅是对个别的数据库进行检索就可以发现大量的新闻报道在关注精准扶贫这件事，这足以说明精准扶贫在全社会引起的反响是不容小觑的。

通过检索并进行关键词编码、类型编码以及数据分析后可以发现，如图1—1所示，在中央提出"精准扶贫"概念后的几年里，全社会对精准扶贫的关注度持续上升。标题含"精准扶贫"的全国报刊文章数量达到89448篇，2013年以前没有相关文章，而2013年仅为38篇、2014年为2503篇，到了2015年，随着精准扶贫的持续推进，报道精准扶贫的文章激增，达到了20547篇。从图1—2可以看出，有17个省市的报纸刊登包含"精准扶贫"标题的文章达到2000篇以上，刊登文章最多的省份达到了8000余篇文章。这些数据说明全国各地不断关注精准扶贫这一民生工程。

---

① 读秀网是由海量全文数据及资料基本信息组成的超大型数据库，包含430多万种中文图书、10亿页全文资料。

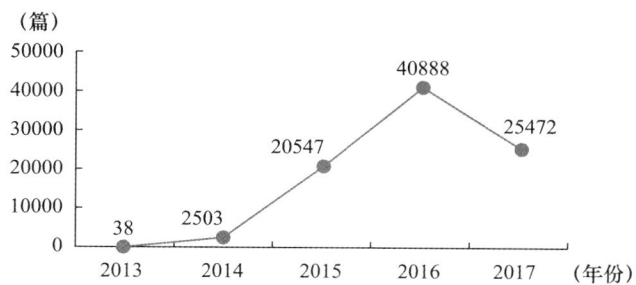

图 1—1　标题包含"精准扶贫"的全国报刊文章篇数逐年变动趋势

资料来源：根据读秀网相关数据编制。

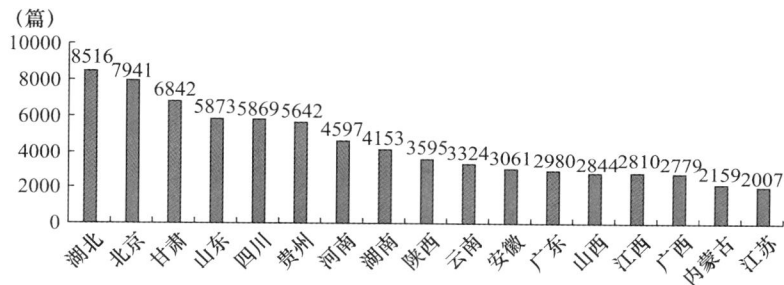

图 1—2　2013—2017 年标题包含"精准扶贫"的文章篇数超过 2000 篇的省市

资料来源：根据读秀网相关数据编制。

二　地方媒体报道中的精准扶贫政策

通过分析各地报刊所刊登的文章，可以发现在中央给定的框架内，即国家既定的政策指导下，各级地方媒体对国家领导人、政策文件的要点及精神不断进行重复、强调，在一次次重复过程中完成精准扶贫话语的再生产。实践证明精准扶贫政策取得了巨大成功，精准扶贫的地方话语与官方话语保持基本一致。笔者通过使用"读秀"学术搜索引擎对 2013—2017 年 11 月的标题含"精准扶贫"和某一关键词的全部报刊进行搜索，并对关键词进行编码和分析，发现全国各地报刊不断重复习近平总书记的关键话语。

关键词一：不能掉队。2015 年 1 月 19 日，习近平总书记在云南考察时强调，"现在距实现全面建成小康社会只有五六年时间了，时不我待，扶贫开发要增强紧迫感，真抓实干，不能光喊口号，决不能让困难地区和困难群众掉队"。

如图 1—3 所示，在 2013—2017 年的 5 年时间里，2013 年和 2014 年均未出现过"不能掉队"的题目，而在习近平总书记提出"不能掉队"的提法后，2015 年、2016 年、2017 年连续 3 年均出现"不能掉队"的关键词。通过查询省份发表相关题目的文章发现，全国范围内有 25 个省、市、自治区的报纸出现过包含"不能掉队"关键词的与精准扶贫相关的报道，出现文章数量最多的是山东省，有 19 篇文章包含这一关键词。

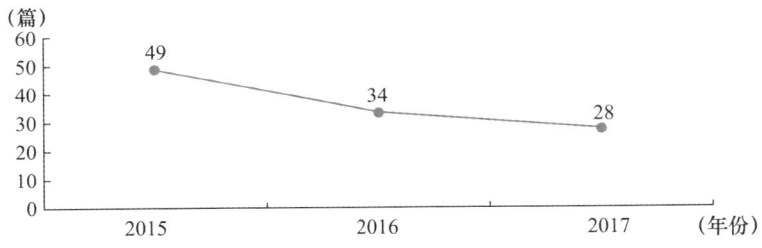

图 1—3　2013—2017 年全国出现"不能掉队"关键词的文章数
资料来源：根据读秀网相关数据编制。

关键词二：短板。2015 年 6 月 18 日，习近平总书记在贵州召开部分省区市党委主要负责同志座谈会，听取对"十三五"时期扶贫开发工作和经济社会发展的意见和建议时强调，"我们不能一边宣布实现了全面建成小康社会目标，另一边还有几千万人口生活在扶贫标准线以下。如果是那样，就既影响人民群众对全面建成小康社会的满意度，也影响国际社会对全面建成小康社会的认可度。所以，'十三五'时期经济社会发展，关键在于补齐'短板'，其中必须补好扶贫开发这块'短板'。"[①]

---

① 李贞：《习近平谈扶贫》，《人民日报海外版》2016 年 9 月 1 日第 7 版。

从表1—1可以看出,在精准扶贫刚开始的两年里,报刊中没有出现标题包含"短板"的文章,而在2015年以后的3年里,"短板"一词被频繁使用,甚至直接出现在标题里的文章共有168篇。在这些报刊中,不仅有中央级、省级报刊,如《中国财经报》(4)、《经济日报》(2)、《南京日报》(2),还有不少地、市级报刊,如《定西日报》(4)、《铜仁日报》(4)、《右江日报》(3)、《滁州日报》(3)、《武陵都市报》(3)、《孝感日报》(2)、《玉林日报》(2)等。

表1—1　　2013—2017年全国出现"短板"关键词的文章数

年份	2015	2016	2017	合计
文章数量(篇)	52	58	58	168

资料来源:根据读秀网相关数据编制。

关键词三:穷根。2016年1月4日至6日,习近平总书记在重庆调研时强调:"扶贫开发成败系于精准,要找准'穷根'、明确靶向,量身定做、对症下药,真正扶到点上、扶到根上。脱贫摘帽要坚持成熟一个摘一个,既防止不思进取、等靠要,又防止揠苗助长、贪图虚名。"[①]

如图1—4所示,2014—2017年标题出现"穷根"的文章共计732篇,2016年数量激增,达到290篇,涉及27个省、市、自治区的报刊,贵州省标题出现"穷根"的文章最多,达到56篇。

关键词四:"绣花"。2017年3月8日,习近平总书记在参加四川代表团审议时还提出,改进脱贫攻坚动员和帮扶方式,扶持谁、谁来扶、怎么扶、如何退,全过程都要精准,有的需要下一番

---

① 李贞:《习近平谈扶贫》,《人民日报海外版》2016年9月1日第7版。

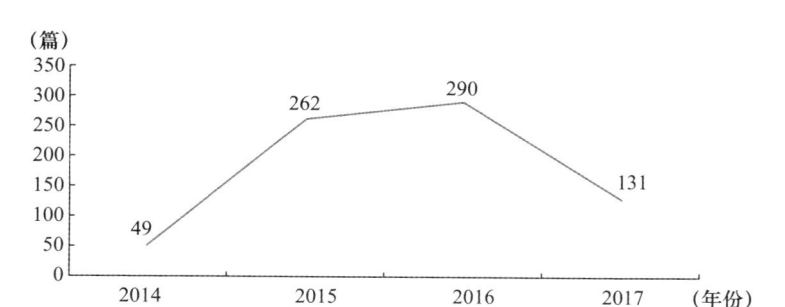

图 1—4　2014—2017 年全国出现"穷根"关键词的文章数

资料来源：根据读秀网相关数据编制。

"绣花"功夫。

在 2013—2017 年，文章标题同时出现"精准扶贫""绣花"两个关键词的文章有 188 篇，而且都在关键词提出的 2017 年，有 25 个省、市、自治区的报刊均出现关键词"绣花"。图 1—5 说明，搜索引擎搜索的 25 个省、市、自治区的报刊包含有"绣花"二字，四川省数量最多，有 28 篇文章出现"绣花"关键词。

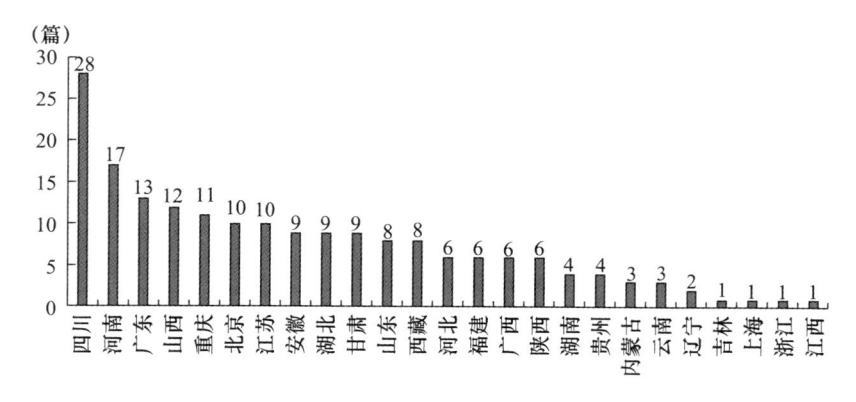

图 1—5　2017 年全国各省出现"绣花"关键词的文章数

资料来源：根据读秀网相关数据编制。

三 各地成功的地方实践

通过翻阅报刊、查找网络、收听广播、观看电视，我们看到的几乎都是关于精准的正面报道，或者宣传精准扶贫政策或者树立先进典型；各地的地方实践成为精准扶贫政策的注解，生动地展示着精准扶贫的再生产过程。笔者通过对国家相关文件进行分析，并且对2014—2017年《山西日报》上标题包含"精准扶贫"关键词的文章和"山西扶贫开发办公室"官方网站上的相关文章进行分析，发现地方大量丰富的实践成为精准扶贫政策的有机组成部分，与中央的精准扶贫政策保持高度一致；这些实践不仅展现了整个国家执行该政策过程的图景，而且诠释和注解了中央的精准扶贫政策，说明精准扶贫政策取得了巨大的成功。

（一）全民扶贫：整个国家执行精准扶贫政策

1. 声势浩大的"多声部"定点帮扶"大合唱"

在国务院印发的《"十三五"脱贫攻坚规划》中，强调社会扶贫，其中有关"定点帮扶"仅仅197字的内容便在全国范围内掀起了声势浩大的全民扶贫运动。

> 明确定点扶贫目标任务。结合当地脱贫攻坚规划，制定各单位定点帮扶工作年度计划，以帮扶对象稳定脱贫为目标，实化帮扶举措，提升帮扶成效。各单位选派优秀中青年干部到定点扶贫县挂职、担任贫困村第一书记。省、市、县三级党委政府参照中央单位做法，组织党政机关、企事业单位开展定点帮扶工作。完善定点扶贫牵头联系机制，各牵头单位要落实责任人，加强工作协调，督促指导联系单位做好定点扶贫工作，协助开展考核评价工作。

在中央单位定点扶贫工作中我们可以看到8个中央级牵头联系

单位，299个联系对象，到了全国省市县各级，这近300个联系对象又会有各自的下级单位参与到精准扶贫中去，这样，就会出现各级企事业单位进行定点贫困村脱贫帮扶的地方实践，形成"定点帮扶工作队＋第一书记"的扶贫模式，使得精准扶贫成为一场声势浩大的全民扶贫运动。

中央直属机关工委牵头联系中央组织部、中央宣传部等43家中直机关单位；中央国家机关工委牵头联系外交部、国家发展改革委、教育部等81家中央国家机关单位；中央统战部牵头联系民主党派中央和全国工商联。教育部牵头联系北京大学、清华大学、中国农业大学等44所高校；人民银行牵头联系中国工商银行、中国农业银行、中国银行等24家金融机构和银监会、证监会、保监会；国务院国资委牵头联系中国核工业集团公司、中国核工业建设集团公司、中国航天科技集团公司等103家中央企业；中央军委政治工作部牵头联系解放军和武警部队有关单位；中央组织部牵头联系各单位选派挂职扶贫干部和第一书记工作。

在中央的要求下，全国各地纷纷动员社会力量开展精准扶贫，并且取得显著成效。甘肃省40万名干部"联村联户、为民富民"，以山西省为例，2013年，山西省、市、县三级共派出22689名干部组成农村工作队，深入13556个行政村开展定点帮扶，全年投入帮扶资金25.85亿元。各工作队结合领导干部包村增收活动，大力发展"一县一业"和"一村一品"，帮助实施百企千村产业扶贫开发工程，深入开展群众路线教育实践活动。①

在省一级，山西省下发《关于进一步加强和改进全省干部驻村

---

① 《省委第二十六批农村工作队动员培训会在太原召开》，2014年3月24日，http：//www.sxsfpb.gov.cn/shsy/xzyljg/20140324/171343330a31.html。

帮扶工作的通知》，瞄准全省8060个建档立卡贫困村，对119.2万贫困户、329万贫困人口开展帮扶工作，通过领导包村、工作队驻村及组织党员、干部结对帮扶的办法，实现贫困村包村领导和工作队驻村帮扶全覆盖，贫困户党员、干部结对帮扶全覆盖。① 同时，在省级各单位的努力下汇集各方能量，实现聚力扶贫，山西省总工会积极开展干部驻村帮扶工作，中国青年团山西省委实施"双心双实"脱贫攻坚工程，山西省妇联开展"三晋巾帼脱贫行动"，山西省工商联组织开展"千企帮千村"活动。②

在市一级，各市都采取一系列措施，积极部署定点帮扶工作。2015年，太原市先后组织170个工作队进行结对帮扶；对150个贫困村选派"第一书记"；选定100多个机关、企业单位成为帮扶主体，实现了村村都有工作队，户户都有责任人。另外，为调动贫困县党委、政府精准扶贫工作积极性，同时鼓励社会力量参与精准扶贫，太原市设立精准扶贫以奖代补专项扶贫资金450万元，每年根据娄烦、阳曲两县完成脱贫任务的情况，采取奖励的竞争性分配方法给予奖补，并设立干部驻村帮扶工作专项资金700万元，支持驻村开展精准帮扶工作。③ 2016年，运城市下派驻村工作队1476个、25850名机关干部，逐村逐户写贫困户档案。并选派"第一书记"入村住户进行抽查核对，集中开展"百村万户民情大走访"活动，对76422户贫困人口建档立卡，同时选派802名"第一书记"，深入贫困工作重点村，让90%的扶贫对象人均纯收入翻了一番。④

在县一级，各县积极投身于定点帮扶的精准扶贫中。2015年，吕梁市岚县选派2054名干部包户，102支单位工作队包村，确保112个建档立卡贫困村干部下乡精准扶贫全覆盖，21257户6.69万

---

① 《落实六大政策扶贫精准到户》，《山西日报》2015年4月21日第A2版。
② 《我省着力构筑"精准扶贫"大格局》，《山西日报》2016年10月16日第1版。
③ 《太原打出精准扶贫"组合拳"》，《山西日报》2015年9月29日第A2版。
④ 《运城"挂图作战"精准扶贫》，《山西日报》2016年9月25日第2版。

贫困人口实现党员、干部结对帮扶全覆盖。① 石楼县选派的113名"第一书记"全部进驻所任职村,做到了建档立卡贫困村和"软弱涣散村级党组织"选派"第一书记"全覆盖,占到所有行政村的85%以上。为该县113个贫困村累计争取各类资金300余万元,修建党员活动室15个,拓宽改造村通公路60余公里,确立"一村一品"项目43个。② 2016年,和顺县形成了单位包村、领导包带和工作队到村、党员干部到户、"第一书记"到岗的"两包三到"联动帮扶机制:针对全县173个贫困村,全部派驻"第一书记",全县50405名贫困人口,全部落实了帮扶干部。③

2. 精准扶贫在行动:民营企业的精准扶贫

在官方媒体中,除将大量的报道集中于各个定点帮扶单位所采取的扶贫行动以及所取得的扶贫成绩以外,还有一大部分内容用于宣传民营企业投身精准扶贫中所取得的成绩。民营企业成为扶贫开发的有生力量,这更加说明精准扶贫实在是一个生机勃勃、成效显著的全民行动。仅以山西省为例,我们便可以管窥全豹。

2016年,山西省工商联、山西省扶贫办和山西省光彩会根据中央和省里精神,组织全省民营企业开展"千企帮千村——精准到户"扶贫行动。共有1555户民企和商会与1642个建档立卡贫困村建立结对帮扶;帮扶活动带动4.8357万户、10.5146万贫困人口摆脱贫困;各类投资65.7亿元、捐资助困助学助残4200多万元、解决就业3万多人。④ 各市也纷纷开展动员民营企业的活动,阳泉市组织"百企帮百村——精准到户"扶贫行动,号召民营企业家积极投身精准扶贫,146家民营企业,种植、养殖合作社,商会协会等

---

① 《岚县干部下乡全覆盖精准扶贫惠民生》,《吕梁日报》2015年5月15日第2版。
② 《石楼县"七个一"确保"第一书记"精准扶贫》,《吕梁日报》2015年11月28日第3版。
③ 《精准扶贫的"和顺答卷"》,《晋中日报》2016年11月22日第1版。
④ 《"千企帮千村精准到户"扶贫强势推进》,《山西日报》2016年10月19日第4版。

与130个贫困村对接，全部签订"三年接力帮扶协议"。①

在这个活动中，民营企业围绕产业带村、项目兴村、资金扶村等形式，通过自己的实践探索出三种典型的扶贫模式。第一，产业带动型。农业综合开发为主的企业会运用"公司+基地+合作社+农户"的发展模式，带动周边农户共同进行产业化发展。比如有一家名叫紫团的企业，仅仅依靠食用菌种植这一项产业，就辐射到周边的1市9县30个合作社，8500余农户，户均增收1.2万元。该项目解决就业岗位2000名左右，每年可安排5000人/次接受种植技术培训，间接带动上万人从事加工食用菌及相关行业，对于安置社会闲散劳动力具有积极的作用。第二，科技开发型。有的企业通过提高农业技术促进粮食产量。比如太原惠农马铃薯公司，运用科技创新的理念开发马铃薯的种植。通过将产业园区建设在国家扶贫开发重点县娄烦县，带动当地2000户5000人投入基地生产中，推动全县"一县一业"马铃薯产业发展和太原市民"菜篮子"工程。第三，资金帮扶型。有的民营企业直接投入资金以促进脱贫。比如，以能源工业为主导产业的沁新集团，到2016年捐款捐物总额已达1.3亿余元，同时还先后投入5000余万元的资金，支援驻地农村的新农村建设。

(二) 八仙过海、各显神通：成功的地方实践

1. 尧都核桃：产业扶贫创造脱贫持续动力②

尧都区属于煤炭资源大区，人们形成"靠煤吃饭"的惯性思维。2010年煤炭资源整合后，很多山区农民失去了主要收入来源，成了新的贫困人口。2011年，区委、区政府根据当地的实际情况，决定建设30万亩优质核桃基地，并配套出台了"政府出钱、百姓受益"的两项新政策来调动广大农民栽植核桃树的积极性。区政府于2012—2015年3年间累计拿出2.6亿元，扶持核桃基地建设。

---

① 《146家民营企业投身精准扶贫工作》，《阳泉日报》2016年12月30日第7版。
② 《尧都区精准扶贫由"黑"转"绿"》，《山西日报》2015年7月12日第A1版。

2012年春季，区政府专门邀请技术专家进行培训，高达90余场，参与培训的农民达5万余人次，涉及180个专门种植核桃的贫困村，这些培训取得了很大的成绩，使得每个村都有人掌握了专业技术，并且建立核桃科技示范基地以供学习和推广。据尧都区林业局测算，30万亩核桃的亩均收入至少7500元。按这样计算，项目区20万农民人均年收入可增加1万元以上。在这一成功的案例中，我们看到的是政府全力投入打造支柱产业的场景，这样的精准扶贫确实为贫困村贫困户带来了益处。

2. "吕梁山护工"：就业技能培训助力精准扶贫

在全国集中连片贫困地区之一的吕梁地区，悄悄打响了"吕梁山护工"的品牌，家政护理培训成为离石区精准扶贫重要渠道。自培训计划实施至2017年7月，该市累计培训15263人，其中建档立卡贫困户7496人；实现就业6931人，其中贫困人口2911人。就业区域辐射太原、北京、天津、包头、呼和浩特、陕西等省市，人均月收入3800元。[①]"吕梁山护工"逐渐成为家政行业响当当的品牌，这一品牌得以叫响的关键在于以下几方面。第一，政府的高度重视和大力支持。学员学习期间的费用全免费；结业后，在政府的引荐下，走出去的学员很快能够找到工作、真正融入城市，实现稳定就业。第二，参与培训及从事家政行业的人能够转变思想，放下包袱，勇敢地走出大山。精准扶贫政策不仅使政府高度重视基层贫困人民的致富之路，而且使贫困户的心理和生活状态均发生积极的转变，这无疑是精准扶贫政策所取得的成效。"吕梁山护工"为参加培训的妇女提供免费培训，鼓励妇女走出大山，靠专业的技能、辛勤的劳动脱贫，这在根本上符合扶贫开发的理念。依靠一技之长，贫困户可以真正获得稳定的工资收入，使贫困户真正实现"培训一人，就业一人，脱贫一户"的目标。

---

① 《吕梁市第十批995名"吕梁山护工"实现就业》，《山西经济日报》2017年7月5日第1版。

3. 王拴富：精准扶贫打开思想之门[①]

王拴富是一位年逾古稀、因病导致腿脚不利索的老人，通过自己的努力，进行具有高科技含量的光伏发电扶贫项目开发。经过对精准扶贫光伏项目深入考察之后，他认为光伏发电是一个可以脱贫致富的项目，国家现在又有相应的投资补贴和技术支持，实在是一个千载难逢的好机会。于是，他利用精准扶贫能够解决项目资金问题的契机，在县里的努力下，一家银行与他接洽"精准扶贫——光伏发电"项目。可见，精准扶贫为贫困农民打开了思路、提供了发财致富的门路。

在官方媒体中，这类报道比比皆是，种香菇、中药材、红枣等，养肉鸡、牛、羊、驴等，教育扶贫、健康扶贫等，精准扶贫不仅发展出一大批特色产业，还涌现出一个个优秀的帮扶干部、脱贫能手……大量的数字和丰富的地方实践无不在昭示着精准扶贫的成果颇丰：不仅能够"授人以渔"，为贫困户提供技能帮助；而且还能够通过各方的努力，打造出可持续的产业发展之路；贫困户通过精准扶贫政策也能够开阔眼界，不断提升自己致富的能力。

第三节　精准扶贫的社会意义及基本经验

一　精准扶贫的社会意义

（一）充分体现出社会主义制度具有整合社会资源的优势

社会主义制度是一个可以整合社会资源集中力量办大事的制度，是一个具有高度凝聚力的制度。正如邓小平所说："社会主义同资本主义比较，它的优越性就在于能做到全国一盘棋，集中力量，保证重点"[②]；"社会主义国家有个最大的优越性，就是干一件

[①]《王拴富与他的"精准扶贫"梦》，《山西日报》2016年8月30日第7版。
[②]《邓小平文选》第3卷，人民出版社1993年版，第16—17页。

事情,一下决心,一做出决议,就立即执行,不受牵扯"①,"实践证明,全党全军全国各族人民在党中央坚强领导下,能够围绕共同的目标,集中各方面力量,调动各方面资源,全国一盘棋、上下一条心,高效有力地办成一件件大事,这是中国特色社会主义制度和国家治理体系的鲜明特点和显著优势"②。

中国能够如期解决绝对贫困问题,正是举全国之力的结果。此次精准扶贫精准脱贫中的社会扶贫具有鲜明的特色,从参与主体来讲,不仅充分调动党政机关、国有企业的力量,派驻工作队和第一书记深入一线贫困地区进行定点扶贫,还广泛动员民主党派、民营企业、军队、社会组织、社会工作专业人才和志愿者参与脱贫工作,具体包括党政机关定点扶贫、国有企业定点扶贫、统一战线扶贫、民营企业帮扶、军队帮扶、社会组织扶贫、社会工作专业人才和志愿者帮扶;从区域来讲,健全东西部扶贫协作机制,推动东部人才、资金、技术向贫困地区流动。通过发挥东西部扶贫协作和中央单位定点帮扶的引领示范作用,此次脱贫攻坚凝聚了国内社会各方面的力量,从而进一步提升贫困人口帮扶精准度和帮扶效果,形成脱贫攻坚强大合力。

在 2016 年 11 月 23 日国务院发布的《"十三五"脱贫攻坚规划》中,明确了中央单位定点扶贫工作牵头联系单位和联系对象,一共有 297 家中央级别的企事业单位,而它们大部分在全国各省、市、县都设有下属单位,这样,全国各省市主要的企事业单位的力量都被凝聚在脱贫攻坚的伟大事业上了。此外,国家充分动员全社会各方面力量参与扶贫开发,仅 2014 年和 2015 年两年共募集资金约 150 亿元。同年 11 月,国务院下发第 58 号文件《进一步动员社会各方面力量参与扶贫开发的意见》,提出许多指导意见以培育多

---

① 《邓小平文选》第 3 卷,人民出版社 1993 年版,第 240 页。
② 《中共中央关于坚持和完善中国特色社会主义制度、推进国家治理体系和治理能力现代化若干重大问题的决定辅导读本》,人民出版社 2019 年版,第 163 页。

元社会扶贫主体,号召社会力量广泛参与精准扶贫。随后,相继开展一系列与贫困治理相关的评选表彰活动,并且启动民营企业"万企帮万村"的精准扶贫行动。

这样,不管是组织还是个人,不管是国家的政府机构还是民间的社会组织,不管是国家军队还是地方团体,全社会在国家的动员下积极投身于精准扶贫事业,脱贫攻坚将全社会的资源集中到解决绝对贫困这件大事上。

(二) 充分体现出中国共产党人"为人民谋幸福"的社会责任

"实现中华民族伟大复兴是近代以来中华民族最伟大的梦想。中国共产党一经成立,就把实现共产主义作为党的最高理想和最终目标,义无反顾肩负起实现中华民族伟大复兴的历史使命。"[1] 近代以来,争取民族独立、人民解放和实现国家富强、人民幸福成为中国人民的两大历史任务。中国人民进行了一次次艰苦卓绝的探索,然而,所有的斗争和探索终究没有摆脱失败的命运。事实证明,不触动封建根基的自强运动和改良主义、旧式的农民战争、资产阶级革命派领导的民主革命都没有摆脱帝国主义和封建主义对劳苦大众的剥削,都不能带领人民走向幸福。

为了完成这一历史使命,中国共产党把马克思主义基本原理同中国革命和建设的具体实际结合起来,经过长期奋斗,推翻压在中国人民头上的帝国主义、封建主义和官僚资本主义"三座大山",使"为人民谋幸福"这一历史使命成为可能。新中国成立后,中国共产党团结带领人民完成社会主义革命,确立符合我国实际的先进社会制度,为实现"为人民谋幸福"这一历史使命奠定根本政治前提和制度基础。改革开放以来,中国共产党人顺应时代潮流、顺应人民意愿,把马克思主义基本原理同中国改革开放的具体实际结合起来,勇于改革开放,实现了中华民族从"站起来"到"富起来"

---

[1] 《习近平谈治国理政》第3卷,外文出版社2020年版,第11页。

的伟大飞跃，为实现"为人民谋幸福"这一历史使命提供强大动力。党的十八大以来，中国共产党人提出新时代比历史上任何时期都更接近、更有信心和能力实现中华民族伟大复兴的目标，中华民族迎来了从富起来到强起来的伟大飞跃，中国通过精准扶贫，实现历史性地解决绝对贫困的目标，意味着中国共产党初步实现"为人民谋幸福"这一历史使命。

（三）充分体现出国家运用收入再分配手段，缩小城乡区域差距，促进社会公正

伴随着中国经济的快速发展，发展不平衡、收入差距拉大成为影响社会公正的因素。收入分配是民生之源，是改善民生、实现发展成果由人民共享最重要最直接的方式。面对这一问题，国家积极运用扶贫政策来缩小城乡区域差距、消除贫困，旨在实现共同富裕，促进社会公正。"扶贫政策在广义范围内仍属于收入分配政策"①，因而，国家通过政策调节收入分配体系，促进收入分配更合理有序，运用于再分配领域的扶贫政策更强调公平而非效率。

打赢脱贫攻坚战、消除绝对贫困，可以使更多的贫困人口有机会进入中等收入群体，使我国向全体人民共同富裕的目标稳步迈进，因而，精准脱贫有助于我国建设体现效率、促进公平的分配体系。农村扶贫政策的实施有助于贫困人群在生产能力、市场参与等方面享有现阶段我国经济发展的成果，有助于缓解日益扩大的收入分配差距。

所以说，精准扶贫，正是"重建再分配正义的国家自主性过程，是国家通过资源的再分配对农村社会中贫弱阶层的一种现代整合"②，有助于缩小城乡差距，促进社会公正。

---

① 张伟宾、汪三贵：《扶贫政策、收入分配与中国农村减贫》，《农业经济问题》2013 年第 2 期。

② 贺海波：《精准扶贫中的国家治理能力分析——以陕西 M 县精准扶贫为例》，《社会主义研究》2016 年第 6 期。

二 精准扶贫的基本经验

在精准扶贫这一历史过程中,中国共产党有效调动多元力量参与这项伟大的脱贫工程。上至党中央下至基层农村,从国家企事业单位到民营企业、个人,方方面面的力量都被动员起来,而且在政策执行中能够贯彻到底,实现纵向到底(贫困村、贫困户、贫困人口)、横向到边(各类型的单位和个人)。政策能够贯彻到底离不开人民的支持,同样也离不开中国共产党强有力的执政能力。

(一) 中国共产党坚持以人民为中心的根本立场为精准扶贫提供良好的群众基础

正所谓"得民心者得天下",进行精准扶贫是人心所向之事,因而,消除绝对贫困的精准扶贫政策得到了人民的拥护和支持。发展为了人民,这是马克思主义政治经济学的根本立场,也是中国共产党的根本立场。马克思、恩格斯指出:"无产阶级的运动是绝大多数人的、为绝大多数人谋利益的独立的运动",在未来社会"生产将以所有人的富裕为目的"。邓小平同志指出:"发挥社会主义制度的优越性,归根结底要大幅度发展社会生产力,逐步改善、提高人民的物质生活和精神生活。"[①] "我们坚持社会主义,首先必须摆脱贫穷。"[②] 习近平也谈道:"贫穷不是社会主义。如果贫困地区长期贫困,面貌长期得不到改变,群众生活长期得不到明显提高,那就没有体现我国社会主义制度的优越性,那也不是社会主义。"[③] 到2020年中国历史性地解决绝对贫困问题正是我国党和政府坚持人民立场的最好体现。

精准扶贫精准脱贫的目的体现出党坚持人民的立场。党的十八

[①] 《邓小平文选》第2卷,人民出版社1994年版,第216页。
[②] 《邓小平文选》第3卷,人民出版社1993年版,第225页。
[③] 中共中央党史和文献研究院编:《习近平扶贫论述摘编》,中央文献出版社2018年版,第5页。

届三中全会提出以人民为中心的发展理念，坚持发展为了人民、发展依靠人民、发展成果由人民共享。国家为了使全体人民在共建共享发展中有更多获得感，作出一系列有效的制度安排，其中脱贫攻坚是实现城乡协调发展、解决区域发展不平衡问题的重要政策，从而有助于共同富裕的实现。习近平曾深情地说："新中国成立前，我们党领导广大农民'打土豪、分田地'，就是要让广大农民翻身得解放。现在，我们党领导广大农民'脱贫困、奔小康'，就是要让广大农民过上好日子。"[①] 他强调"把增进人民福祉、促进人的全面发展、朝着共同富裕方向稳步前进作为经济发展的出发点和落脚点"[②]，可见，中国共产党领导全国人民一起迈入全面建成小康社会是坚持一切为了人民这一根本立场的成果，是我们党坚持全心全意为人民服务根本宗旨的重要体现，展现出社会主义制度所无法比拟的优越性。

精准扶贫精准脱贫的具体措施体现出党坚持人民的立场。实施精准扶贫以来，国家不仅加大对农村的基础设施投入、动员全社会参与扶贫，还通过开展扶贫扶志行动、教育和就业帮扶等手段进行扶贫，目的是切实增强贫困群众自我发展能力，确保实现贫困群众持续稳定脱贫。此次贫困治理更加注重培育贫困群众主体意识，更加注重提高贫困群众脱贫能力，更加注重改进帮扶方式，坚持提高贫困地区、贫困户的"造血"功能。习近平曾指出，"我们必须坚持发展为了人民、发展依靠人民、发展成果由人民共享，作出更有效的制度安排，使全体人民朝着共同富裕方向稳步前进，绝不能出现'富者累巨万，而贫者食糟糠'的现象"[③]。精准扶贫精准脱贫

[①] 中共中央党史和文献研究院编：《习近平扶贫论述摘编》，中央文献出版社 2018 年版，第 13 页。

[②] 中共中央党史和文献研究院编：《习近平扶贫论述摘编》，中央文献出版社 2018 年版，第 11 页。

[③] 中共中央党史和文献研究院编：《习近平扶贫论述摘编》，中央文献出版社 2018 年版，第 9 页。

政策并不是"一刀切"、不加区分地给予贫困村贫困户资金扶持，而是分类施策的体系。精准扶贫精准脱贫政策能够根据不同的人群，提供不同的措施，如针对有劳动能力的贫困户，采用产业扶贫、教育扶贫和就业扶贫等一系列发展贫困户能力的"造血"手段；而针对丧失劳动能力的贫困户则实施兜底性保障政策。此外，农村水、电、交通、网络等一系列基础设施的扶贫，则一定程度上为贫困地区的人们提供了机会均等和人人享有的条件。

（二）建立完善的脱贫攻坚制度体系为中国共产党强大的动员能力保驾护航

"中国扶贫实践所取得的伟大成就，是与所构建的系统完备、科学规范、运行有效的脱贫攻坚制度体系分不开的。"[①] 精准扶贫精准脱贫基本方略实施以来，党和政府逐渐将脱贫攻坚制度化，进而形成中国特色的脱贫攻坚制度体系，主要包括精准扶贫工作的制度化、政策保障的制度化和监督管理的制度化。

精准扶贫工作的制度化，包括精准扶贫工作机制（解决"扶持谁、怎么退"的问题）、扶贫具体措施制度化（解决"怎么扶"的问题）、帮扶工作制度和全社会动员机制（解决"谁来扶"的问题）。首先，精准扶贫工作机制逐渐完善，主要包括贫困认定机制和贫困退出机制的建立和完善。在贫困认定机制方面，运用建档立卡工作，提高精准识别质量。具体要求有以下几方面：完善动态管理机制，做到"脱贫即出、返贫即入"；完善贫困人口统计监测体系，为脱贫攻坚提供科学依据；加强贫困人口建档立卡数据和农村贫困统计监测数据衔接，逐步形成指标统一、项目规范的贫困监测体系；建立脱贫成效巩固提升监测机制，对脱贫户实施跟踪和动态监测，及时了解其生产生活情况。在贫困退出机制方面，严格执行贫困退出标准和程序，规范贫困县、贫困村、贫困人口的退出。通

---

① 汪青松：《中国特色脱贫攻坚制度体系的世界贡献》，《经济日报》2020 年 1 月 16 日第 11 版。

过贫困户脱贫认定机制以及扶贫开发工作重点县的退出标准、程序及核查方法等一系列制度保障贫困有序消除。此外，国家还提出建立对扶贫政策落实情况和扶贫成效的第三方评估机制，以确保扶贫工作的质量，防止数字脱贫。其次，精准扶贫的具体措施形成一个系统完备的制度体系。精准扶贫不仅要加快补齐农村地区基础设施的短板，主要有交通、水力、电力、网络、农村人居环境等方面，还包括其他专项措施，主要有产业扶贫、就业扶贫、易地扶贫、生态扶贫、教育扶贫、健康扶贫、农村危房改造、综合保障性扶贫、扶贫扶志行动等措施。最后，建立干部驻村帮扶工作制度，做到每个贫困村都有驻村帮扶工作队，每个贫困户都有帮扶责任人，并建立数据库、落实帮扶责任。通过健全东西部扶贫协作机制、健全定点扶贫机制和健全全社会力量参与机制，动员全社会力量参与扶贫，合力推进脱贫攻坚。

扶贫脱贫政策保障的制度化，强化财政政策和土地政策的保障制度。坚持增加政府扶贫投入与提高资金使用效益并重，健全与脱贫攻坚任务相适应的投入保障机制，确保扶贫资金落到实处。从财政转移支付、扶贫领域融资等方面健全资金投入机制，运用绩效管理公告公示制度、日常化监管等手段对各类扶贫资金项目进行监管。出台一系列土地政策，加强对扶贫的土地政策支持。如，支持贫困地区编制村级土地利用规划，新增建设用地计划、增减挂钩节余指标调剂计划、工矿废弃地复垦利用计划向贫困地区倾斜等措施，建立土地整治和高标准农田建设等新增耕地指标跨省域调剂机制等。

扶贫脱贫工作监督管理的制度化，建立压实责任的脱贫攻坚责任制、最严格的考核评估体系和多渠道全方位的监督体系。脱贫攻坚责任制和脱贫攻坚考核监督评估机制是此次成功解决绝对贫困问题的法宝。第一，实行中央统筹、省（自治区、直辖市）负总责、市（地）县抓落实的工作机制，严格执行脱贫攻坚"一把手"负责制：重点脱贫地区党政主要负责同志向中央签署脱贫攻坚责任书，逐级立下军令状，省市县乡村五级书记一起抓。第二，各地党委和政府出台对贫困县扶贫绩效考核办法，建立扶贫工作责任清单。第三，建立年度扶贫开发工作逐级督查制度；加强财政监督检查和审计、稽查等工作，建立扶贫资金违规使用责任追究制度；落实贫困县约束机制，严禁铺张浪费；建立重大涉贫事件的处置、反馈机制；加强农村贫困统计监测体系建设。监督管理的制度化有助于解决脱贫攻坚的实效性问题，确保脱贫攻坚工作质量。

一项项具体的制度所形成的扶贫脱贫工作机制体系、动员体系、政策体系、责任体系、监督体系和考核体系，组成了中国特色的脱贫攻坚制度体系。这些制度成果，使得中国在解决绝对贫困中能够多措并举、目标明确、职责明晰。

（三）严格的考核和监督机制为强化落实脱贫攻坚政策提供重要的政治保证

"中央统筹、省负总责、市县抓落实"的脱贫攻坚责任工作机制，使得脱贫攻坚不仅仅是经济发展的硬性任务而且上升成为国家层面的政治任务，同时，范围也涉及省、市、县、乡镇的大范围内。这样，脱贫攻坚工作成为上至国家下至乡镇农村最重要的工作之一。2015年11月，习近平总书记在中央扶贫开发工作会议上强调："消除贫困、改善民生、逐步实现共同富裕，是社会主义的本质要求，是我们党的重要使命。"会议期间，中西部22个省区市党政主要负责同志向中央签署脱贫攻坚责任书和立下"军令状"，之后，各省区市领导人回到各自辖区进行扶贫脱贫的总部署，并与下级部门主要负责人签署"军令状"，层层签署"军令状"使得各级政府将精准扶贫脱贫工作上升为地方全年绩效考核"一票否决"指标的高度。这样看来，"一票否决"式的考核制度是最终实现中国历史性地解决绝对贫困的重大成果的强有力的政治保证，一方面使得消除绝对贫困成为全国各级政府的工作重心，可以动员所有的力量集中消除绝对贫困；另一方面，压实责任，使得各级政治和相关人员能够明确职责任务，从而完成各自的任务。

在精准扶贫的过程中，国家通过一整套完整的监督体系，实现了对扶贫脱贫工作成效的监督和评估。从监督形式和参与主体看，形成了纵横覆盖的监督评估网，对各个地方的扶贫脱贫工作展开全方位的考核。纵向上，各级政府逐级检查扶贫脱贫工作；横向上，由纪检监查和审计部门等多元主体组成的第三方机构参与脱贫的考核、评估、审计、督查。从内容看，既包含具体某一项目的实施情况，如执行过程、资金流向，还包含整个政策执行的评估等，具体有以下几点：第一，对每一个项目的立项、招标、建设、验收等程序进行全过程监督检查；第二，对每一笔资金的申报、安排、拨付和管理等环节进行全方位监督检查；第三，对每一项扶贫政策的制定、执行和成效等方面进行全链条监督检查；第四，监督检查扶贫政策制定是否和党中央保持高度一致，是否严格贯彻了中央精神，是否存在打折扣、搞变通，是否存在不公正、不公平、不公开的问题，是否达到了预期目标、见到实效，群众是否得到实惠。此外，纪委监督过程又与反腐工作相结合，严厉打击精准扶贫脱贫过程中的腐败问题，从而使我国在消除绝对贫困过程中可以真正做到"精准到人/到户"，一定程度上减少了"精英俘获"，做到"扶真贫、真扶贫"。

一票否决式的考核机制和完善的审计监督机制为精准扶贫的顺利执行提供制度保障：一票否决式的考核机制有助于集中各地力量投入扶贫脱贫工作；完善的审计监督机制既有效监督各地的政策执行情况，又为衡量评估国家政策的落实情况提供技术支撑。这种通过可量化的指标来考核、评价和监督的方式与反腐工作相结合的模式实现了高效动员和有效监督的结合，将成为今后国家政策实施与执行的重要经验。

第四节 小结

在整个精准扶贫政策的制定、动员以及执行过程中，我们看到的是一个央地配合、全民参与的轰轰烈烈的贫困治理运动。在政策制定方面，精准扶贫政策不是一蹴而就的，而是经过反复调研、反复探讨才形成的完善的扶贫方略。在政策动员方面，中央高度重视，从经济上、人力上调动了一切可以调动的力量。在政策执行方面，精心设计各项制度来保证精准扶贫政策的落实，从监督到落实、从重要任务到立军令状，在政治高压态势下，精准扶贫政策成了各级政府的重中之重；同时，各级政府积极响应中央的政策，全力以赴，通过一个个更加具体详细的做法，使得精准扶贫政策落地。此外，从报刊、网络、电视等官方媒体的报道中，我们能发现到处都是成功的案例，讲述了一个个贫困村、贫困户在精准扶贫政策的帮扶下取得了什么样骄人的成绩。因而，精准扶贫实际上是作为政策制定者的中央和作为政策执行者的地方社会共同创造的一场轰轰烈烈、繁荣兴盛的全民扶贫运动——中国的贫困村、贫困户得到了扶助，获得了脱贫的手段，实现了脱贫目标。的确，通过精准扶贫政策，中国在贫困治理的道路上取得了显著的成绩，精准扶贫政策是最好的中国经验，它反映出中国政府以人民为中心的根本立场，坚持发展为了人民的理念，为中国的农村治理积累了许多宝贵的经验。

然而，精准扶贫政策在执行过程中是不是一帆风顺的？在消除绝对贫困已经取得成功的情况下，回头看看其中存在的问题，将有助于我们吸取经验教训，为今后的农村治理提供一定的借鉴。在一些精准扶贫工作的调研中，我们发现精准扶贫政策在执行过程中仍存在一些问题，它们不容忽视。在贵州进行的调研发现政策执行存在以下问题：其一，对扶贫政策宣传的不到位使得一些扶贫干部对政策理解出现偏差，影响基层扶贫干部对政策的执行；其二，配套支持或考核措施还不完善；其三，贫困户识别机制待完善。由于区域之间贫困户贫困程度不平衡，所以坚持贫困人口规模控制、自上而下层层分配指标的精准扶贫，可能会导致新的不公平；其四，政策设计待商榷，如信息登记有待简化，信息管理有待整合。[①] 在山西调研时，发现有的地方精准扶贫变成了"精准填表"[②]；有的干部精准扶贫"在数字上动心思、浮在面上、蜻蜓点水"。还有文章指出，精准扶贫中党员干部和困难群众都存在"眼高手低"的问题：一方面，有一些领导干部在思想认识上存在一些问题，以为扶贫开发就是要干一些大项目，不重视具体细致的工作，对扶贫工作的要求过于泛泛，停留在大话套话上。结果，提出一些不切实际的脱贫策略，得不到人们的响应，落实不到行动上。另一方面，虽然脱贫致富是贫困地区群众梦寐以求的愿望，但一些人却看不起挣小钱。有的群众放不下架子，舍不下面子，不愿做小生意，一心只想赚大钱。[③]

这些调研报告深入农村实际，反映出精准扶贫在执行过程中真实存在的一些问题。笔者想知道，作为一项自上而下的政策，精准扶贫在落实过程中到底是什么样的，在地方实践中是否存在问题，与贫困户的实际情况是否契合。作为受助方，贫困户是如何看待精准扶贫的，他们受到了怎样的帮助，精准扶贫政策对他们有什么影响。笔者提出这样的疑问，并不是否定精准扶贫政策，精准扶贫政策的初衷是为了实现全国的共同富裕，让贫困村、贫困户能够享受到社会主义发展的文明成果，这是一个普惠百姓的好政策，这是不容置疑的。我们试图探寻的是，一项普惠百姓的政策在执行过程中是怎样的，在不同的领域有什么样的不同声音，发现这些问题将有助于全面认识一项政策的执行，进而在政策制定中提供一定的帮助。

[①] 《精准扶贫：好政策为何也有"微词"》，《中国经济时报》2014年9月17日第A01版。
[②] 《精准扶贫不是"精准填表"》，《忻州日报》2016年12月21日第2版。
[③] 《精准扶贫切忌眼高手低》，《山西日报》2016年5月3日第C4版。

第二章

精准扶贫的执行情况

在官方报道中，关于精准扶贫的宣传焦点集中于精准扶贫政策的好处和取得的成功上，大多是通过数字量化成绩或者通过案例推广农村脱贫的先进经验等。那么，在精准扶贫的执行过程中，一项公共政策能否完全与当地契合，一项公共政策能否被精准执行，它在落地过程中到底有没有遭遇困境。带着这些问题，笔者试图从不同渠道探讨和了解精准扶贫政策的执行情况，以掌握多个面向的精准扶贫。

第一节 网络论坛里的精准扶贫

随着互联网时代的到来，网络论坛日益成为一个社会公共话语的表达空间，这样的空间有助于各种利益诉求的表达和有效的社会沟通机制的建立，同时，网络论坛实际成为反映民间大众文化的公共领域，它们的存在是我们了解掌握民意的通道和途径。百度贴吧[①]是全球最大的中文交流平台，它为人们提供一个表达和交流思想的自由网络空间，在这里，所有通过搜索引擎进入帖子的吧众和游客均能自由查看该贴吧所有的帖子与评论，这样，有助于我们掌

---

① 百度贴吧并不是反映舆情的唯一空间，这里选取的百度贴吧仅作为反映民意的一个渠道。

握参与讨论的所有观点。因而，笔者通过搜索百度贴吧里的"精准扶贫吧"，来搜集与精准扶贫政策相关的大众声音，进而分析潜藏的关于精准扶贫政策的草根观点。

截至 2017 年 11 月，"精准扶贫吧"里共有主题帖 7386 条，里面涉及精准扶贫的方方面面的观点。通过对发帖的内容、观点和立场进行分析辨认，可以发现该贴吧具有以下几方面的特点。其一，参与讨论的主体多样：有的是参与扶贫的一线基层工作人员，有的是被扶助的贫困户，有的是没有扶助到的非贫困户，还有的是置身事外的看客。其二，对精准扶贫政策褒贬不一：有的认为精准扶贫政策确实为老百姓带来好处；有的认为精准扶贫扶助对象有待商榷；还有的认为精准扶贫的很多具体事务都流于形式，没有实质性的进展。其三，对精准扶贫政策的了解程度参差不齐：有的只是听说过某一具体政策，但不清楚具体的规定；有的不懂政策，以为精准扶贫就是给贫困户送钱；有的却对政策内容十分了解。其四，发表言论的动机各不相同：有的是为了发泄扶贫工作中的不满；有的是为了了解精准扶贫的相关政策；有的是检举揭发精准扶贫中的不公平不合理的现象；还有的只是"路过""围观"。经过分析这些已有讨论的文本，笔者发现以下值得思考的现象：第一，网友大多认为精准扶贫政策的出发点是好的，但是，"精准扶贫政策应该扶助谁，实际上扶了谁，谁不应该被扶助"，这些与精准识别有关的问题成为争论激烈的议题；第二，在精准扶贫政策施行过程中，由于各自立场不同，普通老百姓和基层扶贫工作人员之间缺乏理解，干群关系紧张。

一　网友对精准识别的争论

（一）关于精准识别的个案

1. 标准何在：同样的政策不同的结果

根据网友"设置用户名581"的讲述，笔者整理出关于广西壮族自治区百色市德保县某村的个案：

> 从特种部队出来的小农，现年 40 多岁，有一个在上高中的女儿和一个在上小学的儿子，还有一个卧床不起的老母亲。小农去广东打工没有工厂肯要，回家待着月收入基本为零。想尽办法地供两个孩子上学，省吃俭用地给老母亲治病。生活条件极差，没有自来水、没有煤气，不是低保户，不是精准扶贫户。
>
> 同样从特种部队出来的小稳，在武警部队供职且在县城买了房子。他的家却成为低保户和精准扶贫户，村里还给了他建设房屋的钱。
>
> 一个失去老伴年过 70 的老人不是低保户，不是精准扶贫户。
>
> 一个 30 多岁的小伙子，父母双亡，家里有两个劳动力，每人月工资 4000 多块钱，供一个孩子上小学，家里看得起液晶电视，用得起自来水、天然气，养着一群鸡、一群鸭、几头牛，这样的家庭是精准扶贫户。

这个案例里面涉及 4 个家庭的具体情况告诉我们，虽然精准扶贫政策的核心在"精准"，就是为了准确识别受扶对象，但是客观上仍然存在识别不精准的案例。同一政策，同一标准执行完以后却呈现出不同结果的现象。到底是什么原因导致精准识别不"精准"呢？

2. 众口难调：精准识别之难

网友 yingfenglz 例举 4 类人来说明精准识别中的难点：

> 第一类，一户人，修了大楼房，为了工作，买了小车，月薪 5000 元，但是，因为疾病，每个月需要支付高昂的医药费；

第二类，这么一户人，住房很破烂，种点庄稼，不愿意出去工作，离家远，没有实际收入，有点钱就买点小酒，打打小牌；第三类，有这么一户人，生活中等，月收入8000元，住房非常破烂，因为想在外面买房，所以一直没有修缮；第四类，生活平平，住房平平，无灾无难，生活安定勤劳肯干。

以上4类人中哪一户算贫困户呢？他认为，任何一种进入贫困户，人们都会有不同的意见：如果第一类进入，第三类会质疑有房有车也是贫困户？那我也该进入；如果第二类进入，第四类会说，好吃懒做也能得到这么多扶持？我家条件也不好，我也应该进入，如果把第三类和第四类算上，可能就几乎整个村里的人全部都是贫困户。认为精准识别的难点在于，贫穷的标准因为站的角度不同，根本不可能达到大家公认的精准，越来越多的人觉得不公平，其实，并不是村干部有多腐败，只是所处的位置不同、看问题的角度不同、大家的参照不同。

(二) 精准识别在网友眼中的不公平之处

精准识别是网友讨论的焦点问题。网友对"'鳏寡孤独病'的人是否应该得到扶助"这一问题比较一致，认为这一类人应该得到扶助。但是，网友普遍认为精准扶贫不公平，其原因在于，应该受到帮扶的不是贫困户，即所谓的"应保未保"；而不应该受到帮扶的却成了贫困户，即所谓的"不应保而保"。网友认为有3类对象不应该得到扶助，即精英、懒汉、村霸。

第一，精英俘获。致力于"精准"的精准扶贫经过一系列政策设计，努力做到"精准到户/到人"，但是扶助对象中依然存在一小部分有关系的、有面子的、有钱的"精英"，这部分人的存在使网友对精准识别颇有微词。对于确实贫穷又想致富的农民而言，他们认为一些开着轿车、住着好房的人能够成为贫困户，享受国家的扶助政策，这是不公平的。

第二，懒汉当道。精准扶贫政策固然是在帮扶贫困的人，但是，对于勤劳致富的农民而言，他们认为精准扶贫政策"对好吃懒做之人，以前作恶之人，五毒俱全之人，坑蒙拐骗之人是福音"。在他们看来，政府的精准扶贫政策在养懒人，真正在贫困边缘的人最辛苦，得不到国家任何优惠，这部分人同贫困户都是同一起跑线上的人，但因为勤劳肯吃苦过得比那些好吃懒做、胡作非为之人过得好一点；但是又算不上真正富裕的人。在精准扶贫政策中，这部分人感觉压力大，而且心理失衡：勤劳受苦之人得不到一星半点的扶助，而有些好吃懒做之人却得到国家的关心，不劳而获。网友 zdwertyuio 说："以前低保都是被当官的一大家子亲戚朋友瓜分了，像我们这种小老百姓什么也没见到过。现在国家政策是又好了，但是也救活了一些有田地在家好吃懒做、没钱打牌的贫困户。"

第三，村霸横行。农村存在这样一些小群体，不是勤劳地发家致富，而是靠无赖过日子：他们要么擅长搜集村干部的黑材料，以此要挟村干部满足他的利益；要么喜欢拉帮结派，打压村干部；要么长期上访，成为闹访专业户；要么靠坑蒙拐骗的手段赚钱养活家庭。这类村霸要么真贫困，那么根据精准扶贫的政策就理所应当地成为精准扶贫户了；要么不贫困，也会干扰影响村干部，让村干部给予照顾，而村干部会迫于农村稳定的政治压力而选择"睁一只眼，闭一只眼"，默许他们。

在这些争论中，有两类人，即懒人和村霸成为网友心目中不应该得到帮助的人，这一现象值得深思。国家的扶贫开发政策，尤其是精准扶贫政策中只注意到"精英俘获"的问题。经济富裕的人是不应该得到帮助的人，这是大家已经达成的共识，这一观点将经济贫困与否当作识别贫困的主要判断依据，而没有考虑到经济贫困之人的秉性这一关涉文化的因素。在精准扶贫政策大力推行的背景下，这一关涉文化的因素没有引起国家的重视却惹来网友的非议。这里的"应"字已经不单纯是根据经济标准来衡量了，而已经包含了文化标准，心中应然与实然发生不一致的时候，人们就会产生不公平感。

二　精准扶贫搞不好是扶贫工作者惹的祸

在贴吧的讨论和交锋中，可以看到两个阵营，第一阵营由针对基层扶贫工作者发泄不满的人组成，第二阵营由基层扶贫工作者组成。两个阵营一般能就某一问题达成一致，第一阵营倾向于批评第二阵营，而第二阵营或吐槽扶贫工作中的问题和困难，或惺惺相惜，相互理解彼此的工作。

第一阵营认为，精准扶贫政策是好的，但是现在却搞得不好，原因就是扶贫工作者工作不力。有人认为，精准扶贫会产生特权阶级，即公务员；他们觉得公务员们在贪污挪用国家下拨的各项资金；有的贫困户认为，精准扶贫每天就是在调查询问，落到实处的优惠政策不多；有的非贫困户认为，那些成为贫困户的人都是给基层干部送钱的、有关系的。而作为第二阵营的扶贫工作者们却非常不认可这些观点，他们普遍认为自己不是精准扶贫落实不到位的主要原因。其一，自己每天辛苦在一线，兢兢业业地工作，虽然报酬不多，但是本本分分，根本不是特权阶级。其二，频繁入户调查是不得已而为之，表格种类多、设计烦琐，还要应对上级政策的朝令夕改；每天忙碌于填表，存在"纸面扶贫"的现象，实在是因为要应对上级随时的检查。其三，在政治环境高压态势下，根本不敢随便违反政策，"走关系"。网友"云端孤独的苍鹰"就是基层扶贫工作者中的一员，他说："贪污受贿是社会的毒瘤，万人共恨，是我们所不允许的。国家在严厉惩治腐败方面，已经有了很好的社会效果。贪污腐败的是极少数有权有势的官员，不代表整个公务员都是这个情况。"

从网友们的讨论中，可以发现精准扶贫政策执行以来，贫困户、非贫困户和扶贫工作人员之间存在诸多矛盾，彼此不能相互理解,干群关系堪忧。贫困户认为扶贫工作人员办事不实在、扶贫效果不佳;非贫困户认为贫困户中有一些人不应该受到帮扶,因为他们好吃懒做、横行霸道;认为扶贫工作人员总是"走人情""看面子",不管他们的实际生活状况;扶贫工作人员则认为自己每天加班工作,辛苦地奔波在驻点村和单位之间,却得不到贫困户和非贫困户的理解:贫困户中有一些人发展意愿不强,大有"烂泥扶不上墙"之势,非贫困户中有一些人胡搅蛮缠还净在背地里说闲话。他们认为很多人是思想贫困,扶贫应该做人们的思想工作而不是一味送钱送物资。扶贫不是一蹴而就的,脱不了贫也不全是基层扶贫工作者的错。

从施助者视角去看,我们看到的精准扶贫是一个全社会参与并且取得骄人成绩的发展故事,而以百度贴吧的讨论文本作为参考,我们则是从底层视角去看。用不同的视角可以发现来自普通大众的意识,这些是在官方媒体宣传中所看不到、听不到的。从这些不同的声音中,我们又发现了精准扶贫的另一面:精准扶贫在执行过程中并非完美,依然存在不少问题,如精准识别的标准问题、"干群关系"紧张的问题等等。官方之筛过滤掉精准扶贫的不足、大众之筛损失了精准扶贫的成绩,任何一个筛子都是有失偏颇的,因为经过筛子过滤后失去了原有东西的一部分,因而,只有不加过滤,用客观中立的视角,才能看到事情的全貌,保持原汁原味。

第二节 学者眼中的精准扶贫执行困境

通过使用"中国知网"[①],对 2013—2017 年 11 月以"精准扶贫"为关键词的全部中文期刊进行搜索,发现精准扶贫政策的执行引起学界的广泛关注。2013—2017 年在被中国知网收录的期刊文章

---

① 中国知网(CNKI),是全球领先的数字出版平台,是一家致力于为海内外各行各业提供知识与情报服务的专业网站,中心网站及镜像站点年文献下载量突破 30 亿次。

中，标题含"精准扶贫"的文章共计5015篇，呈现逐年递增的趋势，2015年共计448篇，到2017年达到2396篇，涉及40个学科，不同学科的学者从不同的专业角度对精准扶贫政策展开深入的研究。通过分析这些文献，我们一方面可以看到学界视角下的精准扶贫政策的执行情况，另一方面可以了解国内对精准扶贫的研究现状。

一 解决瞄准偏离的新药方：学者界定的精准扶贫

中国扶贫工作经历了从20世纪80年代以贫困县为扶贫单元的区域瞄准，到2001年开始以贫困村为扶贫单元的村级瞄准，再到现在正在实施的在14个连片特困地区的精准扶贫战略的历程。在县级瞄准扶贫和村级瞄准扶贫均未达到满意效果的背景下，我国的扶贫工作进入精准扶贫阶段。基于以往的实践经验，"县级扶贫存在有限的扶贫资金往往使用分散、漏出较高、瞄准有效性低的问题，而村级瞄准扶贫在实践中也存在着较明显的瞄准目标偏离现象"[1]和"精英俘获现象"[2]。瞄准目标偏离会降低扶贫政策和项目实施的效率和有效性，从而影响扶贫的实际效果，无法做到"扶真贫，真扶贫"。精准扶贫正是对以往扶贫实践中所暴露出的瞄准偏离问题和精英俘获现象开出的新药方。精准扶贫最基本的定义是扶贫政策和措施要针对真正的贫困家庭和人口，通过对贫困人口有针对性的帮扶，从根本上消除导致贫困的各种因素和障碍，达到可持续脱贫的目标。

二 精准扶贫在实践中遭遇的困境

（一）精准扶贫在实践中仍存在扶贫资源瞄准偏差与精英俘获的问题

虽然精准扶贫政策是为解决扶贫瞄准偏离问题而推进的扶贫方

---

[1] 左停、杨雨鑫、钟玲：《精准扶贫：技术靶向、理论解析和现实挑战》，《贵州社会科学》2015年第8期。

[2] 胡联、汪三贵：《我国建档立卡面临精英俘获的挑战吗?》，《管理世界》2017年第1期。

略，但是仍然存在瞄准偏差的问题。"由于贫困户的识别和锁定难以有客观、准确的标准"[1]，精准识别出现偏差，"扶持的对象中有一半是非贫困户，而未得到扶持的农户中，又有一半是贫困户"[2]；精准扶贫所划定的贫困户名单，并非只涵盖最贫困的农户，而是往往将那些贫困线以上的农户也划进来。精准扶贫瞄准出现偏差的原因是"精准识别中的三重瞄准机制，即县扶贫办负责瞄准扶贫村；村干部负责瞄准贫困户；驻村干部负责核实与纠正村干部，在这三重对焦的过程中每一主体都会让对焦方式有利于自己从而改变国家的划分标准"[3]。

在农村精准扶贫执行过程中，精英俘获主要表现在"精英合伙对于村庄内的扶贫资源、公共基础设施的占有"[4]以及"通过占有扶贫资源的使用权和对其实现资本化经营的方式来实现对非货币型扶贫资源的占有"[5]。究其原因，一方面是由于外部因素导致的，"诸如项目区域内外力量的互动与合力、参与式发展悖论的存在、发展项目信息与参与权力的不均衡配置和发展项目的门槛效益"[6]。另一方面则出于内部因素，"大多贫困地区属于所谓的利益稀疏地区，对于公共资源敏感性较强，村集体对于扶贫资源有着极为强烈的获取性，精英人物对于扶贫资源的索取性较高"[7]；同时，"贫困村面临着劳动力流失等社会阶层分化的问题，基层治理中缺乏有效

---

[1] 任超、袁明宝：《分类治理：精准扶贫政策的实践困境与重点方向——以湖北秭归县为例》，《北京社会科学》2017年第1期。

[2] 汪三贵、郭子豪：《论中国的精准扶贫》，《贵州社会科学》2015年第5期。

[3] 王雨磊：《精准扶贫何以"瞄不准"？——扶贫政策落地的三重对焦》，《国家行政学院学报》2017年第1期。

[4] 李博：《项目制扶贫的运作逻辑与地方性实践——以精准扶贫视角看A县竞争性扶贫项目》，《北京社会科学》2016年第3期。

[5] 刘升：《精英俘获与扶贫资源资本化研究——基于河北南村的个案研究》，《南京农业大学学报》（社会科学版）2015年第5期。

[6] 邢成举、李小云：《精英俘获与财政扶贫项目目标偏离的研究》，《中国行政管理》2013年第9期。

[7] 李博：《项目制扶贫的运作逻辑与地方性实践——以精准扶贫视角看A县竞争性扶贫项目》，《北京社会科学》2016年第3期。

的民主监督机制"①，内外因素促使优势群体对扶贫资源和收益的俘获。然而，"在当前社会组织化较低和村民自主性弱化的条件下，乡村治理精英成为与政府合作推进扶贫工作、协调国家与社会关系的核心纽带，在动员群众参与、促成集体行动、整合社会资源、沟通国家与社会关系方面体现出明显的优势"②。因此，在精准扶贫过程中如何处理贫困户与精英之间的关系，到底是精英俘获还是精英扶贫，是一个值得深入探讨的问题。

（二）精准扶贫的第二个困境是目标受扶对象参与度不高

"产业扶贫项目农户参与性不高、不积极"③，"精准扶贫功能发挥和实际效果有限、难以让真正贫困户受益"④，产业扶贫项目也往往因为贫困户的观念、技术、能力和资金等多方面的限制而难以覆盖贫困户，而且由于贫困户的需求千差万别，而且不断变化，出现"项目与贫困户的需求不匹配"⑤的困境。

（三）精准扶贫的第三个困境是不利于社会治理

扶贫开发不但没有增强村庄团结，反而"在许多情况下会恶化村庄团结，使得个体化、原子化倾向日益明显，造成社会分化"⑥；精准扶贫将大量的资源输入贫困地区，"改变了当地农村社会的利益格局以及社会结构，激起矛盾冲突"⑦；精准扶贫"政策死板"⑧，

---

① 李小云、唐丽霞、许汉泽：《论我国的扶贫治理：基于扶贫资源瞄准和传递的分析》，《吉林大学社会科学学报》2015年第4期。
② 朱天义、高莉娟：《精准扶贫中乡村治理精英对国家与社会的衔接研究——江西省XS县的实践分析》，《社会主义研究》2016年第5期。
③ 许汉泽、李小云：《精准扶贫视角下扶贫项目的运作困境及其解释——以华北W县的竞争性项目为例》，《中国农业大学学报》（社会科学版）2016年第4期。
④ 任超、袁明宝：《分类治理：精准扶贫政策的实践困境与重点方向——以湖北秭归县为例》，《北京社会科学》2017年第1期。
⑤ 汪三贵、郭子豪：《论中国的精准扶贫》，《贵州社会科学》2015年第5期。
⑥ 王春光：《扶贫开发与村庄团结关系之研究》，《浙江社会科学》2014年第3期。
⑦ 牛宗岭、刘秀清、刘泓：《预防型治理：精准扶贫背景下的基层社会治理模式创新》，《湖北社会科学》2016年第6期。
⑧ 葛志军、邢成举：《精准扶贫：内涵、实践困境及其原因阐释——基于宁夏银川两个村庄的调查》，《贵州社会科学》2015年第5期。

一些扶贫项目"为了实现精准扶贫规定只能穷人参加，非穷人则被剥夺了参与的机会，形成了对非贫困人口的排斥产生新的社会不公"①。此外，精准扶贫的核心工作目标是减少和消除经济层面上的绝对贫困，在贫困地区的精准扶贫实践中其主要精力仅集中于经济层面，而关于扶贫实践对农村在社会层面、文化层面的影响则关注相对不足。"精准扶贫缺乏对农村内部关系秩序的'保护'，导致村庄秩序恶化。"② 因此，有学者提出"社会治理取向的精准扶贫"③，将关注民生和强化贫困区域的公共服务功能合为一体，将贫困人口"需求表达—利益满足—公共服务供给"融入"党委领导、政府主导、社会协同"的治理框架之中；呼吁高质量的、以构建社会融入为目标的扶贫工作机制的同时强调对扶贫对象实施集体认同和自我价值实现的现代培育。

三　精准扶贫在执行过程中会遭遇困境的原因

精准扶贫在地方实践中遭遇以上困境，可以从以下几方面来解释。

（一）从顶层制度设计看，精准扶贫政策存在缺陷

精准扶贫需要有与之配套的绩效考核、资金使用和信息管理制度来作保障。然而，对扶贫工作短期效益的过高期待，对专项扶贫资金投入的严苛要求都有可能增加瞄准的偏离，而扶贫信息动态管理又面临着现实需求与高昂成本的矛盾。这些制度缺陷为精准扶贫机制的实施带来了挑战。具体而言，"贫困农户的逐级指标分配法导致部分贫困农户被排斥；识别贫困户所依赖的关键人物——村干部使得精准识别不可控；非贫困标准的采纳导致识别精度下降；识

---

① 刘辉武：《精准扶贫实施中的问题、经验与策略选择——基于贵州省铜仁市的调查》，《农村经济》2016 年第 5 期。
② 田杰：《社会分化视野下的精准扶贫——兼论精准扶贫的社会意义》，《四川行政学院学报》2016 年第 5 期。
③ 张玉：《在社会治理中实现精准扶贫》，《光明日报》2016 年 5 月 8 日第 6 版。

别标准附近的'临界农户'难以确认；规定用途的专项扶贫政策和农户需求之间的差异；建档立卡工作的周期性和农户贫困动态性的矛盾；当前的政绩考核体系容易导致扶贫资源瞄准偏离。"[1]

(二) 从基层政府的视角看，基层政府制约着精准扶贫政策的执行

第一，基层政府对于精准扶贫的内涵的理解不到位，导致政策执行有偏差，"中央关于精准扶贫的指导性意见演变为地方扶贫干部不能触碰的高压线"[2]。由于基层政府存在思想误区，望文生义地把精准扶贫思想的论述——核心是"精准"的内涵——直接理解成"绝对""片面""个别""单一"等形式主义、教条主义的指令，使得精准扶贫工作"要么陷入难以突破的困境，出现'打退堂鼓'的懈怠现象；要么滋生新的问题，出现社会问题的连锁反应；要么投机取巧、欺上瞒下，出现虚假扶贫、虚假发展的恶性后果"[3]。

第二，基层政府有自身的逻辑。在执行国家政策时，基层干部经常将国家政策和上级指示进行变通[4]，与村庄形成共谋[5]。在精准扶贫中，"基层组织在运动式治理和官僚体制的双重规制和压力下，面临着一系列的执行约束，基层治理资源有限、权责不匹配、压力考核等因素影响了基层干部的政策定位与具体执行，导致在精准识别、帮扶、管理和考核等方面都出现了明显的执行偏差"[6]。再者，"农村社会主体缺位、村民组织化低下也导致乡镇政权在项目

---

[1] 唐丽霞、罗江月、李小云：《精准扶贫机制实施的政策和实践困境》，《贵州社会科学》2015年第5期。

[2] 葛志军、邢成举：《精准扶贫：内涵、实践困境及其原因阐释——基于宁夏银川两个村庄的调查》，《贵州社会科学》2015年第5期。

[3] 刘占勇：《精准扶贫思想内涵特征及对扶贫实践的启示》，《江汉学术》2016年第4期。

[4] 孙立平、郭于华：《"软硬兼施"：正式权力非正式运作的过程分析——华北B镇收粮的个案研究》，载清华大学社会学系《清华社会学评论：特辑1》，鹭江出版社2000年版，第21—46页。

[5] 周雪光：《基层政府间的"共谋现象"——一个政府行为的制度逻辑》，《社会学研究》2008年第6期。

[6] 雷望红：《论精准扶贫政策的不精准执行》，《西北农林科技大学学报》（社会科学版）2017年第1期。

实施中的选择性治理，使其过度依赖精英扶贫"①。

第三，从贫困村的视角看，乡土社会有其复杂性。乡土社会中，"农户的收入呈现模糊性，不利于用货币化、数字化的方式对贫困户进行识别；乡土社会中的人际交往与社会关系呈现模糊性，很难采用分类化的方法进行认知和管理"②。社会变迁下的农村出现一些新情况，农村空心化趋势导致"农村扶贫中建设主体缺失、利益格局固化与群众监督的乏力"③；"项目治村、精英治村以及村镇合并等导致乡村政治生态发生变化"④；包括乡村互助传统日渐丧失与乡村经济自主性日渐式微的"乡村主体性逐渐丧失"⑤，这些均不利于精准扶贫。此外，扶贫项目到村之后，"缺少一个专门的组织进行对接、管理和监督"⑥。

第四，从贫困户的视角看，贫困户有其自身的逻辑。"在生活层面追求稳定和保障的贫困户满足于自给自足，一方面不希望承担扶贫项目中潜在的市场风险"⑦；另一方面贫困户"通过运用自我保护策略来预防和规避风险，这是他们主动应对市场进行自我规划和自我适应的能力，而这种自我保护策略往往与扶贫项目南辕北辙"⑧。此外，贫困户对扶贫的认识发生变化，"从原来的不关

---

① 朱天义、高莉娟：《精准扶贫中乡村治理精英对国家与社会的衔接研究——江西省 XS 县的实践分析》，《社会主义研究》2016 年第 5 期。
② 许汉泽、李小云：《"精准扶贫"的地方实践困境及乡土逻辑——以云南玉村实地调查为讨论中心》《河北学刊》2016 年第 6 期。
③ 聂平平、邱平香：《社会治理过程中的农村"空心化"与精准扶贫》，《中国民政》2016 年第 20 期。
④ 李博：《项目制扶贫的运作逻辑与地方性实践——以精准扶贫视角看 A 县竞争性扶贫项目》，《北京社会科学》2016 年第 3 期。
⑤ 邱建生、方伟：《乡村主体性视角下的精准扶贫问题研究》，《天府新论》2016 年第 4 期。
⑥ 许汉泽、李小云：《精准扶贫视角下扶贫项目的运作困境及其解释——以华北 W 县的竞争性项目为例》，《中国农业大学学报》（社会科学版）2016 年第 4 期。
⑦ 许汉泽、李小云：《"精准扶贫"的地方实践困境及乡土逻辑——以云南玉村实地调查为讨论中心》《河北学刊》2016 年第 6 期。
⑧ 杨小柳、谭宗慧：《良美村的桑蚕种养业：基于微观家庭生计的人类学分析》，载陆德泉、朱健刚《反思参与式发展——发展人类学前沿》，社会科学文献出版社 2013 年版，第 81 页。

心到现在的竞相追逐,贫困农户对政策扶持的期冀也越来越大,自我救助的主动性有所减小,'等靠要'思想和平均主义思想抬头"①。

四 精准扶贫执行过程中出现困境的解决之道

现行的精准扶贫政策在制度设计层面存在问题,无法保证扶贫资源有效瞄准贫困人口并且解决他们的实际困难。由于目前扶贫对象大多是小农,因而,"国家应该针对集中连片特困地区内的小农,在宏观层面制定一些普惠小农的农业政策"②,这样可以解决国家扶贫到户所面临的难题。同时,"需要对目前的精准扶贫政策进行调整,改变基于统计数据的自上而下的贫困人口识别机制;改革财政扶贫资金的项目制框架,只控制资金规模,将项目制定权下放到村"③,因地制宜地制定扶贫政策,这样可以避免精准扶贫政策执行过于死板、僵化;在项目完成后,要"注重项目的可持续性"④,这样可以克服项目短期性与扶贫长期性之间的矛盾。

此外,在精准扶贫中要"将社会功能引入"⑤,将着力点放在培育社会内生能力上。一方面,"有限的政府资源无法应对精准扶贫的广泛需求,社会组织可以在与政府协同扶贫中发挥更大作用"⑥,政府在基础设施建设和资源供给方面施加影响,而社会组织

---

① 唐丽霞、罗江月、李小云:《精准扶贫机制实施的政策和实践困境》,《贵州社会科学》2015年第5期。

② 吴重庆:《小农与扶贫问题》,《天府新论》2016年第4期。

③ 李小云、唐丽霞、许汉泽:《论我国的扶贫治理:基于扶贫资源瞄准和传递的分析》,《吉林大学社会科学学报》2015年第4期。

④ 许汉泽、李小云:《精准扶贫背景下农村产业扶贫的实践困境——对华北李村产业扶贫项目的考察》,《西北农林科技大学学报》(社会科学版)2017年第1期。

⑤ 田杰:《社会分化视野下的精准扶贫——兼论精准扶贫的社会意义》,《四川行政学院学报》2016年第5期。

⑥ 蔡科云:《政府与社会组织合作扶贫的权力模式与推进方式》,《中国行政管理》2014年第9期。

将重点放在"培育村民素质、发展意识和支持网络方面"[1]，同时也可以"引入社会公益组织来构建镶嵌式公益扶贫的模式"[2]。另一方面，提高农民的组织化也可以增强社会的内生能力。"受自然、历史、地理等综合因素的影响，贫困地区生态环境脆弱，经济发展落后，贫困社区和贫困人群处于物质资本、人力资本和社会资本贫困叠加的困境中，组织化程度非常低。"[3]因此，扶贫需立足于当地或民族的传统文化和关系结构，积极引导扶贫对象吸收有益于社区能力提升和传统价值体系更新的新观念，积极"将农民组织起来"[4]；同时要将社会治理的视角引进精准扶贫项目的设计与考核中，"社会组织通过参与、分享和信任等机制将开发与扶贫连接起来，才可以破除扶贫与开发之间的悖论"[5]。

以上梳理说明，精准扶贫政策的执行引起学界的广泛兴趣，学者们对此展开深入细致的研究。学者大多通过实地调查获得精准扶贫政策最真实的执行情况，进行学理性分析，提出精准扶贫存在的问题并最终给出一定的建议。经过研究发现，在执行过程中，精准扶贫政策并非完美，仍然存在各种各样的问题。应该说，通过学界的声音，我们可以把握到精准扶贫政策更加客观真实的执行过程，这既不同于褒扬话语占主体的施助方话语，也不同于批判话语占主导的大众话语。

---

[1] 覃志敏：《连片特困地区农村贫困治理转型：内源性扶贫——以滇西北波多罗村为例》，《中国农业大学学报》（社会科学版）2015年第6期。

[2] 孙飞宇、杨善华、张雨晴：《镶嵌式公益扶贫模式与反思——对K基金会扶贫模式的个案研究》，《学术论坛》2016年第1期。

[3] 韩小凤、高宝琴：《农民组织化：农村协商民主治理优化的社会基础》，《探索》2014年第5期。

[4] 向家宇：《贫困治理中的农民组织化问题研究》，博士学位论文，华中师范大学，2014年，第122页。

[5] 王春光：《社会治理视角下的农村开发扶贫问题研究》，《中共福建省委党校学报》2015年第3期。

第三节　贫困村里的个案

精准扶贫政策实施以来，笔者周围充斥着关于精准扶贫的各种讨论，有的在说精准扶贫政策给农民带来益处，有的却说精准扶贫的项目很难落地，还有的说人们争着当精准扶贫户、村里出现不团结的局面……这些来自田野的声音讲述的是精准扶贫在执行过程中出现的真实情况，体现的是贫困村应对精准扶贫政策的具体过程，更加生动地展现出精准扶贫政策执行情况的另一个面向。

一　趋之若鹜：村民争当贫困户

由于精准扶贫政策意味着经济利益和一系列福利，在农村的精准识别中，人们争相成为贫困户。是否成为贫困户，能否享受扶贫政策成为引起农村矛盾的导火线，人们都盯着精准扶贫这件事，渴望成为贫困户，一时间，农村社会频频出现争贫、以穷为荣的现象，这与精准扶贫政策的初衷背道而驰。

常常听到一些故事，说农村中有些人为了当精准扶贫贫困户而钻政策的空子，通过造假成为符合条件的贫困户，这些故事很好地展现出农民是如何利用自己的"智慧"争取贫困户的。

甲某的儿子是在国家单位工作的人，民间俗称"吃财政"的，他知道政策"八不进"里有一条是"配偶、子女在机关、事业单位、国有企业有固定工作且收入稳定的不允许成为贫困户"的规定，他同时也知道贫困户是按照户口本登记的人计算收入并且据此排除的，于是他为了被评为贫困户，与子女分户；乙某知道政策是根据经济收入测算家庭情况的，于是他瞒报自己的财产；丙某家里有商品房，但由于产权证没有办下来，便不承认自己有商品房；丁某，有机动车，为评为贫困户，就想办法把机动车过户给别人，证明车不是自己的……

这些利用政策"制造"贫困的案例足以说明某些村民为了争贫费尽心思。

常常听到一些说法，现在农村人非常看重贫困户，在背地里到处能听到风言风语：谁谁谁成为贫困户了，谁谁谁为什么不是，肯定是村干部收了好处了……如此云云，这些小道消息的传播不利于农村团结，同时说明人们争相"成为"贫困户的现象，成为贫困户已经调动了农村人的所有神经。

还有一些例子，农村中甚至有人因为评不上贫困户去镇上、县上闹访，以此作为要挟村干部的手段，这类现象也是形式多样：

一类，"言于此而意在他"：揪住村干部以前的小把柄去上访，目的是让村干部妥协，不上访的条件就是想办法评选他为贫困户；另一类，"直截了当"：如果有别的和自己家庭情况差不多的户被评为贫困户，就告状，认为村干部徇私舞弊，而不管村干部是否依政策办

（在农村确实存在表面上家庭条件差不多，但是按照政策规定，会出现有的是贫困户有的不是贫困户的情况，这也是国家逻辑与乡土逻辑不同所致的，在后面章节将要进行详细探讨）。

二　精准扶贫产业项目的困局

精准扶贫政策的目的就是国家采取一些措施对贫困户实施帮扶，使其获得谋生手段，从而脱贫致富。其中，利用产业项目是一项具有造血功能的具有发展潜力的手段，既符合国家扶贫开发的初衷，可以使贫困户长久脱贫致富的根本动力，也是精准扶贫政策的重要措施。然而，精准扶贫项目的落地过程却也并非一帆风顺。

(一) 养牛项目搁浅

国家为了帮助贫困村的贫困户脱贫，准备上马养牛项目，国家给村民赞助 5 万元，需要村民自己掏腰包 3 万元，将两项资金一起投资承包养牛。结果有的村没人愿意养殖，怕亏本，嫌麻烦；还有一个村，只有一个人愿意搞，但是该项目需要有 10 个人同时承包组成合作社才可以立项，结果这个愿意搞的人只好借用别的 9 个人的名额（需给这些人一定的名额占用费），自己去承包，结果因为无法说服其他人致使该项目搁浅。

国家给予的帮扶政策，要么无人问津，要么政策的限制反而成为实施项目的瓶颈，使农民增加额外的成本。经进一步了解，该项目没有成功落地的主观原因：一是贫困户不敢投资，怕亏本；二是贫困户安于现状，不愿意付出劳动去养殖；三是想要养殖的人却因为政策增加了成本，还被说成钻政策的空子，迫于形势，该项目最终搁浅。

(二) 农机局小杂粮设备资助项目无贫困户问津

农机局可以提供一套价值 8 万元的小杂粮加工设备，但是需要农民有一个厂房并且投资大概 2 万元，去学习技术、安装设备等。只要有厂房并安装设备、会用设备，就可以实现小杂粮深加工，获得利润。

作为扶贫项目的 A 村得到一套这样的设备。但是，这套设备该给谁？成为村委头疼的事情。公开让村民，尤其是贫困户用这套设备搞小杂粮深加工，没人愿意搞，他们既不愿意多投资 2 万元，也不愿意去学习技术、花心思经营。但是一旦村委把这套设备给了村里的某个人，就必然会有一些人要上访、告状。在这种情况下，村委只好把这套小杂粮加工设备锁在村委的库房里，因为分配不好，会闹出告状事件，而维护农村稳定就像悬在村委头上的一把利剑，不容有任何闪失。

在B村，有一个村民，由于自己前期知道这个项目，并且有过初步的考察，想利用政策，开一个小杂粮深加工厂。但是苦于自己不是贫困户，无法利用扶贫项目获得此套项目，于是他动用私人关系，努力向国家要政策，最后争取到该项目。结果，他的小杂粮深加工厂不仅兴办起来，而且生意做得红红火火。

从上述案例我们可以看到精准扶贫项目面临的困境有以下3个：第一：扶贫项目目标人群的错位：贫困户不愿意接受扶贫项目，想接受扶贫项目的人不是贫困户。在上述案例中，B村村民由于不是贫困户而没有资格获得该项目的资助，在致富主观意愿非常强烈的情况下，他只能通过各种"非正常"手段来争取资助。农村现实中确实存在一些项目无法落地，其原因在于贫困户由于自身眼界、胆识、资金等问题无法承担致富项目。

第二，基层农村政权不足以承接如此多涉及利益分配的事务。精准扶贫政策带来诸多项目、资金等利益，这些利益均涉及分配问题，一直都是关乎农村稳定的敏感事务，因而，精准扶贫政策给基层农村政权带来巨大的考验和挑战。只有公平分配才能起到积极的作用，农村中普遍存在的只考虑关系、人情和面子的不公平分配和案例中的消极分配，即通过不分配来避免招惹口舌的情况均制约着精准扶贫政策的落地。如何分配才能保证农村人心服口服、安定和谐是精准扶贫政策需要考虑的问题。

第三，农村存在一部分"懒恶"之人。有一部分村民自己没有能力、胆识去搞企业赚钱，眼见别人有利可图，便会眼红、嫉妒，甚至运用上访、告状等形式来搞得村里鸡犬不宁；有一部分人只希望坐享其成、不劳而获，他们的逻辑是"我不想劳动，但是我应该得到一定的好处"。如果精准扶贫政策只是一味地期望达到"精准"的目的而去帮扶这类"贫困"之人，那么既会让农村其他人心生不公平感，又会使精准扶贫项目落空从而影响扶贫效果。

（三）土豆连片种植项目夭折

某地政府计划在某一个贫困村搞土豆连片种植项目，以推行土豆种植的机械化、集约化经营。政府选择了相对平整的几十亩土地，将土豆种子、化肥、膜分发给涉及的各个农户，并且要求他们在各自的土地上种植该品种的土豆，然而，结果却令人意外：有些农户虽然领到了所有扶贫的种子、化肥等，但是没有在该土地上种植土豆，而是种植了玉米，这样，由于个别农户没有种植土豆使得土豆无法机械化种植，该项目夭折。

为什么政府给贫困户发了种子、化肥，并且要求他们在规定的土地上种植土豆，他们却没有执行呢？经过调查，这些农户将土豆种在了自己在山坡上的土地里。其原因在于，该块平整的土地种植玉米对于他们个人而言更适合机械化、规模化种植，而土豆则可以种在不利于机械化种植的山坡上，于是考虑自身利益的农户，便没有按照政策的要求执行。

伴随着精准扶贫政策的推行，农村出现五花八门的争贫现象和以穷为荣的心理，这种现象和心态值得人深思。贫困是光荣的还是可耻的，一个社会该如何对待贫困，这些关涉到文化的问题应该引起重视。扶贫项目的困局告诉我们农村中有自身复杂的情境，并不是国家一厢情愿地帮扶便会取得成效，扶贫项目的目标对象自身发展动力不足是影响项目落地的重要原因。因而，国家在识别的时候就应该明确帮扶对象，到底帮扶哪些人？哪些人才能使项目发挥真正的作用？利益如何分配？再者，识别出来的贫困户如何认识自身的贫困？是否有持久的脱贫动力？这些问题国家应该清楚。因而，可以看出，在精准扶贫政策的推行过程中，精准识别是关键，如何能够公平公正地识别出真正需要帮扶的人是值得深入探讨的课题。

第四节　提出研究问题

精准扶贫政策是在中国贫困治理几十年不断探索总结经验的基础上提出的创新方略，提出此政策的初衷是为了防止扶贫资源旁落，即防止"精英俘获"，从而让全国人民一起享受经济发展的成果，实现共同富裕。中央提出精准扶贫政策的出发点是好的，是进步的，这一点毋庸置疑。然而，在执行过程中，不同的主体发出了不同的声音，这些声音共同说明精准扶贫政策在落地过程中出现一些困境，显然，这与初衷是背道而驰的。精准扶贫在一段时间里成为街谈巷议的话题，人们对此津津乐道；国家掀起的精准扶贫浪潮中裹挟着社会各界的赞美与不满、成绩与不足，这些便是本研究的背景，促使笔者去发现问题并探寻真相。

一　成为真问题的精准扶贫政策研究

在政府的话语中，我们能看到的是政策设计的不断完善和宣传，还有各级机构的动员以及各地社会的配合。在政府机构中，精准扶贫成为各级政府一票否决式的工作，事关每个人的考核、升迁等大事，因而，政府机构在中央的动员下能够迅速行动，在全国范围内掀起精准扶贫运动。一时间，全国各地有关精准扶贫的报道层见叠出，而媒体报道的关注点在于精准扶贫政策取得的成绩，关注的是谁参与了扶贫、做了什么好事、取得了什么成果，各地社会的扶贫事迹都成为精准扶贫政策的注脚，解释说明着精准扶贫政策如何完美落地。在施助方的话语中，我们仅能在一些调研报告中看到精准扶贫政策的执行困境，而大部分的报道都是正面弘扬和大加赞美；另外，施助方的话语并没有思考精准扶贫帮扶了哪些人，这些人是不是真正应该扶的人以及精准扶贫政策产生了什么样的影响，而这些正是大众所关注的。

网民们关注"谁享受了扶贫""享受扶贫的是什么人""他们为什么能享受上"这些问题。从网友对精准扶贫的讨论中发现，比起"人们获得了什么样的好处"而言，人们更关心"谁获得了好处"，换句话说，比起精准帮扶而言，人们更关心精准识别。人们将所有的注意力都放在准精准识别出来的贫困户身上，他们根据自己的主观经验去评价精准识别是不是公正，有没有识别出来"真正需要帮助的人"[①]，以此作为评判精准识别是否公平的标准：一旦有真正贫困的人没有被识别为贫困户，或者识别出来的贫困户不是真正需要帮助的人（他们的观点是"懒恶"之人不应该成为扶贫对象），他们便会认为精准识别不公平。这种对于精准识别的看法是普遍存在的，如果国家识别出来的人与大众的心理预期不一致，就会招致大众对精准扶贫的不满，而这种不满如果没有得到很好的引导，将会成为农村社会和谐安定的隐患。因而，看到网民关于精准扶贫政策的观点之后，笔者更加想去探索精准扶贫的真实执行情况，了解在精准扶贫的过程中，精准识别与实际情况有没有偏差，与大众的认知有没有偏差，进而分析出现偏差的原因。

学者的研究则更加客观理性，试图通过扎实的实地调查去判断分析精准扶贫遭遇的困境，学者们从不同的视角分析政策执行与政策出现偏差的原因，并且提出了多样化的解决建议。学界的话语说明精准扶贫政策确实还有许多值得改进的空间。毫无疑问，学界话语成为政策持续创新和不断完善的永久动力，学者们独具慧眼，高瞻远瞩地对政策困境进行学理分析并力图探讨解决之道，这些成果成为滋养扶贫开发政策不断改进的养分，而这正是学者的使命和职

---

① 真正需要帮助的人与真正贫困的人不是一回事，如果一个人真正贫困，但是在日常生活中他属于"懒恶"之人，那么他不是真正需要帮助的人。这里的"真正需要帮助"具有文化意涵。

责,也是本研究的现实意义所在。

精准扶贫的意图是将扶贫聚焦真贫困,即"真扶贫、扶真贫",然而在实际执行过程中有没有出现偏差呢?贫困村里的案例,一方面说明某些村民可以通过钻政策的空子利用自己的"小聪明"去制造贫困,争取贫困户这个福利性资源;另一方面昭示着由于存在扶贫对象不配合的情况,精准扶贫政策面临资源浪费、项目失败的困境。到底哪些人应该成为扶助的对象,成为扶助对象的人有没有能力依靠国家的政策获得谋生、发家致富的手段呢,那些被排斥在精准扶贫政策之外的、有能力承接项目的非贫困户是否真的是不需要帮助的人,这些问题的存在均说明精准扶贫政策在设计制度的时候应该从多角度、多维度去思考贫困。谁来界定贫困、如何界定贫困、标准应该是什么、哪些人应该划在受帮扶之列,这些关乎根本的东西正是笔者想要去探讨的。

二 本书要研究的问题

通过上文的分析,我们发现,从政策初衷到政策制定、从政策动员再到政策执行保障,国家无一不是精心设计制度,期望用精准扶贫制度体系来保证扶贫目标人群的瞄准精准,进而保证真正需要帮扶的人群享受到政策的好处。然而,在大众、学者以及贫困村的视角里,我们发现精准扶贫在执行过程中依然存在不足。那么,国家想尽一切办法试图"精准"与实际结果的"不精准"之间存在的悖论到底是怎么引起的?为什么会出现这样的困境呢?

精准扶贫政策尤其是精准识别在执行过程中并非完美无缺,而是存在一些问题的。精准扶贫政策给地方社会带来一定的不公平感,成为社会不和谐的潜在因素。人们的不满之处集中于"谁是贫困户、谁不是贫困户"这些涉及精准识别的问题上。这些不同声音的存在使得笔者想去一探究竟,精准扶贫政策尤其是精准识别在执行过程中到底存在什么问题?为什么旨在"精准"的精准扶贫政策会给社会带来不公平感，进而成为威胁农村和谐的隐患呢？因而，本书研究的问题是：精准识别在执行过程中到底存在什么样的问题以及原因何在。

学界目前对精准扶贫的执行困境已经展开广泛的研究，本书将在此基础上展开，在梳理文献的过程中，笔者发现目前学界关于此议题的研究仍然存在一些值得进一步研究的地方。其一，精准扶贫政策是一个非常复杂的系统工程，涉及的内容非常多，而现在的研究大多将精准扶贫作为一个研究单位，笼统地探讨政策的各个方面，包括精准识别、精准帮扶、精准考核等环节。如果以精准扶贫作为研究单位，会因为主题太大无法细致深入分析进而流于空洞，因而本书以"精准识别"这一个小内容作为切入点去探讨精准扶贫政策的执行困境。其二，与以往对贫困治理的研究相比，学界的研究集中在"精准"二字上，即广泛关注精准扶贫在执行过程中"精英俘获"的目标偏离问题，仍然关注"扶富不扶贫"或"扶强不扶弱"两类现象，而没有注意到伴随精准扶贫而出现的新现象，即客观引起的"扶懒扶恶"现象，这是本研究在田野调查中发现的。其三，在研究精准识别的过程中，即使有研究关注到村落的地方性知识（乡土逻辑），但是，没有发现国家与村落文化对"贫困"的认识有着本质区别，而本书试图分析这一关乎精准扶贫政策落地困境的深层次原因。其四，对于精准扶贫的研究视角均着重于经济层面，近年也有不少学者将社会层面引入精准扶贫的研究中，但是缺乏文化层面的研究。

因而，本书的贡献在于：第一，以精准识别作为切入点。一则，精准识别最能体现"精准"初衷，是关系到精准扶贫政策成败的关键环节；二则，精准识别实际上是关于贫困的分类，国家如何划分贫困、如何划分帮扶的对象，这些均是牵一发而动全身的关键问题，体现出国家对贫困的认知和理念；三则，精准识别是网友和贫困村热议的话题，人们对于精准识别所划分的帮扶对象是否认可，成为关系到人们判断精准扶贫是否公平的关键标准。第二，将文化视角引入精准识别的研究。具体表现在，其一，发现精准扶贫政策行为中的新的瞄准偏差形式——"懒恶俘获"，该现象与"精英俘获"现象一样都成为人们眼中的不公平现象。这里涉及国家的贫困治理观念，即国家是否应该毫无区别地对待贫困户？懒恶之人应不应该享受精准扶贫政策？其二，发现精准识别带给人们的不公平感的原因，不仅在于国家政策的操作理念与农村地方性知识存在不一致，还在于政策执行产生的政策行为与政策发生偏差。其三，从主位视角对贫困和贫困治理进行反思，力图提出新的解读：即中国的传统文化对于现代社会的经济理性具有一定的调适作用。

第三章

精准识别的国家理念

带着探究精准扶贫政策的执行情况的目的,笔者在山西省吕梁市L县W村进行了为期两个月的调查。在深入田野调查的整个过程中,笔者发现村民认为精准识别不公平,没有真正帮扶到应该帮助的人,为什么会出现这样的问题呢?旨在解决瞄准偏差的精准扶贫政策,在村民心中仍然存在瞄准不精准的问题,而且还引起人们的不满,到底原因何在。沿着这一问题,笔者进一步发现,大多数村民将矛头对准执行精准识别政策的农村执行者,尤其是某些村干部。他们认为,精准扶贫政策是一项国家惠民的好政策,但是,某些村干部却把好政策执行得"变味"了,他们徇私枉法、利用职权照顾亲信,而置真正贫困之人于不顾。造成人们认为精准识别不公平的原因何在?是不是仅仅只有村干部这一个因素?政策中关于精准识别的标准和细则有没有问题?于是,笔者首先对精准识别政策本身展开讨论。

第一节 国家的精准识别

中国是世界上少有的30年持续实行目标瞄准型开发扶贫方式的国家之一。1986年以来,中国在全国范围内实行瞄准扶贫对象的开发式扶贫战略,这一战略是中国扶贫开发大战略的重要组成部分,也是中国扶贫的重要特点。中国的目标瞄准呈现从区域到个体不断精准的趋势。

精准扶贫作为一项新的工作机制，是中国目标瞄准型开发扶贫实践不断深化的结果，其主要目的是解决扶贫瞄准偏差的问题，与以往扶贫的根本不同之处便在于"精准"二字，而关系到精准扶贫是否"精准"的关键环节就是精准识别。精准识别是指通过申请评议、公示公告、抽检核查、信息录入等步骤，将贫困户和贫困村有效识别出来，并建档立卡。[①] 精准识别就是要确定国家扶助的目标人群，只有确定了目标人群，才能进行后面的精准帮扶、精准管理和精准考核。因而，精准识别在精准扶贫政策中的所处地位的重要性不言而喻，它是精准扶贫的基础，如果做不到精准识别，精准扶贫就无从谈起；只有保证识别出来的贫困户是真正的需要帮助的家庭，精准扶贫才能成功。国家就是在这样的理念和背景下展开了全国性的精准识别工作。

一　国家的第一次精准识别

学界目前对精准扶贫的研究非常多，但是只聚焦精准识别的研究却相对较少，集中讨论精准识别存在的问题：从国家政策的角度讲，其一，精准识别的自愿申请、民主评议、贫困识别标准、公示公告和审核等环节存在问题[②]，其二，精准识别以经济收入作为测量维度过于单一[③]，其三，识别手段偏定性观察轻定量分析[④]；从乡土社会的自身逻辑来讲，存在分类机制不完善、贫困人口的管理

[①]《建立精准扶贫工作机制实施方案》，2014年5月12日，http://www.cpad.gov.cn/art/2014/5/26/art_50_23765.html，2014年5月26日。

[②] 尧水根：《论精准识别与精准帮扶实践问题及应对》，《农业考古》2016年第3期。

[③] 陈辉、张全红：《基于多维贫困测度的贫困精准识别及精准扶贫对策——以粤北山区为例》，《广东财经大学学报》2016年第3期。

[④] 汪磊：《精准扶贫视域下我国农村地区贫困人口识别机制研究》，《农村经济》2016年第7期。

非动态、扶贫资源的"公地悲剧"、扶贫激励机制的缺陷等问题[1]。然而，在精准识别中，体现出怎样的国家理念？国家视角与地方文化的不调适之处在哪里？以上研究还未涉及。本研究试图立足于地方文化去反思精准识别中的国家视角，本章则是从国家文件和田野实践两方面去发现蕴藏于其中的国家理念。

（一）中央部署的建档立卡工作：第一次精准识别

中共中央办公厅和国务院办公厅 2014 年 1 月出台《关于创新机制扎实推进农村扶贫开发工作的意见》后，国务院扶贫办于 2014 年 4 月紧接着就制订《扶贫开发建档立卡工作方案》，在全国范围内拉开了精准识别工作的序幕。该方案非常务实，可操作性强，具体明确了 4 方面事宜，即工作目标、贫困户建档立卡方法和步骤、贫困村建档立卡方法和步骤以及贫困县和连片特困地区建档立卡方法。该方案指出精准识别的意义，"通过建档立卡，对贫困户和贫困村进行精准识别，了解贫困状况，分析致贫原因，摸清帮扶需求，明确帮扶主体，落实帮扶措施，开展考核问效，实施动态管理"。同时，部署工作："2014 年年底前，在全国范围内建立贫困户、贫困村、贫困县和连片特困地区电子信息档案，并向贫困户发放《扶贫手册》。以此为基础，构建全国扶贫信息网络系统"[2]。

在贫困户建档立卡的相关工作要求中，该方案规定了识别标准——2013 年农民人均纯收入 2736 元（相当于 2010 年 2300 元不变价），具体做法——采取规模控制，各省将贫困人口识别规模逐级分解到行政村。贫困户识别要以农户收入为基本依据，综合考虑住房、教育、健康等情况，通过农户申请、民主评议、公示公告和逐级审核的方式，整户识别。在这里，中央试图通过识别标准、规

---

[1] 詹国辉、张新文：《"救困"抑或"帮富"：扶贫对象的精准识别与适应性治理——基于苏北 R 县 X 村扶贫案例的田野考察》，《现代经济探讨》2017 年第 6 期。

[2] 《扶贫开发建档立卡工作方案》，2014 年 4 月 2 日，http：//www.cpad.gov.cn/art/2014/4/11/art_50_23761.html，2014 年 4 月 11 日。

模控制和整户识别将精准识别给定一个框架，要求全国各地遵照这一政策指示展开贫困户精准识别工作。然而，在田野调查中发现，这一次的精准识别开展得并不顺利，各地均存在简单化处理、不经过民主评议由村委决定名单的现象。在农村，村委称 2014 年的建档立卡工作为第一次精准识别，而普通村民根本不知道这一次的精准识别。

（二）山西省的建档立卡"回头看"工作：第二次精准识别

建档立卡工作实施了一年多以后，中央调查组在实际调研过程中发现精准识别并不像预期的那样理想，依然存在精英俘获现象、缺少村民参与、识别程序不公开等问题。于是，2015 年 7 月，在国务院扶贫领导小组第六次全体会议上，中央部署了建档立卡"回头看"工作，要求各省按照要求开展"回头看"工作。

同年 11 月，山西省制定《山西省扶贫开发建档立卡"回头看"工作指导意见》，统一安排山西省的建档立卡"回头看"工作。然后山西省市、县、镇各级根据此指导意见，在山西省范围内开展了"真正的"[①] 精准识别。从田野调查的结果来看，该指导意见成为山西省精准识别的重要依据和主要来源。该意见从建档立卡工作的总体要求、开展建档立卡"回头看"的基本原则、工作流程、时间安排以及建档立卡"回头看"需强调的若干问题五方面详细安排了"回头看"工作的细节。

根据山西省的统一安排，各村成立建档立卡工作组，由包村干部、村两委干部、第一书记和驻村工作队组成，负责开展"回头看"工作。具体工作流程共 7 步：第一步，宣传发动。县级通过电视、报纸、网络等媒体，乡、村两级通过广播、传单、标语、专栏

---

① 这里"真正的"是相对于笔者的田野点而言，第一次精准识别工作是由村干部自行指定上报，并没有进行民主评议，因而村民压根不知道精准识别这件事；第二次，建档立卡"回头看"在上级各部门的重视下，村委按照程序进行全村范围内的家庭条件测算、民主评议，村民才知道精准识别，因而，在笔者的田野点，建档立卡"回头看"工作是真正的精准识别。

等形式，广泛宣传精准扶贫政策，把扶贫开发建档立卡的意义、标准、程序和要求向群众讲清楚、说明白，确保群众的知情权、参与权和监督权。第二步，制定方案。各县（市、区）要根据国家和省确定的相关政策和安排部署，在深入调研、先期试点基础上，结合实际研究制订具体实施方案，组织做好扶贫对象申请工作。第三步，摸底调查。在农户自愿申请的基础上，各村建档立卡"回头看"工作组逐户开展调查摸底，核实基本信息、贫困状况，了解致贫原因和脱贫需求，以户为单位建立台账。第四步，民主评议。由建档立卡"回头看"工作组组织召开村民代表大会进行民主评议，形成初选名单，由工作组核实后进行第一次公示，公示无异议后报乡镇人民政府审核。第五步，县乡复核。乡镇人民政府对各村上报的初选名单进行核查，核查后确定的扶贫对象名单在各行政村进行第二次公示，经公示无异议后报县建档立卡"回头看"工作机构复核；由县政府统一安排，组织公安、人社、住建、民政、残联、金融、保险、工商、税务、住房公积金等机构部门，根据有关规定和认定工作的需要，对户籍、机动车、就业、住房、低保、五保、残疾、保险、存款、证券、个体工商户、纳税、公积金等信息全面比对核实，核实结束向社会进行公告。第六步，档案登记。对经过"两公示一公告"识别确定的贫困户，按照建档立卡工作要求，县、乡、村三级分别建立各自的纸质档案。在此基础上，以县为单位对扶贫开发建档立卡信息系统中需要延续的贫困户和新纳入的贫困户进行信息核实更新和补录；对原来纳入建档立卡贫困户范围，经过甄别拟退出建档立卡系统的要进行出列登记。第七步，落实帮扶。在开展建档立卡"回头看"的同时，对帮扶责任人与贫困户的对接进行同步调整。新识别进入的贫困户也要落实帮扶责任人。每个驻村扶贫工作队都要按照完成"六个一"帮扶任务的要求，制定五年脱贫规划和年度计划，并把主要任务和措施计划上墙公示，接受群众监督。

这 7 步流程对建档立卡"回头看"的前期、中期、后期做了周详的安排,既有前期的宣传、调研,又有中期的农村逐户摸底调查、民主评议、县乡复核、跨部门联合大排查,还有后期的档案登记和落实帮扶,主要目的就是要实现"精准",即甄别出哪些贫困户没有被纳入,哪些被纳入贫困户的不应该被纳入。经过笔者田野调查,发现地方确实是按照省里统一部署严格按照工作流程进行了"回头看"工作,从而完成了第二次精准识别,形成了精准扶贫贫困户的基础名单。然而,尽管此次精准识别经过详细周密的步骤、众多主体广泛参与(上至各县职能部门下至农村基层村民个体),贫困村中仍然有村民存在不满情绪,对此次精准识别颇有微词。

国家正是因为看到多年来的扶贫政策中存在瞄准偏差的问题才提出"精准扶贫"的政策,因而,精准扶贫的初衷就是为了防止识别偏差。在政策制定中,政府运用精心设计的识别程序;在政策执行中,村民大会发挥主体性作用,防止"一言堂";在政策执行后,还有众多机构进行全方位的监督;同时,精准识别是关系到各地党政机关干部"一票否决"式的工作,各级政府都高度重视。可见,从政策初衷、制定细则、执行过程再到后期监督,国家都设计了严格的程序来保证识别的精准,同时,各地政府高度重视精心组织安排落实这项工作,那么这样一项从国家到地方高度重视、从政策制定到政策执行各个环节严密把控的工作为什么仍然在群众中引发争议呢?原因究竟何在?

二 第二次精准识别中的国家话语

"现代国家机器的基本特征就是简单化,国家的简单化就像是张简略的地图。它们并未成功地表达它们所要描述的真实社会活动,它们的目的也不在此;它们只表达了官方观察员所感兴趣的片段。"[①]

---

① [美]詹姆斯·C. 斯科特:《国家的视角:那些试图改善人类状况的项目是如何失败的》,王晓毅译,社会科学文献出版社 2011 年版,第 3 页。

斯科特认为，"被设计或规划出来的社会秩序一定是简单的图解，他们经常会忽略真实的和活生生的社会秩序的基本特征"①。他特别强调，在项目施行或政策执行的过程中，应该重视"米提斯"或者"实践知识"，也就是说，任何正式活动都依赖于许多非正式的和随机的活动，而这些活动不可能被正式设计在规划中，"实践知识、非正式过程和在不可预见的偶发事件面前的随机行动的作用是不可替代的"②，因而，在政策执行中如果一味地追求均值化、一致化、坐标化和大刀阔斧的简单化，而不考虑政策执行地方的实践知识、非正式的活动，就可能会反过来制约政策执行的过程。这些地方性知识往往具有差异性和多样性，这些复杂的、活生生的规则正是我们所难以全面了解的。这些非正式的活动正是政策制定者应该考虑的。

国家在精准识别中是如何简单化、清晰化贫困户识别过程的？国家试图用简单化、清晰化的标准、指标来进行精准识别以防止"精英俘获"，然而地方性知识的客观存在却使国家的这种尝试遭遇困境。正是地方性知识的存在使得地方、个体在执行国家政策时出现偏差。因而，我们有必要研究精准识别中的国家理念，进而站在地方性知识视角上去重新审视国家视角的合理性。

在精准识别"回头看"过程中，中央只是部署了相应的工作，各省分别展开自己有特色的"回头看"工作，本书以山西省为例，着重分析山西省在精准识别过程中体现的国家话语。

(一) 定位仪、瞄准镜：精准识别的意义

建档立卡精准识别扶贫对象，就是要用"定位仪"和"瞄准镜"对贫困户进行准确定位和精确瞄准，解决贫困人口底数不清、

---

① [美] 詹姆斯·C. 斯科特：《国家的视角：那些试图改善人类状况的项目是如何失败的》，王晓毅译，社会科学文献出版社 2011 年版，第 6 页。
② [美] 詹姆斯·C. 斯科特：《国家的视角：那些试图改善人类状况的项目是如何失败的》，王晓毅译，社会科学文献出版社 2011 年版，第 7 页。

对象不明的问题；就是要打破脱贫需求与扶贫力量间的"信息鸿沟"，促进各项扶贫政策措施和各类帮扶资源进村入户，实现与扶贫对象精准对接①。可见，山西省在国家对精准识别的统一规定下，很明确"回头看"的根本内核是要精准定位、精确瞄准。这为精准识别"回头看"奠定了基调。

（二）精准识别的基本原则

精准识别"回头看"在精准识别的整个过程中起到关键性的作用，许多地方的建档立卡贫困户均是以这一次的结果为基础的，也就是说，后续的所有帮扶都是针对此次确定的贫困户名单进行的，而引起农村争议最大的也是这次确定的贫困户名单。因而，认真分析一下山西省关于此次"回头看"的规定是非常有必要的，可以准确掌握省级相关部门对于此次精准识别的大体思路，6条基本原则体现出第二次精准识别的核心。笔者根据这6条基本原则在实践中的重要程度将其分为两类。

1. 金科玉律：精准识别在执行过程中遵循的原则

第一条原则识真贫真识贫。全省农村户籍人口，无论其有无劳动能力，凡是符合贫困户识别标准的都应识别进来。对符合条件的低保户、五保户和残疾人口家庭也要识别进来。②在《山西省扶贫开发建档立卡"回头看"工作指导意见》中明确规定识别标准为2014年农民人均纯收入2800元的国家农村扶贫标准，而这一标准要求凡是符合此经济标准的贫困户不管其有没有劳动能力都要成为贫困户，这反映出第二次精准识别的最根本标准是年收入的经济指标。

第四条原则坚持整户识别。贫困户的识别必须整户识别，以户

---

① 《山西省扶贫开发建档立卡"回头看"工作指导意见》，晋贫组字［2015］15号，2015年11月19日。

② 《山西省扶贫开发建档立卡"回头看"工作指导意见》，晋贫组字［2015］15号，2015年11月19日。

为单位测算收入水平，综合评价贫困程度。凡识别为贫困户的，其在册户籍成员均为贫困人口。[1] 户口登记本上的家户是官方认可的识别单位，这成为实际执行过程中引起许多争议的一条原因。

第六条原则"八不进"。存在以下情形之一的农户原则上不予识别为贫困户（简称"八不进"）：（1）配偶、子女在机关、事业单位、国有企业有固定工作且收入稳定的；（2）个体工商户或经营公司的；（3）在城镇购买商品房的；（4）家庭中有齐备的高档电器，有机动车辆（残疾人代步车、农用手扶车、农用三轮车除外）、工程机械或大型农机具的；（5）家庭成员中有就读私立高收费学校或自费出国留学的；（6）长期（两年以上）不在本村居住且务工经营有稳定收入和居住条件的，或与本村以外子女、亲属共同生活有保障的；（7）从事农业生产规模经营的能人、大户；（8）有稳定财产性收入的。在以上"八不进"基础上，属"村两委"主干的一般不纳入贫困户范围；对于儿女有赡养能力的人员要严格审查、认真评议，在广泛征求群众意见的基础上决定是否纳入贫困户范围；对有赌博、吸毒等恶习且屡教不改的人员暂缓纳入贫困户范围。[2] 这8条准则成为第二次精准识别过程中各地不敢逾越的红线，只要有家户属于这"八不进"里的任何一条便被排斥在评议程序之外。

以上3条原则在精准识别中起到至关重要的作用，可以说，农村就是根据这3条展开了贫困户的甄别工作。因而，在农村，也是这3条原则招来非议。

2. 可有可无：被淡忘的基本原则

在基本原则中还有3条原则，在实践中也被执行了，但是重要

---

[1] 《山西省扶贫开发建档立卡"回头看"工作指导意见》，晋贫组字〔2015〕15号，2015年11月19日。

[2] 《山西省扶贫开发建档立卡"回头看"工作指导意见》，晋贫组字〔2015〕15号，2015年11月19日。

程度远不及前一类,因为它们没有涉及"生杀大权",即此类原则,对于基层执行者而言无法成为检验其政策行为对错的标尺。

第二条原则群众公议公认。把群众认可作为检验建档立卡"回头看"质量效果的重要标尺。无论采取什么方法识别,都要召开村民代表大会进行民主评议,都要严格执行公示公告接受群众监督。凡群众有异议的,都要严格核实,确保做到应进必进,该退必退。①省政府要求在政策行为执行过程中要考虑到群众认可,然而,这项原则却只在民主评议的时候形式上符合,但是在贫困户名单公布后,群众的许多异议就被忽略了。

第三条原则掌握全面情况。开展建档立卡"回头看",要在精准识别扶贫对象的同时,全面掌握贫困村产业发展、基础设施和公共服务等情况,全面掌握贫困户贫困状况、深入分析致贫原因、分类摸清脱贫需求,制定落实帮扶措施,全面准确登记扶贫对象信息,做到底清数明。② 这只是精准识别工作的内容,没有涉及决定谁是贫困户,谁不是贫困户,因而,矛盾的焦点不在这里。

第五条原则先摸底后统筹。按照自下而上的顺序,逐户、逐村、逐乡、逐县开展摸底调查,在此基础上,由市、县分别统筹各县和乡、村的贫困人口规模和分布情况。③ 这一条里的"摸底"严格执行了,大多数农村根据由这一指导意见指导下的各乡镇开展的"回头看"要求进行了摸底;统筹则主要指根据国家下达的规模指标进行统一分配、规划等,灵活性较大,不涉及农村精准识别的内核。

---

① 《山西省扶贫开发建档立卡"回头看"工作指导意见》,晋贫组字［2015］15号,2015年11月19日。

② 《山西省扶贫开发建档立卡"回头看"工作指导意见》,晋贫组字［2015］15号,2015年11月19日。

③ 《山西省扶贫开发建档立卡"回头看"工作指导意见》,晋贫组字［2015］15号,2015年11月19日。

第二节　立足贫困村发现的国家视角

一　田野点的精准识别

（一）田野点的介绍

1. 基本情况

本书选取山西省吕梁市 L 县 W 村，该村位于吕梁山区，属于连片特困地区。W 村位于 L 县工业大道以西，距离镇中心 5 公里、县城 10 公里，全村气候干燥，年平均降雨量为 600 毫米，无霜期 120 天，海拔 1200 米，全村总占地面积 2600 余亩，总耕地面积 1700 亩，种植的农作物主要是土豆、玉米、谷子、粟子。全村辖 9 个村民小组，257 户，1007 人，全村人均收入 2580 元。2015 年"回头看"后确立建档立卡贫困户 90 户，共 318 人，贫困发生率 31.6%。

笔者于 2017 年开始，在 W 村进行为期两个月的田野观察，在调查中一方面保持客观中立的立场，去观察参与其中的农村社会；另一方面与日渐熟悉的村民在日常交往中试图保持距离，理性分析他们言谈举止中的意义。在这段时间的调查中，笔者发现引起村民讨论和争论最激烈的是精准识别的过程和结果，即"谁参与了识别""识别出来的贫困户是谁""谁为什么不是贫困户"的问题。因而，虽然精准识别的内容不只确定是否贫困这一项内容，还包括明确致贫原因和帮扶需求，但笔者仅就人们最关心的识别贫困户这一项内容展开研究。本书中所涉及的人名均系化名。

2. 为什么选此作为田野点

在《中国农村扶贫开发纲要（2011—2020 年）》中，国家加大对连片特困地区的投入和支持力度，中央财政专项扶贫资金的新增部分主要用于连片特困地区。《纲要》第十条明确指出，国家将六盘山区、秦巴山区、武陵山区、乌蒙山区、滇桂黔石漠化区、滇西边境山区、大兴安岭南麓山区、燕山—太行山区、吕梁山区、大别山区、罗霄山区等区域的连片特困地区和已明确实施特殊政策的西藏、四省藏区、南疆四地州,作为扶贫攻坚主战场。2016年,中共中央办公厅、国务院办公厅印发了《关于加大脱贫攻坚力度支持革命老区开发建设的指导意见》,该意见提出,革命老区是党和人民军队的根,老区和老区人民为中国革命胜利和社会主义建设作出了重大牺牲和重要贡献;由于自然、历史等多重因素影响,一些老区发展相对滞后、基础设施薄弱、人民生活水平不高的矛盾仍然比较突出,脱贫攻坚任务相当艰巨。国家对老区进一步加大扶持力度。2017年,习近平总书记在视察山西期间,专门主持召开深度贫困地区脱贫攻坚座谈会并发表重要讲话,中共中央办公厅、国务院办公厅印发了《关于支持深度贫困地区脱贫攻坚的实施意见》,对深度贫困地区脱贫攻坚工作做出全面部署。该《意见》指出,西藏、四省藏区、南疆四地州和四川凉山州、云南怒江州、甘肃临夏州(以下简称"三区三州"),以及贫困发生率超过18%的贫困县和贫困发生率超过20%的贫困村,自然条件差、经济基础弱、贫困程度深,是脱贫攻坚中的硬骨头,补齐这些短板是脱贫攻坚决战决胜的关键之策。

  W村位于吕梁山区,既属于全国14个集中连片贫困地区,又是革命老区、深度贫困地区,是国家精准扶贫的重点对象。"到2015年底,吕梁市仍有1439个贫困村、48万贫困人口,约占山西省的五分之一"[①],目前仍有31万贫困人口,其中深度贫困人口6万人,深度贫困攻坚对象14万人,占未脱贫人数的44.6%。同时W村是国家级贫困村,贫困发生率为31.6%,属于深度贫困村。可以看出,国家加大对集中连片贫困地区、革命老区和深度贫困地区的扶持,这些地区成为精准扶贫的主战场,而笔者选取的农村就

---

① 《吕梁市生态脱贫工程行动计划》,吕梁市人民政府2016年8月31日。

是这样一个极具代表性的国家级贫困村。将典型的贫困村作为田野点，通过研究此贫困村的精准识别过程，便可以对全国的精准识别情况略知一二。

（二）W 村的精准识别

W 村的精准识别集中进行过两次，分别在 2014 年 5 月和 2015 年 12 月。

1. 第一次精准识别

W 村的第一次精准识别是在精准扶贫政策刚刚启动的时候进行的，由于精准扶贫的政策宣传还不到位、政策实践效果也没有体现，村干部、村民都没有把它当回事。村干部接到镇里下达的文件后，只是把它当成一般性工作，村支书、村主任和村民代表没有认真核算各户的收入、没有向村民宣传，而是由参会人员根据亲疏远近，将其家人和关系好的人确定为建档立卡贫困户，直接上报、录入系统后完成此项工作。而村民既不知道精准识别这个事情，也不清楚精准扶贫究竟有啥好处，第一次的精准识别没有引起村民的争执和不满。

在调查过程中发现，村主任和村民的说法与会议记录本的记录不一致，在 W 村的会议记录本上写明 2014 年 5 月进行建档立卡工作，参与人、参与过程、确定名单等都有记录，但是经过长期相处获得信任以后，村主任告诉我，其实第一次精准识别根本没有搞，而会议记录只是后来为了应付检查补起来的。为了应付检查，这样的事情在其他地方也屡见不鲜。那么，这里其实给我们提出了两个思考，其一，田野中的真实情况该如何获得的问题。人类学要求研究者深入田野运用主位视角进行参与观察，在此过程中，研究者应该既融入田野又抽离田野：融入田野是为了熟悉，让自己熟悉田野的同时让田野也熟悉自己，如此才能获得真实的田野材料；而抽离田野是为了保持中立，时刻运用学者的眼光去省视田野中的现象。这里，笔者就是通过长期深入田野，进行多方了解、反复确认比对后才获得真实情况的。其二，基层农村采取制作虚假材料以应付检查的做法应该如何杜绝是乡村治理研究关注的重要课题。

2. 第二次精准识别

第二次精准识别的形式是建档立卡"回头看"活动，在村里掀起了不小的风波。这一次，在全国精准扶贫政策持续推进的背景下，中央、省、市、镇各级对此次活动都非常重视而且要求严格。W 村由村支两委、村民代表和第一书记组成评审小组，认真执行政策，严格按照规定的程序——"自愿申请、民主评议、公示公告和审核"进行建档立卡贫困户的确定工作。当时参与自愿申请的共 177 户，累计 500 人（镇里下达的指标是 90 户，318 人）。评审小组坚持"先排除'十一不进'，再打分，然后一条龙排队"的原则，审核村民报回来的申请书、打分表，严格把关，争取做到公平公正，得分低者进入贫困人员序列。评审小组共讨论了 5 轮，最终确定名单，进行公示。

村民非常关注第二次的精准识别。他们通过电视宣传、邻村口口相传等途径，知道了精准扶贫有不少好处：上学的孩子可以享受教育方面的补助、优惠；医疗保险可以少交钱、医疗报销比例高；还可以优先发展产业项目；会有一些扶助农业生产的好政策；等等。因而，他们都希望自己能够成为"精准扶贫贫困户"（村民并不熟悉"建档立卡贫困户"这一术语，因为他们不知道扶贫开发建档立卡信息系统，不清楚官方如何界定贫困户和脱贫户。国家根据系统里的标识统计贫困户和脱贫户的数据，而在老百姓看来，贫困户还是脱贫户无法体现，都是由村干部定的，脱不脱贫都是村干部一句话的事。仅这两个称谓之间的不同，就可以反映出国家视角与地方文化之间的差异）。

第二次建档立卡贫困户的名单，是由农村主要权力机构组成的评审小组按照公平民主的方式、严格执行政策而确定的，然而，名单的公布引起许多人的不满。这个名单到底存在什么问题？为什么貌似严格执行政策的决策依然引起村民的不满？带着这样的疑问，笔者展开深入调查，并努力寻找具有解释力的原因。

二 国家视角：精准识别中的政策逻辑

单纯依靠官方文件和官方报道，我们很难看到精准识别在田野中的困境，同时也很难发现隐含在政策中的国家视角；相反，只有通过深入田野，对精准识别的过程进行深度考察，站在农村的视角，才能发现精准扶贫政策中与农村逻辑不吻合的国家视角。

（一）简单化原则

国家对精准识别工作的要求和规定可以体现出国家的简单化逻辑，即试图忽略极其复杂的、不清晰的地方实践，以于国家而言简单易行的方式进行。① 为了实际操作更简单易行，国家对精准识别的过程进行了一系列简单化的处理，从贫困线、规模指标的数字规定，以户为单位的识别策略可以分析出精准识别中的国家视角，然而简单化逻辑却无法满足复杂的地方情境，与地方文化格格不入，成为引起人们不满精准识别所确立的贫困户的根本原因。

1. 贫困线、规模指标

贫困线是识别扶贫对象的基本依据。按照国家的规定，2014年为2736元、2015年为2800元，即人均年收入在贫困线以下的贫困户才能成为精准扶贫的建档立卡户。规模指标是控制建档立卡贫困户总数的重要数字，也就是村里所说的"名额"。贫困人口识别规模由省逐级分解到行政村，具体的操作方法为：贫困人口规模分解采用自上而下、逐级分解的办法，到市到县的贫困人口规模分解可依据国家统计局调查总队提供的乡村人口数和低收入人口发生率计算形成；到乡到村的贫困人口规模数由于缺少人均纯收入等数据支撑，可依据本地实际抽取易获取的相关贫困影响因子计算本地拟定

---

① ［美］詹姆斯·C. 斯科特：《国家的视角：那些试图改善人类状况的项目是如何失败的》，王晓毅译，社会科学文献出版社2011年版，第3页。

贫困发生率，结合本地农村居民年末户籍人口数算出。这两个数字成为精准识别的标准和核心，直接关系到哪些人成为建档立卡户，以及有多少人能够成为建档立卡户。

2. 分户即分家

《山西省扶贫开发建档立卡"回头看"工作指导意见》规定"坚持整户识别"的原则："贫困户的识别必须整户识别，以户为单位测算收入水平，综合评价贫困程度。凡识别为贫困户的，其在册户籍成员均为贫困人口"，这就是所谓的精准扶贫"精准到户/人"。户口登记制度是一项国家管理人口的社会制度，通过各级权力机构对其所辖范围内的户口进行调查、登记、申报，并按一定的原则进行立户、分类、划等和编制。国家识别贫困户以户口登记本为依据，精准识别时，按照户口登记本上的人来测算土地、劳动收入、教育开支、生病情况等。测算人均年收入和评议均是根据在册成员核算年收入，如果户口登记本上的劳动力少、成员多，则这一户的人均年收入就会少；如果户口登记本上的劳动力多、成员少，则这一户的人均年收入就会多。

（二）经济至上原则

在2015年的"回头看"活动中，W村严格按照文件里规定的"先排除'十一不进'，再打分，然后一条龙排队"原则进行精准识别。换句话说，W村进行精准识别的工作程序是，第一步，参与自愿申请的共177户，累计500人，依据"十一不进"规定的条款进行排除，只要某户（以户口登记本为准）符合"十一不进"规定的任一项就把这一户刷掉，即该户没有资格参与下一步打分的环节了。第二步，在排除掉"十一不进"的家户中，按照农户评议办法，进行打分，按照打分顺序确定贫困户人员名单。因而，这两个步骤是分析精准识别的关键，体现出"经济至上"的国家视角。

1. 严苛的"十一不进"筛出机制和努力灵活调整的地方实践

"十一不进"① 政策是 L 县在山西省规定的"八不进"的基础上制定的，明确规定了不能成为贫困户的条件，反映出国家判断贫困与非贫困的依据和理念。"十一不进"的规定成为识别贫困户的第一道门槛，W 村的村支部书记、村主任、村支两委成员、村民代表在讨论识别贫困户的工作流程时，在"十一不进"政策的执行上达成共识。村里一致认为，这是国家规定的硬性条件，只要谁家有 L 县规定的"十一不进"的情形，就坚决不能进入打分的程序，也就意味着这户没有资格成为贫困户。

W 村所在的乡镇严格执行"十一不进"政策。在 2015 年"回头看"活动结束后，由劳动、房管、市场和质量监督、农机、交警 5 部门依据"十一不进"的规定，对建档立卡"回头看"中确定的贫困人员名单进行审核。2016 年 4 月，W 村所在的乡镇人民政府公布《关于建档立卡"回头看"部门审核结果应用情况通报》，结果发现应该出列的农户有 75 户，涉及 16 个行政村，W 村有 3 名村民由于有机动车辆而被出列。

但是，镇政府基于精准识别执行过程出现的新情况，要求涉及的各村对需要出列的人员进行复核，并框定村级复核的 5 条原则：第一，有大小型汽车、大型农机具（100 马力以上的）全部剔除，家庭小型面包车（俗称"旦旦车"）可列为贫困户；第二，县城有住房的全部剔除；第三，公司董事会成员全部剔除，个体工商门店、饭店权属是本人的要剔除，不是本人可列入贫困户；第四，国有企业合同制由乡镇按照"有固定工作且收入稳定不进"的标准具

---

① 具体规定如下：（1）配偶、子女在机关、事业单位、国有企业有固定工作且收入稳定的；（2）个体工商户或经营公司的；（3）在城镇购买商品房的；（4）拥有机动车辆、工程机械或大型农机具的；（5）有自费出国留学的；（6）长期（两年以上）不在本村居住且务工经营有稳定收入和居住条件的，或与本村以外子女、亲属共同生活有保障的；（7）从事农业生产规模经营的能人、大户；（8）有稳定财产性收入的；（9）承包土地长期撂荒且面积较大的；（10）对群众有质疑不能做出合理解释的；（11）具有其他不符合扶贫开发对象的情形。

体审核确定；第五，农民专业合作社可列入贫困户。第一条的"家庭小型面包车（俗称'旦旦车'）可列为贫困户"和第三条的"个体工商门店、饭店权属是本人的要剔除，不是本人可列入贫困户"就是乡镇发现刚性的"十一不进"会排除掉一些真正贫困的人，因而，W村所在的乡镇虽然是严格按照"十一不进"的规定进行审查，但是，结合当地实际情况对政策做了一些灵活的调整，这里可以看出，相对于W村而言，作为国家代表的乡镇政府的政策更接地气。但是，这种接地气的政策是在精准识别完成以后进行的，要依据这个调整名单，势必会进行一次大换血，引来农村新一轮的议论，因而，这种根据实际情况灵活调整的政策并没有被基层执行者执行。

2. 年收入和农户综合评议相结合：确定贫困户的根据

国家规定的年收入是一个最基本的数字，要求所识别的贫困户的年收入在贫困线以下，包括工资性收入、生产经营性收入、财产性收入、转移性收入（计划生育金、低保金、五保金、养老保险金、生态补偿金、其他转移性收入）、生产经营性支出。2015年"回头看"时，按农户评价办法进行打分并按高低排队确认贫困户名单。农户评价办法是：一评生产发展（25分），通过评价农户的耕地、林地和家庭经营情况，估算其农业收入；二评劳动力条件（35分），通过评价农户的劳动力状况、有无病残人口、医疗支出和劳动技能掌握状况，估算其务工收入和医疗基本保障情况；三评生活条件（25分），通过评价农户的居住、吃饭、穿衣情况，估算其贫困程度；四评教育条件（15分），通过评价农户家庭教育负债情况和在校生现状，估算其教育支出、受教育情况和发展潜力。应该来讲，农户评价办法是综合考虑了家庭的其他方面的，但是仔细分析一下，就会发现这些因素实际上还是为了考察一个家庭的经济状况而设置的。

三 水土不服的国家理念：精准识别政策存在的问题

（一）忽略地方性知识

1. 与乡土逻辑相悖

国家规定在精准识别过程中要以户为单位识别，然而，在农村，判断人们的贫困情况，不是以户为单位，而是以家为单位；不是依据户口登记本，而是依据老百姓的大家庭逻辑：一个核心家庭的子女各自结婚的情况，不管他们与父母是否分户（户口登记本意义上的）或分家（老百姓意义上的自立门户），已婚的儿子与父母永远是一家人，即谈论年迈的父母是否贫困，主要是看他们的儿子家境如何。可见，在国家的逻辑里，户口登记本上登记的所有成员组成一"户"，分户即分家；而在社员的逻辑里，一大家子人组成一"户"①，分户不分家。

在实践中，村干部根据国家规定进行识别，即依照户口登记本上的人口核算收入支出、根据"十一不进"筛出，而村民则以家为单位进行衡量。比如同样是独居老人，儿子有赡养能力的被评为贫困户，而儿子没有赡养能力赤贫的人却没有被评为贫困户，这就引起了村民的不满，但是经过多方求证，发现村干部确实是根据国家的规定执行的，而究其原因就在于国家理念与乡土逻辑相悖，这成为引发人们争议的重要原因之一。

2. 与地方具体情境相悖

自上而下的规模指标制与地方实际不符。既有研究认为，其一，精准扶贫的规模控制会导致规模排斥、区域排斥和识别排斥，以至于获得的贫困指标（数量）与实际的贫困人口分布及贫困人口规模

---

① 这里的"一大家子"比较灵活，有时指由一夫一妻与其未婚子女组成的核心家庭，有时指一夫一妻与其已婚子女组成的大家庭。一般评价年轻人时主要以核心家庭为单位；而评价老年人时则以大家庭为单位，根据已婚儿子的贫富状况决定老年人的贫富状况，一般不考虑是否生活在一起。

并不一致①。其二，规模控制还导致被排斥掉的农户开展争贫与闹访，从而转化成为村庄治理难题②。其三，"中国的低保政策倡导'应保尽保'是对的，但是却忽略了另一个原则，即'不应保不需要保'。后一个原则一旦缺位或者被破坏了，就有可能引发村庄紧张和矛盾"③，同理，精准识别也存在此问题，使得不应该成为扶贫对象的人勉强成为贫困户，而正是这些可给可不给的人引起了争议。

在规模控制下，确定贫困户不是以绝对的标准进行，而是给定一个数字，不管村落真正的贫困户是否能达到这个数字或超过这个数字。这样极易造成基层农村的两种做法：一是为了完成任务而将达不到贫困的人划入贫困人员来凑人数；二是为了完成任务而将达到贫困的人划出贫困人员来防止超过目标数字，这两种做法都会使得瞄准出现偏差，因而，规模指标制会造成政策执行不符合当地实际情况，从而使精准扶贫不"精准"。

3. 特定的地方情境使得国家的计算体系无法涵盖所有的家庭经济收入

虽然国家的计算体系可以了解家庭的基本情况，但是有一些地方却无法完全计算。W 村有两条公路、一条铁路、一个工业园区，这些占地均给被征地农户以一定金额的补偿款，最高的人获得几十万的补偿款，而这些特殊的补偿款并不在国家的计算列表里。虽然村委对这些款项心知肚明，但是因为国家政策没有规定，就没有将这个款项计算进去，而是教条地按照国家的计算方式进行测算与评议；社员们也大体知道各家获得补偿款的情况，在他们心中有一把与国家体系不同的尺子，用来衡量、评判事情的是非曲直。这样，测算出来的人可能在社员心中是一夜暴富的，而在国家的计算体系

---

① 邓维杰：《精准扶贫的难点、对策与路径选择》，《农村经济》2014 年第 6 期。
② 万江红、苏运勋：《精准扶贫基层实践困境及其解释——村民自治的视角》，《贵州社会科学》2016 年第 8 期。
③ 王春光：《扶贫开发与村庄团结关系之研究》，《浙江社会科学》2014 年第 3 期。

内，却成为贫困户了，这自然会引发不满，认为扶贫不公平。

(二) 济贫还是扶懒：缺乏文化视角

1. "十一不进"存在的问题

精准识别的"十一不进"最能体现"精准"二字，即国家在着力解决贫困识别机制中的瞄准偏差问题：规定一些排除性内容，成为提高瞄准精准度的利器。通过分析它的条款，可以发现规定的内容里，大部分是将消费品作为限制条件。"消费类型瞄准"是各国常见的一种类型瞄准机制。它是将家庭消费品区分为"必需消费品"与"奢侈消费品"，或"日常消费品"与"耐用消费品"，根据可观察的耐用消费品（比如住房、家用电器或交通工具等）的数量和质量来判断居民的收入，拥有一定数量或质量的耐用消费品的居民将被排除在社会救助之外[①]。这个规定旗帜鲜明地体现出国家对于贫困的理解和把控，即认为只要符合"十一不进"里的任一项就属于非贫困。这十一项条款主要是围绕经济这一主要指标进行的，这里暗含着这样一个逻辑：经济贫困就是贫困，就应该获得帮助；进一步讲，国家要帮助的是经济上贫困的人，经济上"富裕"（有车有房有稳定收入）的人无缘国家的帮助。

因而，"十一不进"政策体现出国家在根本理念上忽略文化视角，其一，国家没有考虑贫困背后的原因，是由于缺劳动力、缺资金、生病、上学等客观因素致贫，还是由于主观懒惰的贫困文化致贫，二者有本质上的不同。其二，国家的"十一不进"只是按有无某项消费品来衡量，而不考虑拥有物品背后的意涵。第3项（在城镇购买商品房的）和第4项（拥有机动车辆、工程机械或大型农机具）的规定就可以管窥，这样的规定不考虑购买的商品房是刚需还是投资性的、是贷款还是全款；机动车辆是一万元的面包车还是几十万元的机动车，这在贫富上差距其实很大。运用是否拥有某个物

---

① 李棉管：《技术难题、政治过程与文化结果——"瞄准偏差"的三种研究视角及其对中国"精准扶贫"的启示》，《社会学研究》2017年第1期。

品来考量贫困与否,更应该关注其背后的文化意涵。如何拥有某项物品以及为何拥有某项物品,这些问题都应该考虑到。

2. 主要依靠可量化的经济指标确定贫困户存在的问题

在识别贫困户的时候,国家主要是以经济为衡量标准。根据国家的年收入和农户评价办法测算获得的两个数据,仅仅可以体现出一个家庭的经济状况,不能测量其主观意愿,而农村中存在一部分人是由于主观上的懒惰导致经济贫困。这部分人的存在使得农村出现一种新观点:扶贫在扶懒,勤劳的人无法获得国家的扶助。

在帮扶贫困户、制定脱贫计划和措施的时候,国家要求分析致贫原因,主要分为主观原因和客观原因,前者一般针对贫困户个人,包括因学致贫、因病致贫、因丧失劳动力致贫、因缺劳动技能和资金致贫;后者一般针对贫困村,主要指生态环境脆弱,需要整村搬迁或加强生态环境的保护。但是,即便如此,国家依然没有充分考虑到致贫的贫困文化因素,即贫困户的个性禀赋等因素。

因而,精准识别只是笼统地根据经济确定成为贫困户和不能成为贫困户的条件,而没有考虑到致贫的文化因素,使得一部分因贫困文化致贫的家户理所应当地成为帮扶对象。他们好吃懒做,不是靠自己勤劳致富,而是"等靠要",心安理得地拿着国家的救济。如果不将因贫困文化致贫的贫困户与其他类型的贫困户区分开来,采取不同的帮扶措施,就会对农村造成不利的影响。

第三节 小结

本章结合官方文件和田野调查对精准识别的国家理念进行分析,发现中央政府非常重视此次精准识别,认为它具有定位仪、瞄准镜的功能,是关系到精准扶贫政策能否成功的关键;同时地方政府根据中央精神严格规定了精准识别的识别程序、识别原则,其中年收入的测算、以户为单位的识别原则以及"八不进"的筛出机制属于刚性要求，即精准识别必须严格遵守的；而有一些原则，如群众公议、全面掌握情况、先摸底后统筹等属于弹性要求，在农村执行政策的过程中被置于次要地位。在田野调查中，笔者发现精准识别政策体现出国家的简单化逻辑和经济视角，简单化逻辑存在的问题是忽略地方性知识，使得国家的精准识别政策与乡土逻辑相悖、与地方具体情境格格不入；经济视角则说明国家在确定贫困户的过程中主要以经济为考量标准，缺失文化视角，没有考虑到精准识别对农村贫困文化的影响。

　　精准识别政策要想完成，必须在农村落地，这样，在落地过程中便不可避免地遭遇到地方性知识，与之发生碰撞，国家理念与地方性知识二者之间的张力使得精准识别政策与初衷背离，这是引起农村不公平感的根本原因。在农村，人们将矛头对准农村执行者，尤其是某些村干部，认为是村干部这个"歪嘴和尚"把精准扶贫这部"好经"念歪了。其实，从目前的分析中，我们可以看出政策本身在操作化的过程中确有其设计不合理之处，对农村地方性知识和文化视角均欠考虑。因而，本章的意图是说明，研究精准扶贫政策要看到国家理念的不足，不能把所有的过错都归咎于农村执行者，只有这样，才能制定出与地方性知识调适的国家政策。接下来，需要更加详细深入地分析农村的地方性知识，即通过研究精准识别政策在农村的执行过程，了解乡土逻辑，人们的行动逻辑是什么？哪些因素使得他们形成这样的行动逻辑？同时，我们要知道农村执行者为什么要教条执行政策的原因，也需要掌握他们的行动逻辑。这些是下一章要考察的问题。

第四章

复杂的地方性知识

地方性知识（Locality Knowledge）的概念广泛存在于人类学、民族学、文化学、生态学、政治学和科学哲学中。西奥多·舒尔茨（Theodore W. Schultz）最早提出"地方性知识"概念，是一种具有自然性和实践性的"常识"，"农事中自觉或不自觉地运用一种微妙难言的'体验性知识'"[①]。人类学家格尔茨认为"我们永远难以像理解我们自己的文化一样去确切地体悟不同时代或不同民族的人们的想象"[②]，强调从"文化持有者的内部视界"去认识和理解地方性知识。

地方性知识在不同学科中的关注点不同，科学哲学中的"地方性知识"是在反思科学知识的正统性地位的前提下提出的，侧重于与科学知识相对的、非现代科技的知识体系；而阐释人类学中的"地方性知识"侧重于文化层面和生活知识，格尔茨主要关注不同文化如何交流、相互理解的问题，即"在不同的个案中，人类学家该怎样使用原材料来创设一种与其文化持有者文化状况相吻合的确切的诠释"[③]。因而，笔者所关注和讨论的地方性知识，用格尔茨的

[①] [美]西奥多·舒尔茨：《改造传统农业》，梁小民译，商务印书馆1987年版，第1页。
[②] [美]克利福德·格尔茨：《地方性知识——阐释人类学论文集》，王海龙等译，中央编译出版社2000年版，第73页。
[③] [美]克利福德·格尔茨：《地方性知识——阐释人类学论文集》，王海龙等译，中央编译出版社2000年版，第73页。

话说，实际是文化拥有者的实践，是一种由当地人编织的意义系统；而用费孝通的话说，实际是一种文化，"凡是被社会不成问题地加以接受的规范，是文化性的；文化的基础必须是同意的，但文化对于社会的新分子是强制的，是一种教化过程"①，它潜藏在社会中，于不知不觉间为社会成员所遵守和习得。同时，这里的地方性知识，与斯科特所提的"米提斯"也有一定的相关性，斯科持认为"米提斯包括了在对不断变动的自然和人类环境作出反应中形成的广泛实践技能和后天获得的智能"②，它的特点是"短暂的、不断变化的、无法预计和模糊的，这些条件使它们不能被准确地测量、精确地计算或有严格的逻辑。"

当然，从更广的角度看"地方性知识"这一概念是在全球现代化的背景下提出的，有其独特的意义，既是对现代性的反抗，也是对科学知识普遍性的质疑。它具有3个重要的特征③：其一，地方性知识总是与西方知识形成对照；其二，地方性知识还指代与现代性知识相对照的非现代知识；其三，地方性知识一定是与当地知识掌握者密切关联的知识，是不可脱离 who、where 和 context 的知识，而普遍性知识则无须询问知识是谁的和在什么具体情境中。因而，地方性知识关切的是情境、具体的文化，而不是西方意义上的理性的、普遍的。在精准扶贫中，虽然不存在西方与非西方的对立、种族主义与非种族主义的对立，但是，精准扶贫是国家用经济的、理性的手段来要求村落实现普遍理性、提高经济效益的一种发展政策，暗含一种经济发展即是进步，经济不发展即是落后的根本理念。本书虽无意于直接质疑这种理念，但是提出地方性知识这一分析框架暗含了对经济理性这一根本性的发展理念的反思。

---

① 费孝通：《乡土中国》，北京出版社2004年版，第96页。
② ［美］詹姆斯·C. 斯科特：《国家的视角：那些试图改善人类状况的项目是如何失败的》，王晓毅译，社会科学文献出版社2011年版，第400页。
③ 吴彤：《两种"地方性知识"——兼评吉尔兹和劳斯的观点》，《自然辩证法研究》2007年第11期。

从国家与社会分析框架看，虽然国家的精准识别政策和村干部的政策行为都是引发人们认为精准识别不公平的原因，但是，村干部实际上也是地方性知识的组成部分。一项政策在执行过程中既需要面对乡土逻辑，又需要考虑农村执行者的因素，只有将农村执行者置于地方性知识来考察才能更加清晰地理解精准识别遭遇执行困境的内在逻辑。因而，精准识别在农村出现不公平执行的现象，其根本原因在于，国家理念与地方性知识相矛盾，那么乡土逻辑是怎样的？村民的贫困观是怎样的？村干部的行动逻辑何在？他们真的是在故意歪曲国家政策吗？这是本章要考察的问题。

第一节　乡土逻辑

一　某某某贫困吗？——村民心中的贫困

这部分内容主要考察村民的贫困观，他们心目中的贫困是怎样的，与国家识别出来的贫困一样吗？在村民心中，贫富从来不是绝对的，不是依靠简单的人均年收入诸如此类的数字指标来判断贫富，而是会涉及贫富背后的文化意涵；判断一个家庭的贫富从来不是看户口本上有哪些人，也不是看已婚儿子与年事已高的父母分户与否，而是将一个大家庭作为一个整体来衡量；有时候，村民还会根据历史的记忆来评定某一个家庭的贫富。而这些村民的认知与国家识别的标准和方法均不一致。

（一）相对的贫富

1. 懒惰的贫与勤劳的"富"

国家用经济指标来衡量和确定贫困与非贫困，而在现实情境中，农村的贫困与非贫困，不仅仅体现为一个简单的经济指标，而是一个拥有复杂意涵的符号。经济贫困只是客观事实，但是背后的原因却耐人寻味。在社员心中，贫困是一回事，受助又是另一回事，二者之间不能直接画等号。好吃懒做的贫困之人不应该受到帮扶，勤劳致富之人也应该获得肯定。在社员心中，受到帮扶不仅仅是经济上的获得，也是精神上的肯定和鼓励，象征着国家对这部分人的关注和爱护。在田野中发现，精准识别语境下的贫困与社员心中的贫困存在矛盾之处，下面通过几个案例来展示。

（1）存在一部分因懒致贫之人

精准识别只是笼统地根据经济确定成为贫困户和不能成为贫困户的条件，而没有考虑到致贫的文化因素，使得一部分因贫困文化致贫的家户理所应当地成为帮扶对象。他们好吃懒做，不是靠自己勤劳致富，而是"等靠要"，心安理得地拿着国家的救济。

> 案例1：梁亚泽（化名），85岁，有一儿一女：女儿已出嫁，儿子已婚、在外打工，媳妇出走，育有一子。他在土改时候是村里的保管，从1960年代开始就是村里照顾的对象，一直到现在，村里只要涉及利益分配的事，比如救济、发白面、吃低保、精准扶贫户等，他总能被村干部想起来，被照顾到。他实际过得不错，当兵有补助、在村里扫大街有工资、有低保、有救济，有人给他粗略算过收入，梁亚泽一人年收入3万元，即使按4口人（梁亚泽、其妻、其子、其孙）计算也远远高于国家规定的人均收入2800元。
>
> 梁亚泽主要是由于好吃懒做的贫困文化引起贫困的：他和妻子一直以来怕吃苦，不愿意付出劳动。同样的土地，别人家的土豆可以长很大，而他家的土豆却总是长得很小。有一回，他妻子和村里一位妇女去地里锄地，刚到地里，他妻子便喊累、要休息；开始锄地了，那位妇女开始劳动，他妻子没锄几下地，就回家睡觉了。另外，梁亚泽一家不懂得计划着过日子，有钱就吃，别人家舍不得吃的东西，他家舍得吃；别人家省吃俭用置办家具、修葺房屋，他家永远住得很小、很破旧。从居住条件来看，他家永远算村里穷的，可实际上，他们的生

活质量并不低，甚至比有些富裕之家都过得好。

在识别贫困户的时候，国家主要是以经济为衡量标准。按照"十一不进"，梁亚泽一家没有什么值钱的东西，因而，不可以排除在名单之外；根据国家给的表格打分，他家的打分偏低，因而，这些类似的因懒惰而致贫的户就可以被国家识别为贫困户。然而，这样识别出来的贫困户却得不到村民的认可：大家拥有同样的地，为什么你就可以不劳而获；而别人就要靠自己的辛苦赚钱？

（2）绝大多数人依靠勤劳脱贫

> 案例2：梁君（化名），43岁，4个孩子上学，由于孩子多，夫妻俩齐心协力过日子。梁君靠跑出租、种地为生，妻子主要养猪、养鸡和照顾孩子的日常，两口子整日为生计辛苦劳作，几乎没有闲暇时间，农忙的时候在地里种地，农闲的时候还要喂猪、鸡。由于家里有个跑出租的"旦旦车"（根据当地说法），因而没有资格参与贫困户的认定。社员们认为他们夫妻俩勤劳持家，日子过得不错、确实不穷。但是，梁君认为自己家虽然不算贫困，但是这一切都是辛苦换来的：全家6口人，只有梁君有土地，其余5人均没有分到土地，他们只能搞副业来养家糊口。但是，这样辛苦拼命却得不到政府的资助，而那些每天不干活的人却可以享受到政府的救济，实在是心理不平衡。

在农村，大家的收入方式、谋生手段大体差不多，这样，相互之间的经济水平实际上大致相当，但差别就在是否愿意辛勤劳动、头脑是否灵活。一些具备发展能力和动力的家庭即使孩子多、家庭负担重，但是他们往往倾向于广开财路、积极地改变处境。经过艰辛的奋斗，他们会想方设法让自己过得更舒适一些，添置一些大宗物件，如小汽车、农具等，但是，他们的经济水平实际上与没有添置大宗物件的家户所差不多，有的比不积极发展的家户还更贫困，更需要资金、项目的帮扶。然而，这类家庭却被"十一不进"挡在了国家精准扶贫政策之外。"十一不进"这样的规定把一些具备发展能力和动力的家庭排斥在救助体系之外，他们个人努力，处于村庄的中低层，不是最贫困的人，只是由于缺乏各种条件和政策的青睐致使发展能力受限。"如果通过精准扶贫给予其一定条件的支持，就可以帮助他们改善家庭的生计状态，并避免这部分家庭转变为脆弱群体，这是减少农村增量贫困的重要途径。"[1] 然而，他们一旦没有被确定为贫困户，就没有资格享受国家的精准扶贫政策。

2. 经济指标是客观的吗？能说明一切吗？

判断贫困与否的经济指标有时候不能真实反映客观情况，国家按照"拥有某项消费品即为非贫困户"的逻辑与农村实际情境存在不吻合之处。

有机动车就一定富裕吗？按照"十一不进"，由于家里有一辆机动车，村里公认最穷的农户成为非贫困户。

案例3：梁淮（化名），三十几岁，母亲早年去世，与父亲生活在一起，育有三子，均到了上学的年龄。祖上一直贫寒，家徒四壁，是村里公认的最穷户。梁淮以跑出租为生，为了方便，花几千块钱买了一辆二手面包车。2015年"回头看"的时候，根据"十一不进"政策，作为户主的梁淮一户在一开始就被排除在识别贫困户的程序之外。父辈虽然很勤劳，但是由于已去世的老母亲常年看病，导致其家境非常贫寒，是大家依然公认的村里最贫穷的一户，最应该得到村委照顾的一户。

---

[1] 任超、袁明宝：《分类治理：精准扶贫政策的实践困境与重点方向——以湖北秭归县为例》，《北京社会科学》2017年第1期。

有楼房就一定富裕吗？村里有很多在县城买楼房的，但是经济状况却并没有比贫困户强多少。

案例4：梁旺海（化名），自己为了给儿子娶媳妇，问亲戚们借钱在县城里买下楼房。他几十年来靠下煤矿打工赚钱，日子过得比在农村单纯种地的人强一些，但是这都是他常年背井离乡且忍受常人所不能忍受的艰苦工作条件换来的。比起农村种地人而言，梁旺海的日子过得一点不安生，虽然赚得比一般老百姓多，但这是他的辛苦所得。现在他已年近60，煤矿不要了，他一下子失去了赚钱的能力，没有了收入，但在村里人的印象中，他仍然属于有钱的。根据"十一不进"在县城买了楼房的他即使已经没有收入来源，依然没有资格成为贫困户。

梁旺海的观点：在县城买房能说明富裕吗？有的人家为了给儿子娶媳妇，家长们即使没有钱，也要借钱、贷款买房，成了"房奴"；还有的人家因为小孩子上学，母亲和孩子去县城租房上学，一来二去，觉得在县城租房的钱还不如买了房子，所以就省吃俭用攒钱、借钱在县城买房，其实家里也没有啥钱。但是，根据"十一不进"，有楼房的成了富裕的家户了，被排除在精准扶贫之外。现在村里空房挺多，都去县城了，这能说明他们很有钱吗？不见得，有些人并不是条件好搬去县城，夫妻俩还要靠在农村种地的父母救济蔬菜、粮食才能勉强生活。有些年轻媳妇以孩子上学为借口追求城里生活，不喜欢在农村居住，并且存在各家互相攀比的情况。但是，存在一些人，把钱存在银行，不买房买车，低调生活，根据收入一测算成了精准贫困户了。

这些案例说明按是否拥有某项消费品虽然能够排除掉一大部分非贫困户，但是在农村实际情况中存在一些特殊情况。这种一票否决的机制存在一定的漏洞，不一定能真实衡量家户的经济状况。旨在解决瞄准问题的"十一不进"并没有完全解决瞄准问题，仍存在应保未保的瞄准偏差。考虑到现实情况，即使拥有代步工具，实际情况也很穷。可见，完全用经济去衡量、识别贫困户会忽略掉一些特殊的具有文化意涵的因素，从而导致目标瞄准偏差。

贫困与富裕在乡土逻辑中是相对的，贫或非贫背后有丰富的文化内涵，而国家只是从经济视角去认识"何为贫困"，没有充分考虑观念、文化因素，认为只要是识别出来的贫困之人就能获得帮助，根本不去考虑贫困与非贫困背后的文化意义。精准扶贫的逻辑是经济贫困的，就要识别出来；识别出来的，就能受到国家的帮扶。然而，经济只是冰凉的数字，能说明一些问题，但并不能说明全部问题，如果只关注数字，而不考察其背后的文化意涵，就会使结果有失偏颇，给农村文化带来负面影响。

（二）分户不分家

W村的村民最不满的地方在于，真正穷的不是贫困户，而不穷的却被定为贫困户。在他们眼中，村干部在精准识别时采用的标准不统一，有的家户有车、有楼房，被定为贫困户了；有的家户非常穷却没有被定为贫困户。其实，精准扶贫政策要求精准到户/到人，经过田野观察，发现问题就出在了国家与农村对"户"的认识存在根本不同。在农村，分户不分家，父子之间的联系是无论如何都割不断的，父子永远是一家、一户。人们判断一个家庭的贫困情况，不是以户为单位，而是以家为单位；不是依据户口登记本，而是依据老百姓的大家庭逻辑：一个核心家庭的子女各自结婚的情况，不管他们与父母是否分户（户口登记本意义上的）、分家（老百姓意义上的自立门户）还是分灶，已婚的儿子与父母永远是一家人，即谈论年迈的父母是否贫困，主要是看他们的儿子家境如何。如村里有两户，梁金金、梁保亥（均为化名）两位老人，都快80岁了，而且都常年有慢性病：梁金金耳聋、老伴儿糖尿病；梁保亥本人得了肺气肿，老伴儿青光眼，他们两家的家里陈设都非常简陋。但是村里人普遍认为他们两家不穷，甚至属于富裕的，原因是他们的儿子们非常有出息、有钱。

正是以"户"为单位的原则造成精准识别出现争议：村干部按照国家的分户逻辑测算收入，人们则按照自己的家户观念衡量贫困。下面用田野中的案例来展示这一问题所在。

案例5：梁金金（化名），76岁，耳聋，老伴儿72岁，糖尿病长年吃药；目前主要靠低保金和养老金生活，一年共计2340元，种地年收入3000元，二人人均年收入为2670元，按照整户识别的原则，户口登记本上只有这两位老人在册，因而，二人被确定为建档立卡贫困户。

村民对此非常不满，原因在于，梁金金的两个儿子共同经营十几辆大车，年收入几十万元，算村里发展得好的，儿子有车有房有钱，怎么能是贫困户呢？在村里人看来，梁金金和两个儿子是一家，儿子有钱，父亲也不会穷。但是，根据国家的测算方式和标准，梁金金这一户人均年收入在贫困线以下，农户评议打分也偏低，属于建档立卡贫困户，而两个儿子都各立门户，即使均有车、很有钱也与梁金金无关。从这个案例可以清楚地看出，国家视角与地方文化之间的冲突之处。

案例3的梁淮父亲，75岁，老伴儿早年离世，与36岁的梁淮生活在一起。但是他的儿子过得非常清苦。在民主评议会上还专门有人提出这家人的情况，认为全村最穷的梁淮及其父亲应该被确定为贫困户，可是经过反复讨论，还是无法将他家定为贫困户，理由如下：梁淮有车，属于国家规定的"十一不进"，这是国家规定的硬杠杠，无法成为精准扶贫的贫困户；而其父由于和梁淮在一个户口上，按照国家的"整户识别"原则，其父也不能成为精准扶贫的贫困户。

人们对于精准识别没有将这一户纳入贫困户非常不满,认为精准识别不公平,同样是七旬老人,儿子有钱的被确定为精准扶贫贫困户,而儿子窘迫的却不是贫困户。如果说是因为梁淮有一辆车而没有资格成为贫困户的话,梁金金的儿子有几十辆车他都成为贫困户了,这很明显是村干部在区别对待嘛!村民们怎么也想不通其中的道理,就将所有怨气发泄在村干部身上。显然,问题的关键在于"整户识别"的原则,而并非村干部从中捣鬼。国家的"户"与村民的"户"不是一个意涵。

(三) 历史的记忆

地方性知识不一定全是对的,有的不理性,比如关于历史的记忆这一块。村民判断一个家庭是否贫困,不完全是理性的计算,还有一部分靠非理性的直观印象。当笔者在农村询问"×××贫困吗"的时候,感觉最明显的是,村民不是拿出纸笔计算该户的年收入,而是凭着自己的主观印象、依靠以前的印象做判断。有人脱口而出自己对该户的印象和判断,有人加上原因,比如×××某一年得到多少补偿款了、×××家儿子开大车一个月多少钱了,再比如×××在县城买了房子了……诸如此类;有人则沉思一下陷入回忆,根据自己的回忆,悠悠讲述关于×××的历史。如该户祖辈的家境状况,他家以前是干什么的,什么时候发生了什么事,现在家道中落是怎么回事……

案例6:梁二狗(化名)母亲,73岁,老伴儿去世十多年了,因为腰疼长年直不起腰来,走路、做饭都猫着腰,一个人住在一处还算宽敞的院子里,但家里的陈设非常简陋。由于腰疾已经干不动农活了,靠低保和5个姑娘的接济过日子;儿子儿媳外出打工,长年在外。这样的农户没有被确定为贫困户。经了解,有的村民说她家祖辈上算不错的家户,离世的老伴儿当过兵,在村里一直当干部,家境不错,她家不是贫困户也无可厚非。村干部对她不是贫困户的解释则是作为户主的儿子长年在外，属于"十一不进"，于是便把此户排除在外了，而且按照儿子儿媳的年收入测算，这户的人均年收入在贫困线以上。

另一个典型人物梁亚泽则一直理所应当地"享受"着国家对他的照顾，即便他很懒惰、不愿意吃苦，但是，村里只要涉及利益分配的事，他总能被村干部想起来、被照顾到。据了解，大部分人对于梁亚泽一户常年受到村里的优待也没有太大的反对，当然，这一户是村里独一份的，只有他能享受到这样的待遇。当问及原因的时候，有的人说他是村里辈分最高的，人们从心底里想照顾他，因而不去嫉妒他；有的人说他在土改的时候是村里的保管，从1960年代开始就是村里照顾的对象，属于历史上遗留下来需要被照顾的对象，每一任村干部都会遵照惯例进行照顾；还有的人说记忆中他家就一直是贫穷的、吃着国家的救济，也没有考虑过他懒得不愿意种地这一因素。

在农村，历史的记忆还是非常重要的，人们依照心中的记忆、习惯去评判贫困与否，这是农村独特的乡土逻辑。国家计算贫困与否的理性办法，显然能够较准确客观地评价出家户的经济状况。国家政策有一套标准，在植入地方的时候，要努力契合地方性知识，同时，国家逻辑也可以在一定程度上影响地方性知识，便形成地方性知识的混杂模型，可见，二者在一次次政策执行过程中共建着农村的地方性知识。

二 权力的文化网络

"权力的文化网络"这一概念由美国学者杜赞奇提出，主要用于解释清朝国家政权深入乡村社会的多种途径和方式。在此分析框架中，"权力是指个人、群体和组织通过各种手段以获取他人服从的能力,这些手段包括暴力、强制、说服以及继承原有的权威和法统"①;文化指"扎根于这些组织中、为组织成员所认同的象征和规范。这些规范包括宗教信仰、内心爱憎、亲亲仇仇等,它们由文化网络中的制度与网结交织维系在一起"②;因而,杜赞奇的"权力的文化网络"(culture nexus of power)包括不断相互交错影响作用的等级组织和非正式相互关联网③,任何追求公共目标的个人和集团都必须在这一网络中活动。本书借用这一表达只是想说明农村中存在着村民、村干部甚至国家都必须面对的文化网络,确定精准扶贫贫困户的过程同样无法回避这一深深根植于农村的文化网络,这些构成了独特的乡土逻辑。理性的、官方的计算公式可以区分出明显贫困的人,但是在同质性较强的农村,在家境差不多的情况下,理性的方法就要让位于村落里的地方秩序了,如人情、面子等非理性的、不可测量的文化因素开始发挥作用。本书所指称的"权力的文化网络",主要着重于考虑影响精准识别的农村特有的文化因素,包括空间的文化意义、有关系之人以及村霸的存在。

(一)空间的文化意义

W村的空间布局非常有特点,被一条小河分成东西两部分,村民称之为"东崖西湾"。东面离山非常近,而且以山地为主,房子因地势而建,房子与房子之间的距离较长且布局不工整;而西面则是平地,房子之间的距离不远,布局很工整。如果从高空鸟瞰,东面的房子散落在绵延几公里的狭长带状峡谷里,而西面的房子则整齐工整地被安排在开阔的平地上。东崖有一个戏台和村民活动中心,这两个地方按理说应该是人们的重要活动场所,可是戏台只有

---

① [美]杜赞奇:《文化、权力与国家:1900—1942年的华北农村》,王福明译,江苏人民出版社2003年版,第3页。
② [美]杜赞奇:《文化、权力与国家:1900—1942年的华北农村》,王福明译,江苏人民出版社2003年版,第4页。
③ [美]杜赞奇:《文化、权力与国家:1900—1942年的华北农村》,王福明译,江苏人民出版社2003年版,第3页。

在逢年过节有演出的时候才被使用，而村民活动中心则是新修建的，还没有投入使用。西湾则是村委会和学校所在地，村委办公和学生上学使得西面比东面更有生机。因而，承担村民娱乐场所的东面实际上并没有发挥很好的作用，而西面则是村里的政治中心和文化中心，相较而言，西面的人气比东面旺，地位也比东面重要。另外，在W村，村民依据住所和日常活动自然而然地形成了村民集中点，人们称为"据点"，这里是村里获取消息和传播消息的集中点。在东崖，戏台对面的小卖铺门口、靠近公路的小卖铺门口和东面村口的木头上都是人们习惯的聚集地。在西湾，公路上的站牌处，偶尔会有晒太阳的老人们；西面村口小卖部，离村委会和学校相对近，而且门口每天下午有打扑克的、下象棋的、围观的、聊天的人，这是全村最热闹最集中的一个集中点；再往深走，路边石凳之处经常会有周围的人坐着闲聊。就担任村干部的东西分布而言，前几届村支书都住在东崖，而现任村支书梁云（化名）和村主任梁惠德（化名）都住在西湾，他们二人是当前管理W村的实际掌舵人。

居住空间的不同使人们的关系密切程度不一样，因而，"西面"与"东面"的存在会影响到政治格局，政治格局也会影响到东西的势力。在W村这样一个独具特色的空间布局里，人们习惯于根据住所将全村的人分为"东面的"和"西面的"，这个称谓可以说不仅仅是空间指示的意涵，还暗含了别的意义。在政治资源方面，"东面的"没有"西面的"好，因为离政治中心（村委会）远、住得离村干部远、关系与村干部不密切；在经济条件方面，"东面的"不如"西面的"有钱，因为西面的人有正式工作的较多。因而，空间上的东西之分对于W村而言具有独特的文化意义。

（二）有关系之人

亲属关系和朋友关系共同作用于政治资源，使得一部分人被称为"有关系的人"，在精准识别过程中，村支两委、村民代表和党员共同组成农户家庭年收入评议小组来参与农户年收入的打分。这样,在精准识别的乡村范围中,有关系之人就指与评议小组有密切关系的人,或者是亲属关系或者是私人感情。在农村政治资源中,村支书是最关键的人物,其次是村主任,村支两委成员辅助村支书和村主任完成日常工作,党员也是村里的核心,村民代表在一些事情上有发言权。

1. 掌握政治资源是关键

> 案例7:景秀荣(化名),42岁,非农户口(户口不在W村),在村里属于村委成员,在县里有正式工作,而且还在村附近的铁厂里担任重要职务;其父亲是村里的赤脚医生,在W村开着农村诊所,兼营零食、日杂,收入也不错;妻子王汝汝,和景秀荣在同一家铁厂打工,她和3个子女为农业户口(户口在W村),他们一家5口和父母实际生活在一起。由于景秀荣的父母是非农户口,所以一家7口在W村一点地都没有。在农村没有地意味着没有经济来源、地上附带的经济利益也无法享受。虽然丈夫景秀荣有车(车的户主也不是他本人)、有工作,但是按照户口本的家庭成员核算,王汝汝及3个子女在一个户口上登记在册,因而按他们4人的收入计算,4人的人均年收入在贫困线以下,而且他们4人名下没有房没有车。因而,经民主测评成为贫困户。

王汝汝一户被确定为贫困户后,在村里造成非常恶劣的影响。村民不是根据户口本测算,而是根据实际是否在一起生活,王汝汝与景秀荣自然是一家人。大家都知道他家家境殷实,而且有一辆小轿车,大呼不公平。进行核算的时候,村干部根据国家规定的以户口本上的户为单位核算,确实可以确定王汝汝及其3个子女为贫困户。考虑到村里的恶劣影响,梁主任想从名单中删掉这一户,但是由于种种阻力，没有删掉。在"回头看"的过程中，确立建档立卡户的名单实际由 L 市某事业单位员工担任的第一书记负责。景秀荣在这个过程中，大力配合第一书记的工作，经常加班整理材料，因而，第一书记与景秀荣关系较好。考虑到景秀荣一户的情况符合政策规定，第一书记也选择睁一只眼闭一只眼。这件事在 W 村造成了恶劣的影响，大家纷纷反映这次评定不公平。

仔细分析王汝汝能利用政策、为自己的家庭谋福利的原因在于，其老公属于村委成员，具有一定的政治资源，属于"有关系的人"。其一，景秀荣村委成员的身份使得其他成员碍于情面没有提出他家应该出列贫困户；其二，景秀荣在精准识别的过程中全程参与，熟知游戏规则；其三，景秀荣在精准识别工作中尽心尽职，付出很多劳动，配合第一书记完成工作。第一书记出于对他的欣赏和认可，选择睁只眼闭只眼，对此事没有提出质疑。

2. 亲属关系和朋友关系共同作用于政治资源

W 村主要有四个姓，大姓是梁姓，第二是陈姓，下来是景姓、邸姓。占据村里 70% 人口的梁姓不完全是一家，人们说祖辈上东面一个梁、西面一个梁。东面的梁是在地户，共有三大家族，关系特别好，这三大家族在红白喜事上有礼尚往来的走动，形成自己的互惠圈。西面的梁是从陕西迁来的，而其中在村里势力最大的家族被称为"九宗"，弟兄九个开枝散叶，发展成 W 村庞大的家族体系，因而，"九宗"是村里最大的家族势力。陈姓是后来搬迁来的，在抗日战争时期，陈星星的爷爷兄弟 3 个都是汉奸，经常欺负村里的人，后被共产党领导的武装铲除。如果有村里的人去县城，他们会假借日本人的名义向本村人索要钱财；而同样做汉奸的梁明子的爷爷，则只要见到本村人就赶紧通融，向日本人证明是良民，尽量放行。还有一个叫陈明全的，霸占了小酸枣沟；每次选举的时候，他都会花钱让儿子当，还骂着说，狗才要当共产党员哩！不管谁当上支书，他们都会使绊子，索要钱财，要挟村干部。陈姓欺压百姓，

W 村上了岁数的人都有深刻的记忆，两个梁姓家族的人在选举的事情上一致抵制陈姓，坚决不让陈姓家族的人担任村干部，"宁让梁家的狗当也不让姓陈的人当"。景姓也是后来搬迁来的，只有三门，人相对少，在农村事务上很少有发言权。比如，担任村委的景秀荣暗受排挤，得不到重用，于是转向村外赚钱经营自己的家庭，而无心于村干部和村里事务。邸家是西面梁姓"九宗"的亲戚，弟兄几个相对贫穷，其中有一个是村霸，靠坑蒙拐骗生活，是村里 8 个上访专业户之一。

家族在选举上起着很重要的作用，村支部书记和村主任一般由梁姓来当，而在其他农村事务中发挥的作用却不大。基本上都是各家行各家的事，没有统一的领导者，尤其是在日常生活中。在这样的以亲属制度形成的村落里，最能体现出亲属关系的是红白喜事，这种互惠严格按照规矩来，操办事务，以亲戚的身份谁能来谁不能来，界限非常明晰，最能够体现出不同支脉之间的互惠圈。在日常生活中，亲属关系则没有那么明显，生活在较小空间里的人们，抬头不见低头见，因而日常走动，即日常互惠意义上的交往相对较少。在大家都是本家、亲戚的农村社会，朋友间日常走动的多少成为衡量私人感情亲疏的重要依据。因而，在农村具体的事情上，亲属关系需要与朋友关系共同作用于政治资源，才能体现出私人关系对农村工作的影响。在精准识别中，规模指标制使得农村所需上报的贫困户名额大于实际贫困户名额，这样就产生了村干部可以权衡的空间，这个空间里便夹杂了亲属关系、私人关系、利益关系，等等。

案例 8：梁明子（化名），现年 55 岁，有 2 个女儿 1 个儿子，均已成家。他算是村里的能人，修房、卖猪肉、贩粮食，什么赚钱做什么，一家人的日子也过得有滋有味。但是，十几年前因车祸导致大脑出了问题，一家人的生活重担就落到了其妻子身上。其妻找到当时的村干部寻求帮助，最终谋得一份在附近铁厂里做饭的工作，开始赚钱养家。十几年过去了，他家的2个女儿都出嫁了，而且嫁得还很不错；儿子也大学毕业找到一份不错的工作，并且已经结婚生子。梁明子恢复得不错，可以正常生活和种地了，妻子一个月2000多元的工资，儿子在北京打工，也能赚到5000—6000元，家里还有5个人的地，按照年收入计算，他们在村里过得也算不错。梁明子和梁主任二人是本家，丧偶的梁主任经常去梁明子家吃饭，一来二去两家私人关系处得特别好，梁主任这些年也帮了他们不少忙。平时村里来了需要接待的客人，村干部就把客人带到梁明子家里，并且每人每顿饭按50元的标准由村委统一给梁明子家支付费用，这都成了村里不成文的规定。2015年的精准识别"回头看"中，梁明子一家被确定为贫困户，人们非常不满，都说他家虽然出过车祸，但十几年过去了，他家早已经慢慢富起来了，能评为贫困户都是由于梁明子和梁主任的关系好。

（三）混混儿与无理上访：村霸的存在

农村存在混混儿和无理上访的群体，他们成为农村的村霸，影响着农村的各项事务。混混儿指"那些在普通农民看来不务正业，以暴力或欺骗手段牟取利益，对农民构成心理强制，危害农民人身和财产安全，扰乱乡村生活正常秩序的人群"[1]。混混儿在改革开放后出现并不断发展和壮大，有学者认为改革开放以后的混混儿经历了四代[2]，20世纪80年代乡村江湖中的"顽孩子"可以算第一代，他们出生在1960年前后。第一代混混儿由于受1983—1986年全国"严打"的打击而"消沉"。90年代初进入江湖的混混儿是第二代，他们出生在1970年前后；90年代末和21世纪之初进入江湖的混混

---

[1] 李祖佩：《"项目进村"过程中的混混进入》，《青年研究》2016年第3期。
[2] 陈柏峰：《乡村江湖中的"混混"群体》，《文化纵横》2015年第1期。

儿是第三代，他们出生在 1980 年前后；现在进入江湖的乡村混混儿是第四代，他们出生在 1990 年前后。现在，第二、三、四代混混儿都混迹在江湖中。20 世纪 90 年代尤其是后税费时期的混混儿不断发展壮大，由"生计型混混儿"逐渐向"谋利型混混儿"转变，出现"混混儿治村"的新情况①；乡镇政府和混混儿合作实现了"互利共赢"，二者从相互疏离走向利益联盟②。究其原因，基层治理的"去政治化"③引起农村基层治理出现新的秩序，税费改革后，基层政权处于"悬浮化"④，基层政府对乡村混混儿的治理处于疲软和虚假状态。一方面，基层治理的利益和诉求与混混儿不谋而合，基层组织需要依靠混混儿的力量完成社会治理的任务；另一方面，"稳定压倒一切"和上访"一票否决制"的"体制型"压力使得基层干部不得不向混混儿妥协，只好通过让渡和许诺利益的方式满足混混儿的要求。这样的结果就使得国家对农村自上而下的福利安排被这部分村霸所俘获。

经过学界长期以来的研究，大致将农村上访分为两种类型，第一种是抗争型上访，即维权范式，代表概念有李连江、欧博文的"依法抗争"⑤，于建嵘的"以法抗争"⑥ 以及应星的"草根动员"⑦，这些概念都用来研究农民群体利益表达机制。随着研究的深

---

① 简小鹰、谢小芹：《"去政治化"与基层治理——基于我国西部农村"混混治村"的地方性表达》，《甘肃社会科学》2013 年第 6 期。
② 李祖佩：《混混、乡村组织与基层治理内卷化——乡村混混的力量表达及后果》，《青年研究》2011 年第 3 期。
③ 简小鹰、谢小芹：《"去政治化"与基层治理——基于我国西部农村"混混治村"的地方性表达》，《甘肃社会科学》2013 年第 6 期。
④ 周飞舟：《从汲取型政权到"悬浮型"政权——税费改革对国家与农民关系之影响》，《社会学研究》2006 年第 3 期。
⑤ 李连江、欧博文：《当代中国农民的依法抗争》，载吴毅《乡村中国评论》第 3 辑，山东人民出版社 2008 年版，第 1 页。
⑥ 于建嵘：《当前农民维权活动的一个解释框架》，《社会学研究》2004 年第 2 期。
⑦ 应星：《草根动员与农民群体利益的表达机制——四个个案的比较研究》，《社会学研究》2007 年第 2 期。

入，学者逐渐发现农民上访即说明基层组织存在违法行为的内在逻辑不足以解释所有的上访行为，农村中的很大一部分上访属于无理上访，是缠访、闹访。随着无理上访的扩大化趋势，农村实践中出现了"谋利型上访"①，即第二种。混混儿和无理上访的存在无疑对农村基层治理产生了威胁，以 W 村的精准识别为例，可管窥一豹。

W 村的无理上访分为两大类。第一类，获利型上访：其一，为了当官，属于政治派系之间的斗争；其二，为了致富，属于敲诈要挟干部；其三，有人给参与上访的人发工资，参与之人贪图小利。第二类，报复型上访，因为在某件事上不如意，用上访来报复村干部。有的人没有啥目的，就是喜欢说别人的坏话。W 村有 8 个上访专业户，名叫陈星星的人专门出钱支持他们去县上、市里甚至北京上访，几乎每年集体上访告状。陈星星，W 村人，几次都落选村主任，因此心生妒忌，专门与现任村主任、村委书记对着干。他平日里擅长搜集现任村干部的黑材料、揪住村干部做得不到位的地方或要挟村干部，或长期组织人上访告状，以此获取村干部被迫给的"好处"。另外，他还与乡镇上的领导有往来，乡镇领导为了更好地控制住 W 村的村干部，也会给他许诺、支付一些额外的好处。

在精准识别中，这 8 个人均被确立为精准扶贫贫困户，有 3 个人确实家里非常贫困，劳动力短缺、经济窘迫，也确实有"冤"要"伸"；而其中有 4 个人，属于因懒致贫的，其中有 1 个人不算贫困，也没有什么大事要告状，而就是为了混吃混喝、顺便捞点钱。当询问村干部为什么这些告状的人都是贫困户时，村干部无奈地说，"村里人的条件其实都差不多，名额多余的情况下，能'照顾'就'照顾'他们了，毕竟'稳定压倒一切'，我们也不愿意节外生枝"。

---

① 陈柏峰：《无理上访与基层法治》，《中外法学》2011 年第 2 期。

案例9：暗自庆幸的小卖部老板

景大海（化名）今年73岁、老伴儿68岁，3个姑娘1个儿子均已成家。儿子与儿媳育有两子，常年在县城打工赚钱，他和老伴儿共同经营西面村口的小卖部。他家与梁主任素有矛盾，有一年过年的时候村主任不让景家开麻将馆，他们抗衡不过村主任便关门了，准备村主任下台的时候再开。后来，他们经营小卖部，梁主任曾举报他家卖过期食品，查无实据，小卖部没有关门。自此事件后，景大海便加入上访队伍。在精准识别中，景大海一家被确定为精准扶贫户。"其实我们家以前什么好处也得不到，村主任看我家不顺眼，这次因为我家老汉去告状了，才给了我们老两口一个'精准扶贫户'的待遇……"这是景大海老伴儿在与笔者闲聊的过程中谈到的，口气中带着几分自豪、几分庆幸和窃喜。

案例10：游手好闲的梁升栋

梁升栋（化名），今年62岁，老伴儿喝农药而死，两个儿子均已成家，他与大儿子住在一起。他祖上不穷，他老伴儿没死之前，3代人住5间房，这些都是升栋母亲盖的；但是他现在却十分贫穷，家徒四壁、一贫如洗。他是个不务正业、游手好闲的人，一生没干成什么事，懒得干农活，每天扛着锄头假装去锄地，其实转一圈就回来了，什么活都没干。他喜欢谈论别人的是非，尤其是议论村干部的是非，经常去上访，有一次还被县里拘留了15天。他目前确实贫困，没有什么收入来源，经民主测评被评为贫困户了。

这类村霸要么真贫困，那么根据精准扶贫的政策就理所应当地成为精准扶贫户了；要么不贫困，也会干扰影响村干部，让村干部给予照顾，而村干部会迫于农村稳定的政治压力而选择"睁一只眼闭一只眼"，默许他们。精准扶贫出现"恶人俘获"实际不完全是政策的问题，一方面是由于村干部在执行政策时的政策行为出了问题，另一方面是由于基层治理的特定逻辑所致。精准识别给的名额多出实际需要的名额，从而产生弹性空间，这成为村干部权衡利弊和进行利益交换的空间。迫于"稳定压倒一切"的政治要求，村干部对村里的恶人进行妥协，使其成为精准扶贫贫困户，然而，在人们的理念里，恶人即使真的贫困，也不应该得到国家的救助。村霸的存在成为影响精准识别政策在农村执行的因素。

三 "他们说……"——农村的小道消息

目前学界普遍关注的农村信息传播，"是指信息在农村地区的传递、接受、交流和反馈的过程"①，"国内大多数学者更加强调农村地区的信息流动和利用过程，包含信息生产、加工、传递、利用、接受和反馈等"②，这方面的研究更侧重于正式信息的传播；而本书发现农村有其独特的消息传播方式，即小道消息（grapevine），这是农村特有的乡土逻辑，是研究农村地方性知识不可缺少的一部分。"小道消息指所有的非正式信息传播，是一个非正式的沟通系统"③，它与组织中的正式沟通系统共存，具有多变、动态以及多样化的特点。虽然小道消息试图传播事实，但很少传播事实的全貌。信息的部分失实会使整个消息失去确定性，这种不确定性在传播中不断被夸大、扭曲、变形，致使可能因最初的小部分错误信息而引起大得多的误解。由于小道消息的灵活性和个人化，它的传播速度之快很难使管理者阻止不应有的谣言的产生。小道消息是农村获取信息的重要来源，人们依靠道听途说来了解政策以及政策执行的情况，这不利于政策执行和社会团结。

---

① 崔凯、冯献：《供需视角下的农村信息传播：国内外研究述评与展望》，《中国农村观察》2017年第1期。
② 崔凯、冯献：《供需视角下的农村信息传播：国内外研究述评与展望》，《中国农村观察》2017年第1期。
③ 刘素军：《非正式信息在社会组织中的传播》，《职业技术》2007年第4期。

1. "雨露计划"的谣传

国家政策在农村的宣传中存在农民处在"被传播"的地位和集体"失语"状态的"悬浮"问题[①]，同时，"农村受众的'位移'、农村意见领袖的'缺位'、媒体功能的'缺席'以及政府的层次性等是造成国家政策出现信息缺失"[②]的现象。W村的村民并不清楚具体的精准扶贫政策，他们没有官方的、权威的渠道获取政策内容，村委会成为宣传政策的唯一通道，或者更确切地说所有的政策几乎靠梁主任的口头传达。

"雨露计划"是使人们对精准扶贫贫困户趋之若鹜的重要因素，该计划是针对精准扶贫中建档立卡贫困子女参加中等职业教育（全日制普通中专、成人中专、职业高中、技工院校）和高等职业教育（全日制普通大专、高职院校、技师学院等）的会给予一定的优惠政策。然而，不清楚政策细节的人们却以为凡是精准扶贫贫困户，其孩子不仅学费全免，而且还可以享受贫困补助。如果政策真是这样的，对于有孩子上学的家庭来讲，无疑是利好政策，能够减轻他们的教育负担。

> 案例11：梁锐（化名），39岁，是梁主任的大儿子，以跑大车为生，一个月的收入有七八千，妻子37岁，家庭主妇，留在家里照顾最小的孩子，主业是种地，闲暇时间靠缝衣服贴补家用。两人共育有4子：老大今年16岁，高中生；老二和老三分别14岁和12岁，在县城上学；最小的孩子8岁，在村里的小学上学。梁锐一家的现金收入主要依靠他的工资收入，依据精准识别的计算方法，他们一家6口被确定为精准扶贫建

[①] 龚宏龄：《农村政策纵向扩散中的"悬浮"问题》，《西北农林科技大学学报》（社会科学版）2017年第2期。

[②] 邱新有、肖荣春、熊芳芳：《国家农村政策传播过程中信息缺失现象的探析》，《江西社会科学》2005年第10期。

档立卡贫困户。

他们一直以为精准贫困户可以享受"雨露计划",在确定贫困户的时候,他们满怀希望地认为精准扶贫政策能为他们家的教育省下一大笔开支,可结果两年过去了,只有老四享受上了贫困补助,老大、老二、老三均未享受。连梁主任都说,"我看精准扶贫政策也没些啥,连'雨露计划'都享受不成,还有什么意义?"

梁主任的大儿媳妇有一次听说村里的小学发放贫困生补助,可她家的老四却没有得到,最后仔细打听说是住校生才能享受上,跑校生没有。学校当时把所有孩子的银行卡都登记了,但是过了很久却没有发补助,这让她心里很不痛快,跑去问当村主任的公公,结果梁主任也不清楚这个钱是怎么回事,因为这个钱是学校下发的补助,与村委会没有关系。人们对这件事议论纷纷,不清楚政策是最大的问题。

村民没有选择通过官方的正式途径去了解政策,而是依赖口口相传,在口头传达的过程中,一部分信息便失真了,逐渐形成谣传。关于"雨露计划"的谣传使得人们没有得到他们心目中的实惠,反而使人们之间为了名额相互嫉妒、不满,同时,更增加了人们对国家政策的失望。

2. 土豆种子的演绎

除了国家政策的失真宣传,村干部的行为也成为小道消息传播的重要内容。在一次次口头传达过程中,人们肆意夸大其词、添油加醋地讲述着他们听到的故事,经过人们的演绎,故事往往变得不真实了。

事情的真相:2017 年镇上对 W 村下达 10 户脱贫户的任务,并且配发了土豆种子作为 2017 年脱贫人员的扶贫物资。土豆种子发放当天下午村里开党员活动会,6 点多结束。会议结束后,梁书记接到镇里的电话,通知他配送土豆种子的大车晚上 8 点多到达,要求他们接一下物资。他与梁主任一合计，觉得把那么多物资放在村委不合适（害怕有的村民得到消息后来村委会哄抢物资，这样的事情以前在 W 村发生过），决定当晚就把种子发了。他们根据指标和配送物资的多少，决定按照每人 3 袋的标准发放土豆种子。于是，他俩分头在精准扶贫贫困户里选了关系好的、他们有把握说服的人通知领土豆种子。当晚，镇里来的大车不小心把村里的电线杆弄断了，结果造成全村停电。

没想到这样简单的一件处理得不甚妥当的工作，成为人们街头巷尾热议的话题，在村里闹得沸沸扬扬的，被演绎成丰富生动的故事：一个月黑风高的晚上，村主任和村书记断电后摸黑儿偷偷给关系好的人发土豆种子。有的人说，上面来了什么，村干部都只能想到那几个人，都是给了关系好的人了；有的人说，村委偏心，把土豆种子给了不种地的人，人家多得用不了，换了粉条、磨了粉，而真正需要土豆种子的人还得花上钱买；有的人说，上面发下来的好处，村干部想给谁就给谁，我们睡上一觉其他人就得到好处了；有的人说，有的人家一家就拿了十几袋土豆种子，把放土豆的小平车都压坏了，而其他人却一颗土豆也得不到；还有的人说，听说是给精准扶贫贫困户的，可是并不是所有的精准扶贫贫困户都得到土豆种子啊……贫困户和非贫困户对这件事到底是怎么回事不清楚，就连领到土豆种子的所谓的脱贫户也不太清楚究竟是怎么回事。

这个土豆种子究竟是什么人才能领？人们对此莫衷一是。一部分非贫困户们对这件事情非常眼红，以为这是针对精准扶贫贫困户的；而他们没有资格享受贫困户的福利，贫困户就是和村干部关系好的、有面子、厉害的人，与他们无关。有一个非贫困户说："精准扶贫下来政策都是优先贫困户哩！比如化肥、土豆种子啥的都有了，具体有什么好处，我们不知道，都是背地里享受了，说不定睡了一觉人家就得了好处啦！"有一部分没有领到土豆种子的贫困户也非常不满，"为啥都是精准扶贫户，他们就没有领到土豆种子？"

又听说是领了土豆种子的家户算脱贫了,不属于精准扶贫贫困户了,"可是这次领了土豆种子的人,后来也领到了针对精准扶贫贫困户全体的化肥","他们到底脱贫没有脱贫,领了土豆种子是不是意味着脱贫了?那脱贫了怎么还能领到化肥?"人们对此猜测不止,感觉怎么也说不通,于是,人们不管这批物资是以何种名义下发,也不管是什么人拿到了好处,都把矛头对准村干部,认为他们偷偷照顾与自己关系好的人。

人们对这件事非常不满,他们不知道土豆种子是扶贫物资,也不知道符合什么条件才能领到土豆种子,他们只是在不断地议论、抱怨和扩散,在这一过程中,人们将事情演绎得越来越出离事情的真相,人们对村委的不满不断加深。

第二节 村干部的行动逻辑

一 纳入地方性知识的村干部

在中国,乡镇政权中的干部群体和村干部群体有着实质性的不同,前者是国家机构的派出机构,代表的是国家,而后者是农村自治组织,代表的是农民。因而,应该对村干部群体进行单独考察,他们的角色和遵循的行动逻辑与基层政府完全不同。"就国家和农民的关系而言,农村社会的中间层在农村社会发挥的作用一直是社会学关注的问题,这个'中间层',在传统的中国是士绅阶层;而在当代中国,许多研究者将关注点放在村干部身上,将他们作为理解国家—农民关系的关键所在。"[①] 村干部在当代中国农村社会中应该扮演何种角色?实际上扮演的又是什么角色?村干部与国家是什么关系?

---

① 周飞舟:《从汲取型政权到"悬浮型"政权——税费改革对国家与农民关系之影响》,《社会学研究》2006 年第 3 期。

（一）学术史回顾

1949年中华人民共和国成立后，村干部取代士绅，登上中国的政治舞台。作为国家在基层的全权代理人，成为贯彻国家政策的先锋队，控制农村基层的社会秩序与资源分配。他们的选拔、任用、培养都更多地体现了国家的直接意志，共产党的基层动员和治理政策终结了国家经纪的社会空间。国家建构了总体支配格局，代表国家意志的村干部成为乡村社会结构中的权威者和支配者，因而这一时期的村干部担任着国家利益"代理人"的角色。[1]

改革开放以来，随着计划经济体制的消解和村民联产承包的推行，国家对基层的总体支配开始松解，不再直接支配和干预农村的生产生活，允许乡村基层实行一定程度的自治。《中华人民共和国村民委员会组织法》于1998年11月4日修订通过，2010年10月28日再次修订通过，该法确立了农村的性质。村民委员会是村民自我管理、自我教育、自我服务的基层群众性自治组织，实行民主选举、民主决策、民主管理、民主监督。村民委员会由主任、副主任和委员共3—7人组成，村民委员会主任、副主任和委员，由村民直接选举产生，任何组织或者个人不得指定、委派或者撤换村民委员会成员。因而，"从法律的角度而言，新时期村干部的应然角色是村民利益的代表者与维护者"[2]。

但是，在农村的实际运行中，国家依然需要村干部来推行政策以完成国家对农村的治理任务，因而就出现了村干部的双重角色。有的学者认为，村干部既是国家的代理人，又是当地利益的代表，村干部可以在国家意志、农民要求和自己的利益之间达成某种平

---

[1] 王雨磊：《村干部与实践权力——精准扶贫中的国家基层治理秩序》，《公共行政评论》2017年第3期。

[2] 陈永刚、毕伟：《村干部代表谁？——应然视域下村干部角色与行为的研究》，《兰州学刊》2010年第12期。

衡。[1] 而有的学者倾向于村干部既不会成为称职的国家代理人，也不会成为称职的农村当家人，而仅仅扮演的是图谋自己利益的"边缘人""撞钟人"或是"守夜人"的角色。[2] 还有的学者提出村干部是"弱监护人"的观点，认为村干部在村庄生活中发挥着重要作用，他们既要完成上级政府的各项任务，又要管理社区内的日常生活；然而村干部无法满足村民多元化的利益要求，使村民心目中的"监护人"形象进一步削弱。

目前学界研究村干部角色主要有两条进路，一条是从"国家—社会"的关系视角，将其行为特征概括为"双重角色"[3]"三重角色"[4]"多种角色"[5]"弱监护人"[6] 等；另一条是从"过程—事件"的微观视角，探讨突出事件中的村干部呈现的行动逻辑，主要是基于理性人假设，代表理论有"谋利型代理人"[7]"精致的利己主义者"[8] 等。其中，吴毅在与"双重角色"和"经纪模式"对话的基础上，提出村干部既不会成为称职的国家代理人，也不会成为称职的农村当家人，同时充当掮客的经纪人也不好当，因而仅仅扮演的是村政中的"撞钟人"和村庄秩序的"守夜人"的角色[9]。目前学

---

[1] Jean Oi, *State and Peasant in Contemporary China: The Political Economy of Village Government*, Berkeley: University of California Press, 1989.

[2] 吴毅：《"双重角色"、"经纪模式"与"守夜人"和"撞钟者"——来自田野的学术札记》，《开放时代》2001 年第 12 期。

[3] 徐勇：《村干部的双重角色：代理人与当家人》，《二十一世纪》1997 年第 8 期。

[4] 付英：《村干部的三重角色及政策思考——基于征地补偿的考察》，《清华大学学报》（哲学社会科学版）2014 年第 3 期。

[5] 郑明怀：《"引领者"、"当家人"、"经营者"：富豪村干部角色研究》，《唯实》2011 年第 1 期。

[6] 申静、陈静：《村庄的"弱监护人"：对村干部角色的大众视角分析——以鲁南地区农村实地调查为例》，《中国农村观察》2001 年第 5 期。

[7] 李志军：《村干部"谋利型代理人"角色及其行为逻辑——以西北龙村退耕还林（还草）事件为例》，《古今农业》2011 年第 3 期。

[8] 龚春明：《精致的利己主义者：村干部角色及"无为之治"——以赣东 D 镇乡村为例》，《南京农业大学学报》（社会科学版）2015 年第 3 期。

[9] 吴毅：《"双重角色"、"经纪模式"与"守夜人"和"撞钟者"——来自田野的学术札记》，《开放时代》2001 年第 12 期。

界探讨村干部行动逻辑的研究很多，也形成了一些非常有说服力的解释框架，但是大部分学者对村干部的研究比较笼统，没有注意到村干部所处的社会背景、村庄类型以及他所进行的事件性质。

通过梳理村干部的发展史，我们可以发现，在当前农村日常运行过程中，村干部角色出现错位异化、实然角色与应然角色存在冲突，这既不利于农村自治，也不利于国家政策的贯彻和执行。国家应该如何应对这种角色异化呢？村干部在农村运行中出现的双重角色对于国家政策在农村的落地有何影响？这些均应该纳入政策制定范畴。对于国家而言，不能简单地将村干部当作国家的代理人，而应该将村干部看作是农村自治组织代表，他自身处于特定的乡土逻辑中，因而形成独特的行动逻辑，村干部也是国家政策制定时要面对的问题，因而，将村干部纳入地方性知识，就是要把政策行为纳入政策制定中全盘考虑。

（二）本书中的村干部

笔者认为不同社会背景、村庄类型的村干部在处理不同工作的时候会呈现出不同的行动逻辑，因而研究要充分考虑时间、地域和村干部的工作内容等因素。

考虑到时间因素，我们应该清楚地看到村干部的行动逻辑和角色特征与社会背景密切相关，新中国成立以来对村干部角色影响大的有4个历史事件：第一个是新中国成立（1949年）；第二个是改革开放（1978年），尤其是村民自治（1994年）；第三个是农村税费改革（2000—2005年）；第四个是精准扶贫政策实施以来（2013年以来）。

1949年新中国成立后，村干部取代士绅，登上中国的政治舞台。国家建构了总体支配格局，村干部成为国家在基层的全权代理人，成为贯彻国家政策的先锋队，控制着农村基层的社会秩序与资源分配。

改革开放（1978年）以后，村民自治逐渐兴起，村干部在农村治理中的角色与改革开放之前呈现出不一样的特征。而农村税费改革对农村社会、国家与农民的关系影响深远，因此，改革开放以后又可分为两个时期：第一个时期是改革开放后—税费改革前，第二个时期是税费改革至今。税费改革通过取消税费和加强政府间转移支付来实现基层政府财政的公共管理和公共服务职能，力图将国家—农民的"汲取型"关系转变为一种"服务型"关系。这两个时期在国家与农民之间的关系、体制呈现的特点上存在根本区别，进而，村干部在农村事务中所起的作用和特点也是不一样的。前一时期，汲取型政权体制下，国家与农民之间存在结构性矛盾，国家受惠于农民，可以用"取之于民"来概括；村干部承担着征收税费和执行计划生育政策这些来自国家的强制性任务。在农村税费改革之后，农业税全面取消的同时，国家启动一系列有利于农村建设的公共政策：党的十六届五中全会确定"建设社会主义新农村"的重大历史任务，党的十八大以后提出"美丽乡村"建设目标，党的十九大确定乡村振兴战略。国家开始通过项目来转移中央财政，公共政策开始反哺农村。因而，农村税改以后，国家与农民之间的利益根本上是一致的，农民受惠于国家，可以用"用之于民"来概括；进而，村干部不再承担征收税费这些与民争利的工作，相反，从事的许多工作是有利于农民的。跑项目、争取资金和农民利益分配成为村干部的核心工作。

在精准扶贫政策（2013年）实施以来，国家的资源与权力直接下达至个体农民层面，国家与农民的互动日渐频繁，农民对国家的认同上升。国家权力进而实现"悬浮型"政权向"下沉型"政权转换[①]。然而，在这一政权转换的时候，村干部是如何实施精准扶贫政策的？是依附行政体系、认真执行国家的命令还是敷衍了事，我们有必要进一步把握村干部的行动逻辑，这对于下一步制定

---

① 郭占锋、李琳、张坤：《从"悬浮型"政权到"下沉型"政权——精准扶贫对基层治理的影响研究》，《中国农村研究》2018年第1期。

贫困治理的政策具有重要意义。

考虑到空间因素，全国农村可分为两种类型：第一类是经济发达地区的村庄，农村集体经济发展得较好；第二类是一般农业型村庄，农村集体经济发展得不好或者没有。第一类村庄主要分布在我国东部沿海地区，还包括中西部地区大中城市近郊的农村。广大中西部地区农村主要是第二类村庄。在不同性质的农村村干部的角色和地位有本质的不同，前者中的村干部是经营者；后者中的村干部是治理者。桂华认为，"集体资源性资产越多，村庄政治被激活的程度越高。集体经济发达地区的集体利益密集，集体产权秩序与基层治理的管理程度更高"[①]。贺雪峰、阿古智子结合村庄类型、村干部的动力机制探讨村干部角色扮演上的差异性。他们认为，在不同的村庄类型和不同的村干部动力机制下，村干部可能扮演4种不同角色，即保护型经纪人、"撞钟者"、赢利型经纪人或者动摇于国家代理人与当家人之间。[②] 无疑，这种"总结"注意到村干部角色的空间性，展现了中国乡村政治形态的多元化现实。

考虑到村干部所面临的不同性质的工作，也可以进行类型学的划分。从工作内容可以分为政务和村务。政务分为"一票否决"式的工作和日常性事务，"一票否决"式的工作有其阶段性，比如执行计划生育和收缴税费在农村税改之前就是"一票否决"式的强制性工作；而精准扶贫工作在脱贫攻坚阶段就是"一票否决"式的强制性工作；日常性事务包括村干部参加会议、接待上级领导等。村务主要包括发展村庄经济、带领村民致富、建设村庄基础设施、维护村庄组织等公共性事务。从工作是否有利进行划分，可以分为有利可图事件和无利可图的日常性事务（包含有利可图但无赢利空间

---

① 桂华：《产权秩序与农村基层治理：类型与比较——农村集体产权制度改革的政治分析》，《开放时代》2019年第2期。
② 贺雪峰、阿古智子：《村干部的动力机制与角色类型——兼谈乡村治理研究中的若干相关话题》，《学习与探索》2006年第3期。

的事件)。

因而,本节着重考察的是精准扶贫政策以来,无集体经济的农村的村干部,在处理于他而言无利可图的工作时的一种行动逻辑。村干部主要指那些围绕在村党支部或村支书周围的、由村庄的政治精英所组成的群体,包括村支书、村主任、村支两委、党员代表以及村民代表,但是应该看到的是村干部内部成员的主次地位不同,发挥的作用也不同。这里的"行动逻辑"指的是村干部在精准识别过程中一以贯之的思维、行为方式以及他们对这样的思维和行为方式的解释框架。

二 精准识别中的村干部行动逻辑

国家的政策必须经过执行才能落地,政策在执行的过程中由执行者产生政策行为,如果政策和政策行为出现偏差,就会使政策难以实现最初的目的,有违制定者的初衷。在精准识别中,村民喜欢用"歪嘴和尚把好经念歪了"来说明精准扶贫政策引发村民不满的原因是政策执行者,即村干部的行为。那么,村干部是如何进行精准识别的?他们遵循的行动逻辑是怎样的?

(一)权衡术:既变通执行又严格执行政策的村委会

有学者在研究基层政府执行国家政策时,提出3种灵活执行的形式:其一,政府为了使政策能够根据实际情况执行而鼓励发挥主观能动性的"灵活";其二,从基层层面看,不得不灵活执行,需要权衡地灵活执行;其三,中央政策是合理的,但是它涉及影响了某些群体的利益,这些群体恶意歪曲,这是要杜绝的。[1] 这3种形式的"变通"执行仅涉及基层变通执行国家政策这一方面的情况;而本书的"变通"执行主要有村干部变通执行政策的两种形式:一种是当国家政策与实际情况不太协调时,为了符合国家政策的规

---

[1] 周雪光:《基层政府间的"共谋现象"——一个政府行为的制度逻辑》,《社会学研究》2008年第6期。

定，变通实际情况以"严格"执行国家政策；另一种是受制于权力的文化网络而不得不变通国家政策。

当代中国地方政治运行主要是目标责任制，上级政府通过将确定的经济发展和政治任务等"硬性指标"层层下达，由县而至乡（镇），乡再到村庄，并由村庄将每项指标最终落实到每个农民身上。在指标下达的过程中，上级还辅以"一票否决"为代表的"压力型"惩罚措施[①]。在层层下达的各项任务中，可分为两大类指标，一类是刚性指标，另一类是弹性指标。刚性指标一般可以量化，执行者会对此类指标选择性关注；而弹性指标则不可量化，一般会被忽略。在山西省精准识别"回头看"的文件里，规模指标制、整户识别、人均年收入、"八不进"这些原则和指标成为刚性指标，被各级部门和村干部奉为金科玉律；而其他的原则如群众公议公认、掌握全面情况、符合地方实际、精准识别动态管理等内容则成为弹性指标，被各级部门和村干部集体忽略。将政策任务分为刚性指标和弹性指标的意义在于，可以看清楚村干部到底是在何种情况下变通执行国家政策，又是在何种意义下严格执行国家政策的。

1. 数字游戏：变通地方具体情境使其能够严格执行刚性指标

第二次精准识别时，国家给 W 村根据规模指标制下达了 90 户、318 人为贫困户的任务，然而，如果以人均年收入 2800 元的贫困线为依据，W 村大部分农户人均年收入都在贫困线以上，不符合精准扶贫贫困户的条件。但是村委综合考虑以后，村干部还是通过变通地方具体情境使该村贫困户符合了国家对目标贫困户的规定：如果上报的数不够，一来镇里不同意；二来村里认为这是国家给的待遇，不能白白浪费；三来即使可以按照实际情况上报，在熟人社会里，本村社员很快就会得知邻村的名额比本村的名额多得多，在

---

① 王汉生、王一鸽：《目标管理责任制：农村基层政权的实践逻辑》，《社会学研究》2009年第2期。

"当官不为民做主，不如回家种红薯"的逻辑下，本村社员对村干部会产生强烈不满。因而，为了完成这个自上而下逐级下达的指标，村干部不得不"凑"人数。除了真正的老弱病残以外，大家情况都差不多，选谁不选谁都难堵悠悠之口。一个简单的测算收入、根据农户评议打分排队确定的事情对于村干部来说成了棘手的事情。村干部非常头疼，既要按国家政策办事，还得不引起社员的不满，更得兼顾各方的利益。

国家设定的规模控制，既需要控制户数，还得卡人数。2015 年"回头看"的时候，就碰到了这种情况。经过农户评议打分排队后，如果按照户数达到 90 户计算，则人数超了 318 人；如果按照人数达到 318 人，则户数不够 90 户。村干部碰到这种情况后，会重新选择刚好能够匹配目标人数的一户，来替换原本在前 90 名里排名靠后的某一户。决定到底用哪一户替换哪一户，主要依据是指标里的户数和人数的目标数字，看哪种排列组合能够符合国家规定；在满足主要依据的情况下，最终决定谁上谁下，还会掺杂一些个人感情的因素。这样一来，单纯地确定贫困户，演变成了纸上反复计算的数字游戏和心里来回权衡的人情游戏。显然，这样的顶层设计不仅为农村执行层面带来困难，而且有失公允，引起人们的非议。

因而，满足不符合地方性知识的刚性指标而产生的空间，成为村干部能够根据自己的关系亲疏、利害关系反复权衡的沃土。

2. 以政策的名义：严格执行刚性指标而不理会弹性指标和地方具体情境

在钻政策空子的王汝汝和被政策抛弃的梁淮两个案例中，我们可以发现严格执行政策成为村干部的挡箭牌，仔细分析，便可知村干部只是在严格执行刚性指标而忽略掉弹性指标。

王汝汝一家四口能被确定为贫困户，是因为他们熟知游戏规则，严格按照"整户识别"的原则，根据政策便符合了贫困户的标准；同时，王汝汝老公在第二次精准识别过程中的角色和工作成为他们能够瞒天过海的关键。虽然他们夫妻二人都知道自己的家庭人均年收入远远高于贫困线、高于村里其他家户，但是他们依然抓住政策的漏洞利用"整户识别"的原则测算年收入。主抓精准扶贫工作的第一书记因为他肯定王汝汝老公在精准识别中的贡献，选择了默许这户成为贫困户；梁主任和村委都在排挤王汝汝老公，又深知群众对该户成为贫困户的事实很不满，于是在上报贫困户名单时特别做了备注："村干部家属"，期望乡镇干部把此户驳回；但是乡镇干部考虑到符合政策的测算方法，况且村里属于"村干部家属"成为贫困户的也不止这一户，于是，没有驳回王汝汝一户成为贫困户的决定。在此过程中，我们可以看到，各方以政策的名义在权衡利弊，只关注政策的刚性指标，而选择性地忽略"群众公议公认、符合地方实际"的弹性指标。王汝汝一户"打擦边球"：打着符合政策的旗号为自己谋私利；第一书记"就坡下驴"：出于欣赏和回报默认了这一行为；村主任则"借题发挥"：借着群众对此户的不满情绪，打压排斥村委中的异己势力；乡镇在"和稀泥"：只要没有违反政策便选择维持现状。

梁淮一户穷困潦倒，却因为"十一不进"这条刚性指标被政策抛弃。2015年年底第二次精准识别在开展农户测评的时候，村支两委和村民小组代表有人提出梁淮一户的情况，孩子多、教育负担重，家庭劳动力不足的梁淮一家到底能不能被确定为贫困户。经大家讨论，"十一不进"是最基本的底线，谁也不能破坏这条规则，因为一旦上级部门追究下来责任，村干部们无法承担。2016年4月，W村所在的乡镇人民政府公布《关于建档立卡"回头看"部门审核结果应用情况通报》，并要求涉及的各村对需要出列的人员进行复核，并框定村级复核的5条原则。其中有一条提到家庭小型面包车（俗称"旦旦车"）可列为贫困户。这说明在地方实践中，乡镇政府发现了精准识别出现的新情况，即"十一不进"并不能完全客观地反映实际，仍需要各村结合实际情况对此次涉及人进行复核，但是乡镇政府并没有将范围扩大到已经完成识别的贫困户中。村干部也没有根据这一条对村里的人员进行调整，因为这样做是在引火上身，又会"一石激起千层浪"，招致不必要的麻烦。深入分析，梁淮及父亲性格温顺、随遇而安、与世无争，平时不关心村内事务，又无有钱有势的亲戚。虽然处于赤贫的他家没有被确定为贫困户，他们都没有去村委问个究竟，只是默默承受。虽然村干部里有人同情这家，但是没有人真正为既非有关系之人又非厉害之人的梁淮一家据理力争，因而，大家也就只能不顾群众的意见、不顾该户的实际家境，而依据不符合"十一不进"原则把他家排除在外了。

　　上面两个个案生动地展示出村干部在精准识别中是如何严格执行政策中的刚性指标，进而以政策的名义忽略弹性指标和具体情境的，这种政策行为属于"一刀切"，为了执行政策而执行政策，没有认真思考政策的初衷和用意，没有全面考虑群众的舆论。这样做的结果是不贫困的成为贫困户、贫困的不是贫困户，自然会引起村民的不满，认为村干部不公正。更深一层，权力的文化网络在这种权衡中发挥着至关重要的作用，直接支配着村干部对哪些人忽略哪些具体情境，如对王汝汝可以忽略她家富裕的事实；而对梁淮则可以忽略他家贫困的事实，根本原因在于两个家户在农村的地位不同。村干部的确是按照硬性指标严格筛选的，但是却可以有选择地忽略某些地方情境，也可以有选择地重视某些地方情境，背后起作用的便是利益和权力的文化网络。

　　3. 笼络人心和被迫妥协：受制于权力的文化网络而不得不变通国家政策

　　村干部长期生活于农村，自然脱离不开生于斯长于斯的乡土逻辑。村干部有自己的亲戚朋友，而在熟人社会，亲戚朋友编织的社会关系网可以非常庞大，村干部难以避开；再者说，村干部是由全体村民选举出来的，选举他们的村民可以说是他们的支持者，在

"吃水不忘挖井人"的思想下他们不得不顾情面；还有一部分人，喜欢暗中搞破坏、钻空子，一不小心就会被这些人抓住把柄趁机威胁上访，在"稳定压倒一切"的考虑下，村干部不得不向这部分人妥协。自己的亲朋好友和政治支持者，对村干部有期望，希望凡事能被"照顾"，而一些村霸则成为影响村干部正常开展工作的恶势力，时刻紧盯利益，这两类人使得村干部不得不在政策允许的范围内给予一定的"照顾"。精准识别由于指标较多，就给村干部提供了笼络人心的好机会，借此他们向关系亲密者们示好；也给村干部提供了向恶势力妥协的空间，以安抚不稳定情绪。

村干部既要遵循中央的政策又要面对复杂的地方性知识，中央的政策与村民之间存在文化上的差异，这样处于"中间层"的村干部就需要通过变通来迎合上面和下面，当然"迎合上意"是最重要的考虑。可见，作为国家代理人和政策落地者，村干部不得不面对这种"压力型政治"，力争在国家体系内满足国家的要求；作为村民利益的维护者和代表者，村干部又不得不面对他们的生活空间，即乡土社会，双重角色使其形成独特的权衡术。

（二）村委的工作逻辑

1. 应付差事和敷衍塞责的"办事员"

第一，一项"重要"的差事：精准扶贫工作的定位。虽然精准扶贫政策是关乎能否顺利完成全面建成小康社会的头等大事，是国家投入大量人力物力财力去实施的惠民政策，是关乎村民福祉共同富裕的重要工作，但是，在村干部眼中，精准扶贫没有像国家设想的那样首先是一项惠民的好政策，或者说，村干部在为精准扶贫定性的时候，不是以国家的政策初衷为第一判断。相反，出于政治高压态势，精准扶贫政策在村干部眼中首先成为一件客观上不得不完成的工作、棘手的工作，这个工作仅仅是村干部日常工作中的一项工作，只不过与一般性的日常事务相比，是上级非常重视的事情，是一项"重要"的日常工作。

第二，村干部工作的基本逻辑是"迎合上意"。只要表面上符合政策，即使不符合实际情况、会引起民愤也无所谓。因为"上面"的追究远比民怨重要。农村本是自治组织，而且村干部是由村民选举产生的，应该对村民负责才对，可是在长期行政指导的压力型体制下，村干部却以国家代理人的身份，成为推行国家政策的执行者。

第三，处事之道——简单化原则。在国家惠农政策和资源不断输入农村的大背景下，村干部承担着大量具体性工作，其中既有防灾、治安、党建、文化生活等一般性工作，也有涉及利益分配的敏感性工作，仅仅涉及要发放的补助就名目繁多，如每年都有的农业直补、煤炭补助、退耕还林补助、救济款、危房改造计划补助等。在这些涉及村民个人利益的工作中，有的是村里所有人都有，如煤炭补助、地膜纸和种子；有的要受国家规模限制，如农业直补、退耕还林补助和占地补偿款需要按拥有份地的多少来计算，而救济款、危房改造计划、"低保户"、"五保户"和近期进行的精准扶贫贫困户这一类工作则需要村干部根据实际情况确定。与村干部承担工作和职责加大加重不匹配的是，基层组织力量日渐涣散，一方面大部分村干部各忙各的家事、无心农村事务，另一方面农村没有足够的资金来给村干部发放工资性补助，导致各项工作难以正常开展，因而村干部，在W村尤其是村支书和村主任采取简单化原则。简单化原则可以用"不麻烦"来形容，不一定是谋私利，主要是出于工作考虑，将扶贫、脱贫等村内事务当成工作来办，出发点是办事方便快捷，不麻烦。这些在村干部看来只是上面派下来要处理的烦心的工作，在老百姓眼里却是利益攸关的大事。

精准识别中动态管理贫困户的规定成为一纸空文，这可以体现出村干部的这一工作逻辑。上到中央文件，下到山西省文件，再到基层文件，对精准识别的规定均提到"有进有出的动态管理"，然而，具体到农村是怎么执行的呢？W村的动态管理实际是停滞的，

W 村以 2015 年"回头看"确定下来的精准贫困户名单为基础，每年在建档立卡系统开放的时间登记"进出"名单，村支书和村主任主要靠拍脑袋决定"进出"名单。"进"是根据现有贫困户中是否有新迁入人口（包括新生儿、新迁人口），如果有，则新增贫困户，如果没有，则没有新增贫困户；而"出"则根据镇上下达的脱贫任务和现有贫困户中是否有死亡或新迁出人口，如何完成脱贫任务从本章的土豆脱贫可见一斑。因而，W 村的"进出"与国家的"进出"不是一个含义，不能真正反映该村在某段时间出现了返贫户和脱贫户，不是国家意义上的动态管理。经调查，村干部主要是嫌麻烦，因为如果在农村范围内根据实际情况增加贫困户会引起不必要的纠纷，如果允许某户新增进入贫困户，其他和该户差不多情况的人便会竭力争取，这无形中加大了村干部的工作量，招致不必要的麻烦。因而，精准识别就成了非动态的、一锤定音的了。当然，这与村干部的责任心不无关系，W 村的梁书记平日里主要去搞自己的产业、忙着赚钱，将村里职务当作副业，无心于村内事务，大多在敷衍应付。

2. 游刃有余的农村事务"操盘手"

第一，庇护关系亲近者。村干部并不是对所有的村民一视同仁，而是有亲疏远近的区别。费孝通曾用"差序格局"形象地说明中国乡土社会的特点，他说，"我们的格局不是一捆一捆扎清楚的柴，而是好像把一块石头丢在水面上所发生的一圈圈推出去的波纹。每个人都是他社会影响所推出去的圈子的中心。被圈子的波纹所推及的就发生联系"[1]，"在差序格局中，社会关系是逐渐从一个一个人推出去的，是私人联系的增加，社会范围是一根根私人联系所构成的网络"[2]。的确，村干部们各自以"己"出发，按照远近关系区分着村民，从而也根据亲疏远近做出不同的行为。对于关系

---

[1] 费孝通：《乡土中国》，北京出版社 2004 年版，第 14 页。
[2] 费孝通：《乡土中国》，北京出版社 2004 年版，第 17 页。

亲近者，包括亲朋好友和政治支持者，在有优惠政策的时候，村干部一般会在秉公办事的基础上尽量庇护，这类人比较配合村干部的工作且易于掌控。对于关系疏离者，这类人一般没有利害关系，村干部一般会在秉公办事的基础上态度中立，不会明显偏袒或照顾，有时容易忽略。对于关系恶化者，包括私人关系不好和政治对立者，村干部一般会排挤和打压，当然有时候迫于"稳定压倒一切"的压力，村干部也会根据情况对部分村霸容忍和妥协，最终出现村干部"照顾"村霸的现象，但这是迫于压力的无奈之举而非主动为之。

第二，成为村干部日常工作方法和策略的"研究决定"逻辑。梁书记和梁主任经常会把"研究决定"这4个字挂在嘴边。当然，村里的日常工作都需要"研究"，大到敏感的利益分配问题，小到各项日常工作，通过"研究"便可以体现民主和村民自治，在这个意义上，"研究决定"可以看成是村干部的一种日常的工作方法。但同时，"研究决定"也有其玄妙之处，到底是谁参与了"研究"，谁又做出了"决定"，到底有没有"研究"，这便不得而知、查无实据了。有的可能确实经过包括村支两委、党员代表、村民代表在内的全体村内决策者研究决定，有的可能只由村支两委和党员代表研究决定，而还有一些可能只有村支书和村主任碰头决定，也有一些是村支书一人决定的，所以从这个意义上看，"研究决定"成为村干部推脱责任的策略。本来只是村支书的"一言堂"，一个"研究决定"就将责任推出去了，有时候推到党员身上，有时候又推到村民代表身上。村干部里的个别核心成员以"研究决定"的名义，将责任分摊到整个村干部群体里，借由集体的力量，个别核心成员的意志获得了合法性权威，使其可以随心所欲地实现个人意志。

第三，村干部的"糊弄"策略。农村社会政策的传达方式不够通畅，往往是靠村干部核心成员根据参会记录或相关文件口口相传，一般老百姓不愿意、看不懂也根本不可能看到文件，只能靠小道消息获取国家的政策。在口头传达中，村干部一般会含糊其词地解释政策，而不是全面详细系统地将政策讲明白，因而，在口头传达的过程中，村民很难获得真实全面的政策。作为长期生活在农村的居住者，客观上存在村干部没有全面理解政策的情况，因而会导致政策解释不清的情况；但是，更重要的因素是，作为国家代理人的村干部，利用这种传统方式达到"糊弄"的目的，政策讲得模糊一些可以产生一定的空间，使其得到回旋的余地。不管是出于私利的考虑还是出于工作的便利，这样的"糊弄"策略均会给自己留有余地，使自己在工作中处于主动，防止懂政策的村民利用政策来反对和阻碍自己的工作。

因此，在精准扶贫政策的执行中，村干部一方面只是国家的"办事员"，消极被动地应付国家下派的差事，表现出"无为"的特点；另一方面村干部却是农村事务的"操纵者"，可以积极能动、游刃有余地掌控着农村事务，表现出"可为"的特点。为什么村干部在面对国家下派的工作时会表现出"无为"，而在面对农村、面对村民时又会呈现出"可为"的特点呢？在乡村治理中如何克服二者之间的张力呢？村干部为什么会呈现出具有悖论性的特点呢？我们应该如何改变村干部在基层治理中所呈现的疲软之势呢？如何克服"无为"的因素，变"可为"为"有为"呢，这是乡村振兴中需要着力解决的问题。

3. 用土豆脱贫的案例分析村干部的上述行动逻辑

发放土豆种子在村里掀起了不小的波澜，曾经担任 W 村十几年村支书的王梅梅，专程找梁书记反映和了解情况。

王梅梅："土豆种子是怎么回事？"

梁书记："是镇上下发的完成 2017 年脱贫任务的物资，共 10 户。"

王梅梅："今天开党员活动会，支书和主任为什么没有提此事？"

梁书记："镇里的活动会结束后才通知的我们。"

王梅梅："村里那天停电是咋回事？人们说是你们故意把电闸拉了。"

梁书记："拉货的大车不小心把电线剐断了。"

王梅梅："为什么不第二天白天发，非要当天晚上发。"

梁书记："大车8点多来的，嫌放下麻烦就决定连夜发完。"

王梅梅："光明正大的事情，给谁就是给谁的，还有人来抢了？"

梁书记："以前又不是没有发生过这种事，放在村委太麻烦，人们知道了真的来个抢的，不好收拾局面。"

王梅梅："为什么西面的人比东面的人领的多？"

梁书记："都打过电话，人家有的人就不愿意脱贫。"

王梅梅知道了事情的真相，但是她仍然认为村干部的做法不合适，没有给人们解释清楚，好事情带来坏影响。首先，光明正大的脱贫物资，却成了来路不明的好处。人们不清楚这批土豆种子是以什么名义发的，究竟发给了什么人。精准扶贫的贫困户是村民代表、党员们经过讨论研究公示了的，该发给他们的就是他们的。其次，不应该偷偷摸摸地连夜发放。如果放在第二天就算是抢了也是光明正大的。最后，不应该不公开，就算是为了完成镇里下达的脱贫指标，也要经过村支两委、党员研究，然后确定脱贫名单。2013年开始精准扶贫，2014年脱贫人员就是通过村支两委、党员会议、村民代表共同研究确定的；这次镇里有脱贫物资的时候他们就不经过集体商量而是私自决定了。她认为，他们就是偏心，有的人根本不需要土豆种子，领上种子以后卖了或者换了粉条、磨了粉。村支书和村主任是因为有利益了才让关系好的人脱贫了，如果没有利益他们肯定不会让他们关系好的脱贫。发土豆种子这次主要照顾的是和他们关系好的。

村干部通知贫困户领取土豆种子的对话可以体现出村干部的行动逻辑。

晚上9点左右，梁明明接到梁主任通知他领土豆种子的电话。

> 梁主任："村里有些土豆种子，你要不要？"
> 梁明明："这是怎么个要法了？"
> 梁主任："你要了这些土豆种子了就脱了贫了。"
> 梁明明："你觉得我能脱了贫就脱，脱不了就不脱。"
> 梁主任："其实脱贫不脱贫是一样的。说2013年、2014年脱了贫的还在名单里了，还能继续享受政策。"①

最后，梁明明同意了，领了12袋土豆种子。其实，他心里并不太想要这些种子，因为他每年用的都是一个品牌的种子和化肥，担心这些种子质量不过关，影响了产量。碍于情面，又是白给的东西，他就要下了种子。

晚上9点多，梁大春同样接到梁主任通知他去村委领土豆种子的电话。

> 梁主任："发土豆种子哩，有你的，赶紧过来领土豆种子吧。"
> 梁大春："我今年春天就买下土豆种子了，谁要就给了谁吧。"
> 梁主任："研究下说给你了，现在让给谁去了，又不是每户都有，我们在精准扶贫户里选了十几户。赶紧领来吧。"

---

① 这里实际上是梁主任根据脱贫政策里面的"脱贫不脱钩"规定所做的解释。

于是，梁大春借了个平车，匆匆赶到村委领土豆种子，他是最后一个去领的。

作为脱贫物资的土豆种子如何发放，为何发放，发放给谁，梁支书和梁主任没有在村支两委会上讨论，而是由两人自行决定，最终结果很不理想。其一，反映出简单化原则的行动逻辑。没有考虑这批脱贫物资的意义、不去思考谁家更需要这批种子，而是把此当作一项工作去完成，考虑的是如何把这烫手的山芋处理掉、如何照顾到关系好的人。梁支书和梁主任二人非常清楚公开此事太麻烦：种子就那么多，不可能人人有份，给谁不给谁，都难堵悠悠之口。于是，二人决定索性快刀斩乱麻，打几个电话当晚就把这件工作处理完。其二，反映出"研究决定"的行动逻辑。用村里统一"研究"作为挡箭牌，快速完成工作。人们问为什么发给这些人而不给别人，村干部便推说是党员会议定的，其实党员会议上根本没有提这个事情。其三，反映出村干部日常工作中的"糊弄"策略。从一开始发放土豆种子到后来人们议论纷纷，人们都不知道这批物资是以何名义发放的，村干部没有打算向村民解释，因为在他们看来，越解释越麻烦，索性就由村民们去议论吧。实际上，村干部们的暗箱操作使得此事根本解释不清，所以他们选择闭口不谈。其四，反映出庇护关系亲近者的行动逻辑。他们选择发放的这几户，大多位于西面且是他们易于掌握的人，这些人都属于与他们关系亲近者。

可见，在整个脱贫物资发放的过程中，村干部首先没有考虑脱贫物资发放的意义和将要产生的影响；其次，选择脱贫人选简单粗暴地拍脑袋，没有去调研到底谁更需要这批物资；再次，当脱贫户有疑问的时候，村干部简单地用"研究决定"搪塞压制脱贫户；最后，面对村民的质疑的时候，解释工作做得不够到位。

精准扶贫原本是一项有利于村民的"一票否决"式的工作，由于"一票否决"以及目前反腐倡廉的高压态势，村干部没有谋利空间，因而，仅把它当作一项一般性的日常工作处理，根本没有考虑国家用意和民众期待，他们选择应付差事和糊弄农民。在没有集体经济的村庄里，面对无利可图的工作时，村干部是国家的"办事员"，特点是被动消极地应付差事、例行公事，出现怠政；但同时，出于工作便利的考虑，他们又有能力糊弄村民，实质是农村事务的"操控者"，可以游刃有余地相机行事。

三 影响村干部行动逻辑的因素

（一）基层组织涣散

村里的基层组织主要由村支两委5人、党员16人、村民代表11人组成，共计32人，这便是掌握W村政治资源的所有成员，但是这些人在基层组织中的地位不同，所发挥的作用也不同。

梁云在W村担任了两届村支书，他刚上任时工作热情高、办事能力强，确实为W村办了不少好事，如硬化村里道路、引进万亩核桃园、维修水井等；但是，在遭受过上级不支持工作、村霸无故状告贪污、亲戚因他不会钻营维护自家人的利益而反目等一系列事情后，他渐渐淡出了村委的工作，心生退意。在2015—2017年11月换届之前的几年里，他将重心放在自己开办的厂子上，只在关键事情的时候出面，但是，他仍有决策权，主导和决定村里的重大事务。W村的原主任2014年去世以后，由村委支委和党员代表、村民代表共同推选梁惠德担任代村主任，近几年村委的日常事务都是由梁主任具体负责。他们二人是村里的主要掌舵者，共同领导着基层组织。

村支两委成员中除了支书和主任，支委成员王梅梅常年住在W村，而且是十几年的老支书同时也是党员，因而，在村里事务上有一定的发言权。村委成员景秀荣受到支书和主任的排挤，自2015年"回头看"工作结束以后，景秀荣便渐渐远离农村事务。还有一个人常年不在村里，一般不参与村里事务。

W村的党组织相对涣散，共有16名党员，近几年内有连续两年的时间没有召开过党员民主生活会，而且十几年都没有发展新党员。2016年发展了两个入党积极分子，一个是村委成员景秀荣，他目前主要忙自己的光景，一方面两份工作耗费了他大量的精力；另一方面村支书和主任排挤他，不想让他在村里有参与决策的机会。另一个名额给了村里一户与梁主任关系好的梁明子的独子，他在北京打工，根本无心回村生活。因而，人们说发展了党员也不是为村里老百姓办事，只是为了个人的发展占用村里的指标，光领好处不办事。即使是现有党员中也有一些人根本不关心村里事务，只关心个人利益。但是，党员却可以享受到一些老百姓没有的福利，逢年过节都会得到村里或者镇上的好处。乡土社会没有秘密，有一点风吹草动所有人都知道了，因而每次给党员发放福利，都会成为村民议论和眼红的谈资，在村民眼中，部分党员仿佛构成了一个专享好处但所起作用不大的"特权"阶级。

根据居住地，W村一共有11个村民小组，共有11个村民代表，但是他们认为自己在日常事务中所起的作用不大。根据事情的不同，村民代表参与村内事务的程度也不同：第一类，村里一些需要承担责任的事情，村支书和村主任会通知村民代表参加，并且签字按手印；第二类，涉及个人利益的事情，一般不开会，而是打电话询问意见。单从村民代表参与村内事务的程度我们便可以看出村民代表实际发挥的作用非常有限，而再仔细分析一下村民代表参与决策的具体情况，更可以得出村民代表的作用微乎其微的结论。前面提到，村里遇到需要承担责任的事情时，村民代表形式上可以通过参加会议发表自己的言论从而参与决策，但实质上是怎样的呢？开会的时候，确实有一些事情需要集体研究，主要是通过学习上面发下来的文件，大家一起商定大框架；但有许多事情具体该怎么操作，在会前已经由乡镇或村支书和村主任确定了，开村民会议其实就是通通气。

还有一种情况是，村民代表大会上敲定的事情在执行中变味了，没有按照当初的决定操作。W村修建宴会厅公开招标的事情就能很好地说明这一问题。村民代表大会上通过招标的价格标准本来是30万元，但真正招标的时候，镇领导私自将这一招标价改成25万元，结果参与竞标的其他工队由于价格太低都选择退出，最终镇领导的亲戚以25万元的价格招标成功。但是，最终该宴会厅的修建一共花了60多万元。还有，会议记录上要求打地梁，结果做出来却偷工减料，没有按要求施工。因为施工队与镇领导的关系，村里也只能吃哑巴亏了。盖起来才一年多，墙体就裂缝了，而且宴会厅的下水管道存在问题，一使用就漏水，老年活动中心、男女澡堂都不能投入使用。

村民代表在农村事务上发挥的作用非常有限，不仅在于外部的各种因素，村民代表本身也有问题。其一，村民代表的发言也具有倾向性，一般偏袒与自己关系密切的或者自己小组的成员；其二，村民代表认为自己人微言轻，不愿意得罪人，对一些事情采取难得糊涂的态度。2015年确定贫困户的时候，召开村民代表会议，这次会议倒是给予村民代表一定的自由权了，让他们对打分测评出的贫困户名单进行审议，但是村民代表不好意思指出具体谁不符合条件，对于争议不是很大可过可不过的，大家就都睁只眼闭只眼含糊地通过了。村民代表认为没权没责的自己没办法说一些事情，如果村民代表说把谁从既定名单里去掉，还没有散会这一消息保准就已经传到当事人耳朵里了，那个人可能就要找他的麻烦了。在每天"抬头不见低头见"的乡土社会里，谁也不愿意无端得罪谁，村民代表们只能尽量不惹事，遇到利益分配的问题，也不敢多发表意见。因而，村民代表参与研究只是借了个名、走了个过场而已，是真正决策者的保护盾牌，用所谓的民主为决策者保驾护航，很多村民代表认为他们参与村内事务只能承担责任而不能享受利益。

农村的工作难开展，人员不到位是最大的难题。一方面，如果村委不给钱，基层组织的成员就不太愿意参与农村事务。W村只有村支书和村主任享受镇上的工作补助，一年5000元，而其他人如果参与村内的某些工作时都需要支付报酬，这笔费用由村委统一开支。村委除了拥有被占集体用地的一点补偿款，几乎没有别的收入，因而，梁主任在开支方面非常节省，甚至要考虑每次用基层组织其他成员的费用。一般性的工作，他能自己完成的，尽量自己完成；重要性工作不得不民主评议的时候，他才会视情况通知其他成员。村里经费紧张，无法保证每次商量农村事务都可以给参会者支付费用，但是基层组织其他成员不理解，渐渐地，通知开会人们也不来了。另一方面，基层组织的成员甚至一般老百姓普遍存在不愿意得罪人的心理。如2015年"回头看"活动就是得罪人的事，梁主任电话通知了村民代表，说明这个事情的重要性，村民代表们才凑齐人数；他还在喇叭里通知村里的普通老百姓，只要是想参与的都可以来村委会议室参与民主测评，可普通老百姓几乎没人来。还有一个原因是，一些村民不太关心集体的事情，抱着看笑话的心态议论村干部，他们更喜欢躲在暗处对村干部品头论足，真正让他们参与其中又不愿意去。

基层组织存在很大的问题，组织涣散、人心不齐，乡镇领导和村支书、村主任掌握着农村大权，党组织领导作用不明显，村民代表形同虚设，普通老百姓围观心态，在这种情况下，农村难以真正实现村民自治。

(二) 村干部的工作空间受到三重挤压

面对愈演愈烈的信访问题，党和国家自2003年以来出台了一系列政策措施，试图加强对地方和基层代理人的监控，促使他们重视信访工作，缓解上层尤其是中央的信访工作压力。信访工作的核心是目标管理责任制，治理原则是"属地管理，分级负责"，这使得信访工作的压力层层往下传递，行政权力的末梢——乡镇是直接面对村民上访的行政机构，而村委是上访村民最主要的对象，同样承担着维稳的责任。因而，对于村干部而言，维稳成为悬在头上的一把利剑，在"稳定压倒一切"的高压政治下，村干部不得不对村里的专业上访户们有所顾忌。"保稳定"是必须做到的，即使是故意捣乱者们的一些无理要求和威胁，村干部也会酌情处理，有时运用一些手段巧妙化解，有时会为了息事宁人向他们妥协，有时只能由上级镇政府出面解决。

村干部不仅要时刻提防村里恶势力，还要应付他们的上级乡镇干部。有的乡镇干部"吃拿卡要"，向村干部要好处，村干部需要在不违反国家政策的前提下，把乡镇干部交办的事项"办好"。村干部既需要给乡镇干部一些日常的吃用，还需要照顾好他们的关系户，帮助其实现个人利益。如果达不到目的，乡镇干部就会寻找一些机会给村干部使绊子。村内恶势力与乡镇干部有时候达成某种默契，乡镇干部会收买村里恶势力来控制村干部，恶势力则将乡镇干部当作靠山。比如，村里恶势力的头子陈星星想当村里的干部，党员会议不同意，没有通过他的要求，他便几次跑去乡镇要"官"，乡镇最后任命其为土地管理员——一个以前从来没有听过的村干部头衔。

除上面的两重挤压势力以外，普通村民对村干部的舆论形成压力。村干部掌握着村内事务的生杀大权，在一些"僧多粥少"的利益分配问题上难调众口，就一定会引起部分村民的不满。在小道消息满天飞的农村，人们遇到事情，以讹传讹，喜欢背地里议论村干部，这给村干部带来心理上的压力。村支书梁云刚上任的时候，意气风发，想给村里办实事、办好事，但是，自己为农村办的实事好事似乎不值一提，人们视而不见：自己辛苦引进的核桃园非但没有被村民接受和认可，还被一些别有用心之人破坏；自己没有做过的事却被人们误解成自己一心谋私利：有人状告他贪污公款，实质上每个村里在镇上都有银行账户，他们每花一分钱镇里都知道，贪污之罪从何而来；蛋糕就那么大，不管怎么分，村里人都会有微词，都会有一大堆唾沫星子等着。所以，不管村干部承不承认，村民的舆论实际上给他们带来无形的压力，使得他们的工作空间受到挤压。

通过以上分析，笔者发现村干部在面对无利可图的工作时，他们缺乏工作积极性和热情；但同时，村干部实际是有行动力的，他们可以运用各种手段"糊弄"农民达到"操控"农村、方便自己展开工作的目的；再一个发现是虽然村干部是农村事务的"操控者"，但是，在基层治理的实践中遭遇基层治理困境，日常工作不好展开。

第三节 小结

本章详细分析了精准扶贫政策面对的地方性知识，由涉及普通村民的乡土逻辑和涉及村干部的行动逻辑两部分组成。我们应该如何看待地方性知识呢？

从政策执行和国家农村治理的视角看，地方性知识实际可以分为3类：第一类属于特有的文化方面的东西，这个不涉及好坏，是客观存在的，如乡土社会中普遍的"分户不分家"的认识、农村社会复杂的地方情境和物质背后丰富的文化意涵，这部分地方性知识是农村特有的，是国家政策真正需要面对和调适的。第二类也是乡土社会特有的，但是可以加以利用，如权力的文化网络，如果立足于现代理性，它或许是妨碍现代政策执行的因素，但是立足于乡土社会，它却是乡土社会保持独特性的客观存在，在政策制定和执行过程中如何对此加以利用，从而更有利于农村治理是国家需要思考的。第三类是不好的，需要国家在农村治理中进行改变和调整，如乡土社会小道消息充斥而缺乏正式的信息传播途径的问题和农村基层组织涣散的问题。

国家所依赖的经济指标是客观的吗？能客观地反映真实情况吗？在国家的经济指标和数字中我们看不到数字背后的文化意涵，

主观的、文化方面的东西被掩盖在了所谓的经济理性之中。"整户识别"的原则当然是便于国家层面操作的，但是它和乡土观念不一致；"懒恶俘获"当然不是国家政策想要的结果，但确实客观上存在这样的现象，引发了村民的不满。因而，国家在设定识别贫困的指标时应该考虑到农村中相对的贫富观和对贫富的基本评判，这样才能使得国家识别出来的贫困户与村民心目中的贫困户一致，才有利于社会团结和安定。

有学者认为，"现在的中国农村是一盘散沙，这种散沙是以农户家庭甚至个人为沙子的，日益原子化农村社会正逐渐解体，陷入一片无序的丛林境地"[1]。虽然现在的农村社会受到现代社会的影响不断发生着社会变迁，出现了许多问题，但是乡土社会的传统不可能消失殆尽，权力的文化网络依然是存在的，"长老统治"[2]还是有一定基础的。"上世纪80年代农村改革以来，乡镇司法所、派出所和村组干部在调解纠纷时十分注重借助村庄德高望重的老人、宗亲邻里等村庄传统和内生性资源以及乡土社会的权力技术来调解农民利益矛盾，这些矛盾处理方式与法治要求的规则和理性背离，却与中国乡村传统社会的乡土性，即讲究人情和面子的情理社会相符。"[3] 因而，国家如何利用这种文化网络，既坚持法治又不忽略传统权威的文化作用，是农村治理需要思考的。

农村缺乏正式途径来传播信息，依靠小道消息获取信息，究其原因，主要有以下几方面：其一，村民很少利用互联网获取信息；其二，村干部出于自己执行政策的便利尽可能少地公开政务，使得村民不清楚政策内容和政策执行情况，只能依靠想象去臆测；其

---

[1] 贺雪峰、刘岳：《基层治理中的"不出事逻辑"》，《学术研究》2010年第6期。
[2] 费孝通认为传统的乡土社会既不依赖于社会冲突中的横暴权力，也不依赖于社会合作中的同意权力，而主要依靠长老权力，一种教化性的权力。见《乡土中国》，北京出版社2004年版，第42页。
[3] 饶静、叶敬忠、谭思：《"要挟型上访"——底层政治逻辑下的农民上访分析框架》，《中国农村观察》2011年第3期。

三，国家在引导大众政策信息获取方面相对乏力，应该探索适合农村特点的信息传达渠道。

另一个问题在于，农村基层组织涣散，农村自治水平不高。从体制上来看，目前的农村自治体系始终存在两大内在的、难以克服的矛盾，这不利于农村自治。"一是大量的国家行政事务需要基层组织承担，村民委员会被行政化，官事'民'办，民事'官'办，官民难分，行政压制自治。二是村民参与管理社会公共事务的制度难以实施而被'悬空'，国家治理难以'落地'和入户。"[1] 从农村内部看，社会变迁引发农村社会结构发生变化，不利于农村自治。农村社会的青壮年纷纷外出打工，留在农村的大部分是老弱病妇幼，有知识有能力的人在谋求自己的生活而无心于农村事务。因而，需要国家在农村治理中探索有效的农村自治形式，这样才有助于国家的各项政策顺利落地。

---

[1] 徐勇：《中国家户制传统与农村发展道路——以俄国、印度的村社传统为参照》，《中国社会科学》2013年第8期。

第五章

贫困治理的文化视角

我们发现，精准识别在执行过程中遭遇了"地方性知识"的软抵抗，使得精准识别不"精准"，出现"懒恶俘获"这一新的瞄准偏差形式。毫无疑问，国家的精准扶贫政策的出发点是为了普惠大众，让更多的人享受到社会主义现代化的文明成果，但是为什么会在执行过程中出现这样的问题呢？究其原因，一方面，国家政策在操作理念上存在简单化逻辑和经济视角，而忽视了农村特有的地方性知识；另一方面，地方各级政府及基层村干部执行国家政策时产生的政策行为与国家政策发生偏差。第三章和第四章主要是阐明第一方面的原因，即说明制定政策的国家理念如何与地方性知识发生碰撞，而本章将探讨和分析引发精准识别的实践困境的另一个原因——政策行为与国家政策发生偏差的发生机制。此外，笔者试图站在贫困者的主位视角去反思贫困与贫困治理，力图提供一种解读和认识贫困治理的全新视角，以揭示中国传统文化对于现代社会的理性经济有一定的调适作用。

第一节　精准识别的瞄准偏差研究

国家与农村是两个不同的知识系统，前者遵循科学知识系统的逻辑，即试图用理性的、普遍的手段来治理社会；而后者更偏重当地文化系统的意义，即农村社会有其自身的一套意义系统，它与国家的逻辑不一定是对抗的，但有不一致之处。因而，在中国精准扶贫政策的研究中提出"地方性知识"，意味着要思考国家与农村两个不同知识系统之间如何交流的问题，即国家如何能够理解农村逻辑；意味着要考量国家与农村两个不同知识系统之间存在哪些阻碍因素致使国家公共政策难以达到预期效果。进一步讲，国家制定的精准扶贫政策要在农村落地，就一定会遭遇到农村的知识系统——地方性知识，两个不同知识系统会产生碰撞，从而出现政策制定者预料不到的后果，精准识别过程中出现的新形式的瞄准偏差就是这样。国家试图用理性的、普遍的、经济的手段来识别贫困户；而传统农村中的贫困观是一种情境性的文化，运用定量的经济手段测量和识别出来的贫困户不一定能够得到人们的认可。地方性知识系统中的"贫困"未必与国家科学知识系统中的"贫困"一致，对于"贫困"的不同理解会使这两个不同知识系统对"瞄准偏差"理解的不同。可见，这里提出的瞄准偏差新形式实际上是运用"地方性知识"这面"镜子"发现的。

一 瞄准偏差的界定与相关研究

学界普遍认为，如果在一项扶贫政策中，没有将资源和项目分配给最贫困的群体，就会出现瞄准偏差的问题。瞄准偏差指的是某一项具体的反贫困政策是否能将所有贫困者纳入其中并将非贫困者排除在外。有两种类型的瞄准偏差：第一，排斥性偏差，又叫"应保未保"，即部分贫困者没有得到扶贫资源的覆盖；第二，"漏出偏差"，又叫"不应保而保"，即非贫困者被纳入了以反贫困为目标的社会政策之中[①]。常见的瞄准机制有区域瞄准和个体瞄准。区域

[①] 李棉管：《技术难题、政治过程与文化结果——"瞄准偏差"的三种研究视角及其对中国"精准扶贫"的启示》，《社会学研究》2017年第1期。

瞄准被广泛应用于反贫困中[1]。区域瞄准是将资源倾斜给一些特定的地区，由当地政府和社区依靠它们对当地具体情况的熟悉程度来制定受益条件并最终确定受益者。这种机制虽然会降低中央政府在瞄准上的费用，因为中央政府远离地方对当地情况不熟悉，却给予当地政府和官员以特权，会出现"精英俘获"问题。[2] 个体瞄准存在的问题在于对贫困户或贫困者的收入调查很难准确，收入测量的模糊化容易引起个体瞄准机制出现偏差。大部分学者认为，精准扶贫政策以个体作为瞄准目标，存在的瞄准偏差形式主要是"精英俘获"，并且做了深入的原因分析。

瞄准偏差的两种类型是"应保未保"和"不应保而保"，这里的"应"与"不应"如何判断？从谁的视角出发判断这个"应该"与"不应该"呢？国家到底将何种人划分为"应该受助"的人，又以什么样的标准确定"不应该受助"的人，国内对此没有深入研究。国际社会对福利政策的接受者是否"应该受助"（deservingness）进行了广泛的讨论，为笔者提供了很好的思路。西方国家在20世纪七八十年代爆发经济危机后，开始反思财政支出，政策制定者们更加理性地对待福利政策。人们开始思考"谁应该享受何种福利以及为什么"这一福利政策的关键问题[3]。如何判断一个人是不是应该受助呢？很多学者致力于区分应该受助的人和不应该受助的人。有学者认为，区分是否应该受助主要有3个因素：种族、个人禀性和致贫原因的属性。白人、遵守主流规范以及社会因素致贫

---

[1] Grosh, M., C. Del Ninno, E. Tesliuc and A. Ouerghi, *For Protection and Promotion: the Design and Implementation of Effective Safety Nets*, Washington D. C.: the World Bank, 2008.

[2] Lei Pan and L. Christiaensen, "Who is vouching for the input voucher? Decentralized targeting and elite capture in Tanzania", *World Development*, 2012, 40 (8): 1619 – 1633.

[3] Van Oorschot, W. J. H, "Who should get what, and why?" in S. Leibfried & S. Mau, eds., *Welfare States: Construction, Deconstruction, Reconstruction*, London: Edward Elgar, 2008, pp. 353 – 368.

的人比黑人、不遵守主流规范以及个人因素致贫的人更应该受助。[①]哪些因素属于个人因素呢？如果一个人可以自由行动而不是身患残疾或因为外部因素需要获得帮助，那么，他就被认为是主观上需要帮助，而非不得不获得帮助；而有一些学者认为，不管是身体上或心理上的疾病，还是收入微薄，都属于内部因素，个人应该对此负责，因而都是不应该受助的人。[②] 有学者认为，人们根据受助者是懒惰的还是不幸的来区分不同类型的福利接受者。[③] 还有学者通过概括既有研究的结论，发现人们衡量"谁应该受助"的标准有以下几方面的内容：第一，需要的程度，即一个人越需要帮助，就越应该受助；第二，控制度，即一个人越无法控制贫困，就越应该受助；第三，穷人的身份，即那些身份越接近"我们"的人，就越应该受助；第四，穷人对帮助的态度，即他们越愿意遵从规则或感激帮助，就越应该受助；第五，穷人的回报程度（他们受助后反过来做了什么或打算将来做什么），即一个人给予的回报越多，就越应该受助。[④]

西方国家对穷人的救助经历了"从福利到工作"[⑤]（from welfare to work）的过程。20世纪60年代，美国政府将穷人定义为由歧视和经济变迁引起的绝望的、无助的受害者，认为社会是引起贫困的罪魁祸首，因而政府有责任帮助穷人建立信心、获得一技之长。20

[①] Applebaum, Lauren D., "The influence of perceived deservingness on policy decisions regarding aid to the poor", *Political Psychology*, 2001, 22 (3): 419–442.

[②] Applebaum, Lauren D., "The influence of perceived deservingness on policy decisions regarding aid to the poor", *Political Psychology*, 2001, 22 (3): 419–442.

[③] Petersen, M. B., "Social Welfare as Small-Scale Help: Evolutionary Psychology and the Deservingness Heuristic", *American Journal of Political Science*, 2012, 56 (1): 1–16.

[④] Jeene, M., W. van Oorschot and W. Uunk, "Popular Criteria for the Welfare Deservingness of Disability Pensioners: The Influence of Structural and Cultural Factors", *Social Indicators Research*, 2013, 110 (3): 1103–1117.

[⑤] Geraldine Clarke, "What Really Matters in Planning Welfare – To – Work Employment Training: A Case Study of Programs for African American Public Housing Residents", http://getd.libs.uga.edu/pdfs/clarke_geraldine_201005_phd.pdf, 2010.

世纪 80 年代，美国政府认为个体应该为贫困负责，政府的责任是通过救助帮助人们建立正确的价值观。[1] 这一时期，穷人被当作理性的行动者，缺乏指导自己做出正确选择的价值观。因而，美国的福利政策在改革中更关注应该受助的人，而不关注不应该受助的人。针对应该受助的人，美国会提供一些更加宽容的政策，而对不应该受助的人则提供条件苛刻的政策，在当局者看来，后者更应该依靠自身脱贫。[2] 如何看待这种区别对待的政策呢？大部分学者认为，穷人有资格参与经济、社会和政治等公共资源的再分配过程，这样可以帮助他们摆脱困境，但是，不应该受助的人则没有这种权利[3]；也有不同的看法，认为对应该受助的人和不应该受助的人都应该提供社会福利[4]。可见，国际社会对"谁是应该受助的人"这一问题的探讨不单单基于经济学视角，认为只要经济贫困就应该受助，而且还综合考察了个人禀性、价值观等涉及文化的因素。同时，一些国家的社会福利政策也对"应该受助"和"不应该受助"的人区别对待，不是"眉毛胡子一把抓"、不加区别地实施救助。中国政府和学者仅仅关注精准扶贫政策是否存在瞄准偏差，是否被精英俘获，而很少探讨精准识别出来的贫困户"是否应该受助"这一问题，没有关注到精准识别出来的贫困户如果是"不应该受助的人"会对社会政策的实施产生何种影响。到底谁应该是受益者？经济处于贫困的人都应该成为受益者吗？这些观点在地方性知识的意义系统中是怎样的？这些问题是本书所要探讨的。

---

[1] Guetzkow, J., "Beyond Deservingness: Congressional Discourse on Poverty, 1964 – 1996", *The Annals of the American Academy of Political and Social Science*, 2010, 629 (1): 173 – 197.

[2] Applebaum, Lauren, D., "The influence of perceived deservingness on policy decisions regarding aid to the poor", *Political Psychology*, 2001, 22 (3): 419 – 442.

[3] Gans, H. J., *The War Against the Poor: The Underclass and Antipoverty Policy*, New York: BasicBooks, 1995.

[4] Applebaum, Lauren, D., "The influence of perceived deservingness on policy decisions regarding aid to the poor", *Political Psychology*, 2001, 22 (3): 419 – 442.

二 地方性知识意义系统里的瞄准偏差

按照当前的政策和研究，中国政府乃至学界普遍认为"精英俘获"是瞄准偏差的主要形式，它的存在使经济贫困之人无法获取有限的扶贫资源，却使经济非贫困之人享受了扶贫政策。本书试图从地方性知识的角度入手去探讨精准识别的瞄准偏差，即从村民这一受助目标人群的内部视界去考察精准识别到底有没有瞄准，存在哪些形式的瞄准偏差，这里称为地方性知识意义系统里的瞄准偏差。

W村第二次精准识别受到村干部和村民的高度重视，参与民主测评的人员非常认真而又严格执行政策。即便这样，W村识别出来的这份贫困户名单依然引起村民的不满。国家用经济指标衡量和确定贫困与非贫困，而在农村的现实情境中，贫困与非贫困不仅仅体现为一个简单的经济指标，更是一个拥有复杂意涵的符号。在村民心中，贫困是一回事，受助又是另一回事，二者之间不能直接画等号。一个贫困之人，如果好吃懒做，那么他不应该受到帮扶。

（一）地方性知识意义系统里的"应保未保"

"十一不进"根据是否拥有机动车和楼房来判断一个家庭是否贫穷，如果一个人拥有机动车那他肯定被排除在贫困户的名单之外；如果一个人在县城买楼房，也被排除在贫困户的名单之外。W村梁淮一户仅因为拥有几千元买的二手面包车就被列为非贫困户，然而梁淮一户却是全村公认最穷的家户。梁君一户，4个子女上学负担沉重，仅靠夫妻两人辛苦养家糊口，这样的家庭因为拥有跑出租用的小型面包车，而没有资格参与贫困户的认定。梁旺海一户靠男主人在外打工，在村里算有钱户。尽管近几年失业在家，没有经济来源，面临着生活水平下降的难题，很有可能成为贫困者；但是，由于他在县城拥有住房，第二次精准识别并没有给他参与测算年收入的机会。经调查，他买房是为现实所迫——为儿子娶媳妇，而且他为了买房债台高筑。

（二）懒恶俘获：地方性知识意义系统里的"不应保而保"

"懒恶俘获"包括"懒汉俘获"和"恶人俘获"，即使被国家确定为贫困户的人是真正的贫困者，但只要他们是懒汉或恶人，村民便会认为他们"不应保"，这样便出现了"不应保而保"的瞄准偏差。W村存在一部分因个人价值观因素致贫的家户，他们好吃懒做，不是靠自己勤劳致富，而是"等靠要"，心安理得地拿着国家的救济。梁亚泽一户虽然是农村公认的贫困户，但是他们一家好逸恶劳、贪图享乐。在国家的评价标准下，这类因懒惰致贫的家户，可以被国家识别为贫困户。但是，实际上，村里人对此颇有微词：他家确实贫困，但是好吃懒做、不勤俭节约，这又能怨谁？凭什么这样的人就应该受到帮助，而其他吃苦耐劳、拼命赚钱的人却得不到国家的帮助呢？因而，懒汉俘获在地方性知识的意义系统里属于"不应保而保"的瞄准偏差。

此外，农村还存在一类被称为恶人的群体。比如加入闹访的景大海和游手好闲、专门搜集村干部黑材料的梁升栋，他们或者不思进取、成为真正的贫困户；或者通过各种手段要挟村干部，让村干部给予其一定的"待遇"。然而，在普通老百姓的理念里，恶人即使真的贫困，也不应该得到国家的救助。因此，精准扶贫的恶人俘获属于"不应保而保"的瞄准偏差。

三 用地方性知识解释精准识别何以出现瞄准偏差

精准识别是精准扶贫政策关键的一环，识别是否精准，直接关系到有限的扶贫资源能否帮助真正意义上的贫困人口。国家设计了一套严格的技术来测量贫困，力图避免"精英俘获"现象。从国家的视角看，所有被确定为贫困的人口都"应该"受助。但从地方性知识的视角看，被确定为贫困的人口未必都"应该"受助。前者的衡量标准是经济，而后者则将个人禀性、致贫原因等文化因素纳入衡量标准。因而会出现这样的局面：精准识别按照国家逻辑实现了精准，但在地方性知识意义系统里却出现了瞄准偏差。主要有两种类型。一种类型是地方性知识意义系统里的"应保未保"，国家理念中不应该受助的家户在地方逻辑中是应该受助的家户。具体来讲，国家识别的非贫困户中有一些是未被识别出来的真正的贫困人口，还有一些是经济负担大、有发展潜力的家户，这两类家户在地方逻辑中都应该受到国家政策的帮扶。另一种类型是地方性知识意义系统里的"不应保而保"，国家认为，识别出来的贫困人口理应受助，但村民却认为，其中的懒恶之人即使真的贫困也不应该受助，这样，就出现了地方性知识意义系统里的"不应保而保"。可见，国家与地方性知识对瞄准偏差的理解是不同的。如果不从受助目标人群的内部视界出发去分析精准识别的进程，人们将无法发现在地方性知识意义系统里存在的瞄准偏差新形式。

（一）国家政策的逻辑不符合地方性知识

国家政策的逻辑不符合地方性知识，根本问题在于整个识别机制过分依赖经济视角而缺失文化视角。

第一，数字并不能反映一切问题：打分机制存在问题。在识别贫困户的时候，国家主要是以经济为衡量标准。根据农户人均纯收入和农户评价办法测算获得的两个数据来识别贫困存在的两个问题：其一，国家规定的指标体系有时候难以全面衡量一个家庭的经济情况，有一些特殊的经济收入难以反映在计算表格中，如补偿款等。国家识别为贫困户的家户，可能因获得补偿款而一夜暴富，这样，在村民心中自然不应该成为贫困户，出现了地方性知识意义系统里的"不应保而保"。其二，年收入仅仅可以体现出一个家庭的大体经济状况，却无法测量其主观意愿，而农村中确实存在一部分人是由主观上的懒惰导致经济贫困。因而，在地方性知识的意义系统里，村民们关注的不光是"是否贫困"这一经济学意义的问题，而且还有"是否应该受助"这一关涉文化意涵的问题。

第二，不能简单地将拥有某项物品作为判断非贫困户的充分条件:"十一不进"存在问题。首先,"十一不进"的内容围绕经济指标展开而缺失文化视角。如按有无某项物品判断是否贫困,没有考虑到拥有该项物品背后的意涵。其次,"十一不进"的执行过于僵化。基层执行者将"十一不进"当作金科玉律,不敢随意根据实际情况灵活执行,僵化执行可能会引起真正贫困户的漏出。因此,作为提高瞄准精准度利器的"十一不进"虽然能使政策更易于操作,有效筛出一大部分非贫困户,一定程度上防止精英俘获,但是,农村的实际情况非常复杂,一些真正的贫困户也被"十一不进"错误筛出。

(二)地方性知识成为引起"恶人俘获"的因素之一

农村中存在村民、村干部甚至国家都不得不面对的文化网络,确定精准扶贫贫困户的过程同样无法回避这一深深根植于农村的文化网络,这些构成了独特的地方性知识。人情、面子等非理性的、不可测量的文化因素在地方性知识中发挥着重要作用,村干部在执行政策时表现出"不出事逻辑"[1]。党和国家在2003年以后出台了一系列政策措施,试图加强对地方和基层代理人的监控,促使他们重视信访工作,这使得信访工作的压力层层往下传递。对于村干部而言,维稳成为悬在头上的一把利剑,在"稳定压倒一切"的政治高压下,村干部不得不对村里的"上访专业户"们有所顾忌。精准识别中出现的"恶人俘获"就是村干部面对地方性知识时,不得不做出权宜之举的后果。村干部既要执行国家政策又要面对复杂的地方情境,国家的政策与村民之间存在文化差异,这样,处于"中间层"的村干部就需要通过"变通"来迎合上面和下面,当然"迎合上意"是他们最重要的考虑。可见,作为国家"办事员"和政策落地者,村干部不得不面对这种"压力型政治",力争符合国家的要求;作为农村事务的"操盘手",村干部又不得不面对他们的

---

[1] 贺雪峰、刘岳:《基层治理中的"不出事逻辑"》,《学术研究》2010年第6期。

生活空间，即乡土社会。

四 讨论

随着经济社会的发展，"地方性知识"对国家的公共政策提出更加复杂、多元的社会需求，成为国家制定政策时所需要考虑的依据，是理解国家政策在何种意义上被认可的重要视角。因而，以地方性知识为立足点去发现精准识别政策中存在的问题，是结合中国实际研究瞄准偏差问题的文化视角，具有一定的理论意义和现实意义。

有学者专门去调查受访地村民心目中的穷人是什么以及谁是穷人这个问题。当地人认为，储蓄有限、受教育程度较低、没有儿子的家庭属于贫困户；需要赡养、照顾寡妇、老人、病人或残疾人的人属于贫困人口。[1] 来自村民对贫困的判断偏定性，而国家的精准识别中要运用一套科学的知识系统，如以贫困线、人均纯收入等作为衡量贫困的标准。因此，在用科学知识的逻辑去理解日常生活时，存在语境转化的问题和二者沟通的问题。如何用科学知识的逻辑去测量日常生活中的贫困，使之既符合国家要求又与当地人的认知一致，这是制定政策时尤其要考虑的，也是本书提出运用"地方性知识"这一概念来分析精准识别的瞄准偏差的价值所在。

提出"地方性知识"这一视角不是提倡权力完全下放，因为如果将贫困标准制定和贫困识别的权力全部下放到地方政府，就很容易出现权力下放的陷阱，更容易出现"精英俘获"的瞄准偏差问题。[2] 笔者并不否认基于个体瞄准机制的精准扶贫政策，这个政策确实可以有效防止区域瞄准机制普遍存在的"精英俘获"问题，但

---

[1] Wong, S., "Elite capture or capture elites? Lessons from the 'counter-elite' and 'co-opt-elite' approaches in Bangladesh and Ghana", WIDER Working Paper 82, 2010, http://www.wider.org/papers/w82.

[2] Bardhan, P. and D. Mookherjee, "Pro-poor targeting and accountability of local governments in West Bengal", *Journal of Development Economics*, 2006, 79 (2): 303 – 327.

是，问题在于，国家制定识别机制的时候没有充分考虑到在地方性知识的意义系统中，人们对于"谁应该是受益者"这样的关键问题是有预判的，即如果人们认为受益对象是"不应该受助的人"，他们就认为扶贫政策是存在瞄准偏差的，是不公平的。运用地方性知识分析框架的意义不仅在于拓展了精准识别瞄准偏差的形式，即不再只有"精英俘获"，还有"懒恶俘获"，而这一形式一直为国家和学界所忽视；还在于发现了政策中的国家理念存在一定的问题，即运用经济指标作为衡量依据的弊端和缺失文化视角的不足。因此，国家制定精准扶贫政策需要发挥地方性知识的柔性管理价值，运用文化视角和定性手段将会使精准扶贫政策更具包容性。

第一，定量与定性相结合的重要性。鸟瞰式的大数据已经成为科学话语的一种象征[1]，定量的科学主义已经成为国家治理的主要力量。定量固然更加直观、更具可操作性，但是，人们似乎执拗地认为定量可以测量出所有想测量出来的东西，只有定量的才是客观的。然而，运用定量的方法测量出来的东西并不一定客观，定性的方法便可以检验大数据的可信度，能够发现数字背后的意义以及数字所掩盖的真实问题。通过定性的方法，我们不能计算出来确切的数据，但是能通过较长时期的参与观察发现真正的问题，发现人类学意义上的"客观"。[2] 实际上，在识别贫困时，应该将定量测量和定性测量相结合，前者主要考察经济方面的情况，如年收入和对某些物品或服务的消费；而后者则综合考虑政治、文化、社会和经济各种因素，主要测量的是人们的态度、偏好以及主观感受等[3]。

在精准识别中，定量的计算方式难以真实反映农村的客观情

---

[1] 罗红光：《少数民族边疆地区的城市化困境——以内蒙古为反思案例》，《文化纵横》2016年第5期。

[2] 罗红光：《少数民族边疆地区的城市化困境——以内蒙古为反思案例》，《文化纵横》2016年第5期。

[3] Carvalho, S. and H. White, *Combining the Quantitative and Qualitative Approaches to Poverty Measurement and Analysis: the Practice and the Potential*, Washington D. C.: the World Bank, 1997.

况。用农户人均纯收入来测算贫困无可厚非，用"十一不进"可以快速筛掉一部分不符合条件的非贫困户。然而，这些数字是根据国家制定的公式测算出来的，可以测量出国家政策需要的数据，但是无法涵盖具有弹性的、蕴含丰富文化意涵的农村传统社会的所有情境，与农村社会对贫困的认知也不一定完全契合。因而，如何将定性的方法重新引入政策制定，是需要探讨的课题之一。

第二，文化视角的重要性。在国际社会政策的分析中，文化视角是一条重要的研究脉络。从文化视角研究社会政策，有两条路径：一条路径是把文化作为一个归因要素，研究文化对社会政策制定和执行的影响；另一条路径将政策当作文化，研究作为文化的社会政策对当地文化有何影响。这两条路径说明文化会对社会政策产生影响，同时社会政策也会对当地社会的文化施加影响。

本书运用"地方性知识"这一概念，分析精准识别在地方性知识意义系统里存在的瞄准偏差。发现新形式的瞄准偏差，有助于政策制定者发现国家理念与地方性知识之间不调适所产生的问题，从而使国家理念与地方逻辑之间的沟通成为可能。如果能在政策制定和执行中解决此问题，国家政策将更易于执行、更符合民情。

文化人类学家马林诺夫斯基认为，"制度乃是文化分析的主要单元"。如果我们要对自己的文明或任何其他文明中个体的存在作一描述，就得将个体的活动与组织化生活的社会配置，即与盛行于该文化中的制度系统联系起来[1]。在他看来，研究文化要在实实在在的制度中去分析，这说明制度是文化的载体，文化是制度的内核，通过分析社会制度可以描述和发现其背后的文化。另外，制度具有文化作用，即制度体现与之相联系的文化的同时，也生成、建构、形塑着文化。因而，研究精准扶贫政策要重视该政策的文化影响。

---

[1] ［英］马林诺夫斯基：《科学的文化理论》，黄建波等译，中央民族大学出版社1999年版。

在识别贫困户时，国家仅仅以经济条件作为依据，不加区别地对贫困户实施救助，而在地方逻辑看来，懒恶之人不应该获得救助。懒汉和恶人可以因其贫困就理所应当地获得国家救助的现象会带来两个影响。其一，于因懒致贫的贫困户而言，精准扶贫政策有可能使这类懒恶之人更加好逸恶劳，更加倾向于"等靠要"。其二，于勤劳持家而又不太贫困的非贫困户[①]而言，他们从一开始便被排除在受助的门槛之外，这使他们认为这样的政策不公平。贫困户可以理所当然地接受救助，而他们却被排斥在所有"福利""待遇"[②]之外。不管农村中不劳而获的贫困户所占比例是否足够大，但只要存在这样的家户，就会使村民在心理上失衡。因此，具有文化功能的扶贫政策，不仅应该关注识别对象是否真正贫困，还应该考虑识别对象是否有获得帮助的资格。此外，扶贫政策还应该兼顾经济与文化：既促进农村经济发展又引导人们保持勤劳致富的传统文化，这才是扶贫政策的终极关怀。

第二节　精准识别执行偏差研究

有研究认为，在一个政策的执行过程中，组织成员并不是机械执行上级命令的抽象"组织人"，而是带有各自想法、情感、利益的社会人，他们必然要把自己的认知、思想、利益带入执行过程，这样便会使一项政策被曲解、转嫁，使得结果与初衷大相径庭。基于此，组织学家马奇提出了一个重要命题，即执行过程是组织决策

[①] 在农村，除个别发展得很好或很不好的家户以外，村民们的经济状况大体差不多，悬殊并不大。这部分不太贫困的非贫困户，虽然依据国家政策没有被确定为贫困户，但是，他们与一些贫困户的经济状况差不多。

[②] 国家在精准扶贫政策中针对建档立卡贫困户制定了各种优惠政策，如教育费用的减免、住院费用的报销比例等等，而这些优惠政策在农村被视为"福利""待遇"。另外，建档立卡贫困户相当于一个身份、通行证，意味着只有建档立卡贫困户才有资格享受这些政策，而非建档立卡贫困户则一律没有资格，被挡在精准扶贫的所有优惠政策之外。

过程的延续。这一思路将政策制定过程与执行过程作为一个整体加以分析讨论。① 可以说，政策和政策行为虽然是由不同主体做出的不同行为，但是二者在执行过程中被基层群众当作一个整体，因而，在研究过程中既要研究政策也要研究政策行为，这才是完整的研究。政策行为体现在政策执行过程中，因而，下面对精准识别的执行过程进行探讨。

在实地调研中，村民普遍认为精准扶贫是一项惠农的好政策，但精准识别的执行仍然存在问题，而关键就在村干部身上。在他们看来，某些村干部是引发精准识别不"精准"的罪魁祸首，村干部这个"歪嘴和尚"把精准扶贫这部"好经"念歪了。可见，精准识别的执行与政策初衷出现了偏差，那么这一执行偏差究竟是如何发生的呢？

一 精准识别执行偏差的四种形式

（一）学术史回顾

国家公共政策在农村出现的执行偏差问题引起学界的广泛关注，"变通"②"共谋"③"政策失灵"④"政策走样"⑤或"政策阻滞"⑥，这些概念都被用来概括执行偏差的问题。针对此现象产生的原因，目前主要有3条解释路径：（1）从农村执行主体的主观性入

---

① 周雪光:《基层政府间的"共谋现象"——一个政府行为的制度逻辑》,《社会学研究》2008年第6期。
② 孙立平、郭于华:《"软硬兼施":正式权力非正式运作的过程分析——华北B镇收粮的个案研究》,载清华大学社会学系《清华社会学评论:特辑1》,鹭江出版社2000年版,第21—46页。
③ 周雪光:《基层政府间的"共谋现象"——一个政府行为的制度逻辑》,《社会学研究》2008年第6期。
④ 赵树凯:《乡镇治理与政府制度化》,商务印书馆2010年版,第187页。
⑤ 谭秋成:《农村政策为什么在执行中容易走样》,《中国农村观察》2008年第4期。
⑥ 丁煌:《我国现阶段政策执行阻滞及其防治对策的制度分析》,《政治学研究》2002年第1期。

手进行解释，有的基于经济理性人假设，如博弈论[①]，还有的基于实际贯彻政策的村干部的角色问题，如借用西方"街头官僚理论"的"镇头官僚"[②]理论，再如"双重代理人"[③]理论；（2）从政策执行的制度层面，如从政府体制、权力配置、干部制度等方面入手进行解释，其中"府际关系"[④]视角说明中央地方之间的关系如何影响政策执行；（3）从国家的基层治理模式入手进行解释，认为资源汲取型政策的执行导致基层治理中的非正式权力的运用[⑤]，而农村税费取消后的基层治理模式使得资源供给型政策在执行中发生了巨大的政策目标偏移[⑥]。在精准扶贫政策的执行困境中，学者也普遍认为存在执行偏差的困境，从政策本身、执行主体和社会基础3条路径进行解释。第一，从政策本身出发，认为精准扶贫制度本身存在缺陷，精准识别遭遇逐级指标分配法导致部分贫困农户被排斥，非贫困标准的采纳导致识别精度下降以及识别标准附近的临界农户难以确认等技术困境。[⑦] 第二，从基层政府的视角看：首先，基层政府对于精准扶贫内涵的理解不到位，存在思想误区，导致政策执行有偏差；其次，基层政府有自身的逻辑，在运动式治理和官僚体制的双重规制和压力下，面临着一系列的执行约束[⑧]；最后，

[①] 周国雄：《地方政府政策执行主观偏差行为的博弈分析》，《社会科学》2007年第8期。
[②] 周定财：《街头官僚理论视野下我国乡镇政府政策执行研究——基于政策执行主体的考察》，《湖北社会科学》2010年第5期。
[③] 徐勇：《村干部的双重角色：代理人与当家人》，《二十一世纪》1997年第8期。
[④] 魏姝：《府际关系视角下的政策执行——对N市农业补贴政策执行的实证研究》，《南京农业大学学报》（社会科学版）2012年第3期。
[⑤] 谢立中：《结构—制度分析，还是过程—事件分析？》，社会科学文献出版社2010年版，第155—185页。
[⑥] 贺雪峰：《论乡村治理内卷化——以河南省K镇调查为例》，《开放时代》2011年第2期。
[⑦] 唐丽霞、罗江月、李小云：《精准扶贫机制实施的政策和实践困境》，《贵州社会科学》2015年第5期。
[⑧] 雷望红：《论精准扶贫政策的不精准执行》，《西北农林科技大学学报》（社会科学版）2017年第1期。

乡镇政权在项目实施中的选择性治理，使其过度依赖精英扶贫[1]。第三，从农村社会的视角看，乡土社会有其复杂性。农户的收入呈现模糊性，不利于用货币化、数字化的方式对贫困户进行识别，人际交往与社会关系也呈现模糊性，很难采用分类化的方法进行认知和管理[2]；另外，社会变迁下的农村出现一些新情况，农村空心化趋势导致农村扶贫中建设主体缺失、利益格局固化与群众监督的乏力[3]；项目治村、精英治村以及村镇合并等导致乡村政治生态发生变化[4]；包括乡村互助传统日渐丧失与乡村经济自主性日渐式微的乡村主体性逐渐丧失[5]，这些均不利于精准扶贫政策的执行。虽然相关研究成果颇丰，但是，国内对精准扶贫政策的执行偏差研究没有形成系统的理论，多是在实践层面泛泛而谈，专门针对精准识别执行偏差的研究则并不多见。因而，目前的研究现状不利于人们系统客观地认识精准识别的执行偏差困境。

（二）精准识别执行偏差的具体形式

一般而言，研究政策执行情况主要是考查村干部在执行过程中是否按照上级政策执行，而不考虑村干部的执行结果是否符合地方实际情况。然而，基于田野调查发现，一项政策执行得成功与否，不仅要考查是否符合上级、中央的政策初衷，还应该考量老百姓是否认可，因此，在研究精准识别过程的执行情况时，笔者将执行结果是否符合地方实际情况纳入本研究。在这里，运用"村干部是否

---

[1] 朱天义、高莉娟：《精准扶贫中乡村治理精英对国家与社会的衔接研究——江西省XS县的实践分析》，《社会主义研究》2016年第5期。

[2] 许汉泽、李小云：《精准扶贫视角下扶贫项目的运作困境及其解释——以华北W县的竞争性项目为例》，《中国农业大学学报》（社会科学版）2016年第4期。

[3] 聂平平、邱平香：《社会治理过程中的农村"空心化"与精准扶贫》，《中国民政》2016年第20期。

[4] 李博：《乡村治理转型与农村精准扶贫》，《山西农业大学学报》（社会科学版）2016年第8期。

[5] 邱建生、方伟：《乡村主体性视角下的精准扶贫问题研究》，《天府新论》2016年第4期。

执行上级政策"与"村干部的执行结果是否符合地方实际情况"2个变量,笔者构建出政策执行的6种类型。如图5—1所示,"是否执行上级政策"被赋值为"正确执行""僵化执行"和"变通执行"3个值,而"村干部的执行结果是否符合地方实际情况"被赋值为"符合"和"偏离"2个值,这2个变量的不同值形成6种不同的政策执行情况。

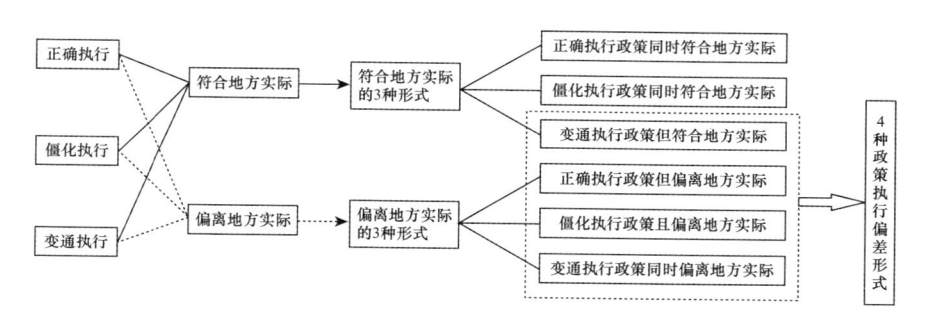

图5—1 政策执行偏差的4种形式

政策执行偏差实际有4种形式[①],即,1.变通执行政策但符合地方实际;2.正确执行政策但偏离地方实际;3.僵化执行政策且偏离地方实际;4.变通执行政策同时偏离地方实际。第1种和第4种的变通执行是目前研究执行偏差时学者们普遍关注的;而笔者将"与地方实际的偏离情况"引入,从而出现第2种和第3种两种新的执行偏差形式。根据田野调查,笔者发现村干部进行精准识别时,虽然表面上严格遵照上级政策,但执行结果却与地方实际发生偏差,从而招致村民的非议。这一现象实际上是第3种形式的执行偏差,即村干部在处理日常工作中往往倾向于僵化执行政策而不去考虑是否偏离地方实际,为什么会出现这一现象呢?

---

① 刘斐丽:《精准识别政策的僵化执行及偏差分析》,《西北农林科技大学学报》(社会科学版)2018年第6期。

二 实践中的政策执行偏差

1. 变通完成刚性指标。第二次精准识别时，国家给 W 村下达 90 户、318 人为贫困户的指标，然而，如果以人均年收入 2800 元的贫困线为标准，W 村大部分农户人均年收入都在贫困线以上，这意味着 W 村大部分农户不能成为贫困户。为了完成这个逐级下达的刚性指标，村干部不得不"凑"人数，选择变通实际情况来完成刚性指标。

2. 教条执行收入测算政策。年收入和农户评价分数是测算农户经济水平的两个重要指标。这两个数据可以在一定程度上反映出农户的家庭经济情况，但有一些情况在国家的"意料"之外。比如 W 村有村民获得几十万元的补偿款，而这些特殊的补偿并不在政策列表中。村干部虽然对这些款项心知肚明，但是由于不在国家的计算体系内，他们就没有将这个款项计算到村民的家庭收入中，这样测算出来的家庭收入与地方实际是不相符的；而且，熟人社会中每位村民对本村的事情非常清楚，他们对于贫困户的预判里是考虑了补偿款项的，这样教条执行政策里的计算公式而测算出来的贫困户与村民心中的盘算是有出入的，或许有人甚至是"暴发户"的却被测算为贫困户，这自然会招致村民的不满。

3. 严格执行政策而不顾实际情况。W 村严格按照"先排除'十一不进'，再打分，然后一条龙排队"的原则进行精准识别。在讨论识别贫困户的工作流程时，参与识别的工作人员一致认为该项规定是硬性条件，只要谁家满足其中任一条，坚决不能进入打分的程序，也就意味着该户没有资格成为贫困户。"十一不进"成为识别贫困户的第一道门槛、是一条不能逾越的红线。在实际执行过程中，出现"应保未保"的梁淮和"不应保而保"的王汝汝一户，这在 W 村造成了不小的风波。

通过田野调查，我们可以发现村干部在精准识别中是如何严格执行政策中的刚性指标，进而以政策的名义忽视"群众公议公认、符合地方实际"的弹性指标的，这种政策行为属于"一刀切"，为了执行政策而执行政策，没有认真思考政策的初衷和用意，没有全面考虑群众的舆论，从而引发"应保未保"和"不应保而保"的瞄准偏差。

三　政策执行偏差产生的原因

（一）精细化：从总体方案到实施细则

一般而言，国家制定一项一统性政策时，中央或省部级层面一般负责总体布局，把控的是总体性原则，一般以"决定""意见"等形式的文件制定政策。而在执行和实施层面，由各级政府根据国家的大政方针，在总体性原则的框架内，结合当地实际制定具体的实施细则，如"实施方案"等形式的文件。从总体性原则到实施细则的过程实际上就是政策落地的过程，即地方各级政府在执行政策的过程中不断细化国家的宏观政策，以使其便于操作。然而，正是这一过程使得政策行为与政策出现偏差。

2014年4月2日由国务院扶贫办印发《扶贫开发建档立卡工作方案》，这个文件是中央对精准识别的最初设计。在对贫困户识别的工作方法和程序中，该文件对"标准"作了如下规定："以2013年农民人均纯收入2736元（相当于2010年2300元不变价）的国家农村扶贫标准为识别标准。各省、自治区、直辖市（以下简称各省）在确保完成国家农村扶贫标准识别任务的基础上，可结合本地实际，按本省标准开展贫困户识别工作，纳入全国扶贫信息网络系统统一管理。"关于贫困户的识别标准国家层面规定得相对简单，只对国家的贫困线做了规定，至于具体的识别工作，各地可以结合实际制定具体的识别标准。

2014年4月22日，山西省扶贫开发办公室制定《山西省农村扶贫开发建档立卡工作方案》，这一方案的整体框架与中央发布的方案所差无几，而真正不一样之处在于，山西省对贫困户识别的"标准"作了精细化的规定。"在此标准下的农村家庭，识别为贫困户，结合我省实际，有下列情形之一的，不能申请贫困户：(1) 现有能够满足生活条件居住房，又新建住房的；在城镇购买商品房（不含因灾重建、国家基础设施建设拆迁房屋）或高标准装修现有住房的。(2) 家庭月水电燃料费、通信费明显高于当地农户的。(3) 家庭拥有机动车辆（残疾人代步车、农用手扶车、农用三轮车除外）、工程机械及拥有大型农机具（赠予除外）的。(4) 配偶一方或子女在机关、企事业单位有固定工作和稳定收入的、自费出国留学的。(5) 长期雇用他人从事生产经营活动的。(6) 长期（两年以上）不在本村居住的。(7) 对群众有质疑不能做出合理解释的。(8) 具有其他不符合扶贫开发对象的情形。"

在 2014 年 5 月 4 日山西省 L 县制定的《L 县农村扶贫开发建档立卡工作方案》中，整体框架依然与中央、省级部门发布的方案一致，该县对贫困户识别的"标准"又进行了结合当地实践的规定。"结合我县实际，有下列情形之一的，不能申请贫困户（按以下富裕程度先后顺序逐条否决淘汰）：(1) 在县城或集镇购买（或建设）门面房的。(2) 在县城或集镇购买（或建设）住房的（不包括移民房、回迁房）。(3) 配偶一方或子女在机关、事业单位或国有企业有稳定工作和固定收入的、自费出国留学的。(4) 家庭拥有轿车、大型工程机械（如推土机、铲车等）及大型农机具（赠予除外）的。(5) 有经营性实体，长期雇用他人从事生产经营活动的。(6) 现有能够满足生活条件居住房又新建住房的；高标准装修现有住房的。(7) 财产性收入（指利息、股息、股企、租金、红利、土地征用补偿）较大的。(8) 长期（两年以上）不在本村居住的（不包括因子女上学在邻村或县城内居住的）。(9) 承包土地长期撂荒且面积较大的。(10) 对群众有质疑不能做出合理解释的。(11) 具有其他不符合扶贫开发对象的情形。有下列情形之一的，优先评选为贫困户（按以下贫困程度先后顺序逐条遴选）：（1）在本村无住房，租房住的；或现有住房为危房的。（2）因灾因病致贫的。（3）因子女上学致贫的。（4）以种地为生，耕地少或租种别人土地规模小且无养殖、加工等其他副业的。（5）季节性务工或外出打工且收入低的。（6）因其他原因造成贫困的。各乡（镇）或村可根据本地实际制定其他否决条件和优先评选条件。"

从L县的最终文件我们可以发现政策行为结合地方实际细化中央政策的过程。第一，对一些政策的规定进行明确界定，以使政策便于操作。L县结合本县的实际情况对上级部门"八不进"的规定做了便于操作的描述，如将第1条拆分成两条："在县城或集镇购买（或建设）门面房的"和"在县城或集镇购买（或建设）住房的（不包括移民房、回迁房）"，将第5条明确为"有经营性实体"，这些标准更有利于一线人员的实际操作，不易产生歧义。第二，删除政策中可操作性差的条款，以使政策便于落实。如将第2条"家庭月水电燃料费、通信费明显高于当地农户的"这条规定删掉，原因在于该规定工作量大且不好把控和解释。第三，结合当地实际情况增加条款。如第7条"财产性收入（指利息、股息、股企、租金、红利、土地征用补偿）较大的"和第9条"承包土地长期撂荒且面积较大的"就是结合农村出现的新情况进行的新规定。第四，结合地方实际情况，考虑到除经济以外的其他致贫因素，规定优先评选贫困户的情形。

通过这一文件的层层传递过程，我们可以发现一项国家政策是如何从中央传递到地方，地方又是如何结合实际细化政策的。中央只是对识别贫困户的大体标准做了宏观方面的规定，没有细节性规定；而地方进行精准识别操作的时候，则在中央的框架下结合实际情况做了详细的、便于操作的规定，正是这些便于操作和执行的规定成为基层执行者僵化执行的金科玉律。在前面两章中，我们通过生动的田野图景，发现L县W村在精准识别过程中所运用的"十

"一不进"筛出机制与地方性知识出现不调适,笼统地将其认定为这一筛出机制体现的是国家理念的经济视角,这里的"国家"实际是第二层面的意义,即将履行管理社会的中央与地方各级机构视为一个整体。然而,立足于第三层面的国家,我们将中央与地方分开看,逐一探究中央与地方究竟在什么地方出现了什么问题,这也是研究政策和政策行为的意义所在。在本章的分析中,我们发现"十一不进"这样的筛出机制实际上并非中央政策的初衷,而是各地结合实际情况之后的特色化识别贫困户标准,属于政策行为的范畴。

因而,笔者发现,"十一不进"这样的政策行为与中央制定的简单标准之间出现偏差的机制就在于政策内卷化的过程。虽然政策行为的出发点是好的,考虑到了复杂的地方情境,并且是本着便于操作和执行政策的目的而进行的,但是,随着政策的不断精细,开发出来的各种指标在不断地切割地方实际,这样就会导致地方性知识与权威不调适。

(二)选择性忽视:流于形式的政策

在精准识别从政策到政策行为的过程中,一些政策内核被各级政策执行者选择性忽视了。如在国务院扶贫办颁布的《扶贫开发建档立卡工作方案》中虽然规定了"整户识别"的原则,但是在工作要求的"规范操作程序"中,文件明确规定"严禁优亲厚友,严禁提供虚假信息,严禁拆户、分户和空挂户,杜绝平均分配"[①]。正所谓"上有政策,下有对策",这说明中央层面对整户识别这一"政策"在地方上可能存在的"对策"有所警惕和防范,但是在各级的扶贫开发建档立卡工作方案中都没有看到此内容,当然,在田野的执行过程中,这一项工作要求根本没有被提上议程。类似这样被忽视和遗忘的政策内容不止此一个,选择性忽视成为政策行为与政策发生偏差的重要机制。

---

① 《扶贫开发建档立卡工作方案》,2014 年 4 月 2 日,http://www.cpad.gov.cn/art/2014/4/11/art_50_23761.html,2014 年 4 月 11 日。

1. 动态化管理

在拉开精准扶贫序幕的《关于创新机制扎实推进农村扶贫开发工作的意见》中首次提到动态管理，"按照县为单位、规模控制、分级负责、精准识别、动态管理的原则，对每个贫困村、贫困户建档立卡，建设全国扶贫信息网络系统"①。在2014年4月国务院扶贫办制定的《扶贫开发建档立卡工作方案》中只是重复引用了以上《意见》中的内容，并未对动态管理进行详细规定，"坚持扶贫措施与贫困识别结果相衔接，资金分配与扶贫瞄准及成效相挂钩，按照'县为单位、规模控制、分级负责、精准识别、动态管理'的原则，对贫困户、贫困村进行识别并建档立卡，并将其作为扶贫开发工作考核的重要内容"②。在《建立精准扶贫工作机制实施方案》中对建档立卡工作安排如下："2014年10月底前完成建档立卡工作，相关数据录入电脑，联网运行，并实现动态管理，每年更新"③，也只是说明建档立卡要实现动态管理，每年更新，具体如何执行并没有相应的安排。时隔两年后，国家出台《"十三五"脱贫攻坚规划》，拉开了精准扶贫的新篇章，对脱贫手段、任务、措施等进行了详细的规定，但是，对建档立卡动态管理工作的部署仍过于简单，"加强建档立卡工作，健全贫困人口精准识别与动态调整机制，加强精准扶贫大数据管理应用，定期对贫困户和贫困人口进行全面核查，按照贫困人口认定、退出标准和程序，实行有进有出的动态管理"④。

贫困是动态的，有的家户可能会因为疾病、自然灾害、意外等

---

① 《关于创新机制扎实推进农村扶贫开发工作的意见》，2013年12月18日，http://www.gov.cn/zhengce/2014-01/25/content_2640104.htm，2014年1月25日。

② 《扶贫开发建档立卡工作方案》，2014年4月2日，http://www.cpad.gov.cn/art/2014/5/26/art_50_23765.html，2014年5月26日。

③ 《建立精准扶贫工作机制实施方案》，2014年5月12日，http://www.cpad.gov.cn/art/2014/4/11/art_50_23761.html，2014年4月11日。

④ 《"十三五"脱贫攻坚规划》，2016年11月23日，http://www.gov.cn/xinwen/2016-12/02/content_5142245.htm，2016年12月2日。

因素导致返贫，有的家户可能因为找到工作、生意发家等因素脱贫，因而国家要求精准识别建立动态化管理机制，这样更符合扶贫的实际情况。但是，从目前搜集到的文件来看，国家对动态化管理的安排略显不足，没有规定细节和要求，只是作为一种理念和提法。而在基层乡镇一级，也会要求农村进行"有进有出"的管理：平时的统计报表中有新增贫困人员和新增脱贫人员两项内容，体现出动态管理的内容；并且在每年系统开放的时候要求农村对新增致贫和脱贫人员进行"进出登记"。

国家要求"有进有出"的动态化管理，然而，田野实践中的动态化管理究竟是怎样的呢？在笔者调查的农村，精准识别动态化基本没有落实：精准识别以 2015 年"回头看"确定下来的名单为基础，录入系统的户数一般不随意增加人，即使某户在某年真的遇到大灾大难。村干部的理由是如果真的存在遇到大灾难的家户，村里有救济款，可以从那里面支出一部分资金给予帮助，增加进精准扶贫户的名单太麻烦，增加一户其他户也会要求加入，会引起村里人的非议。但是，根据镇上的要求，每次都得上报增减贫人数和名单，于是，村干部主要关注一年内既有贫困户是否添丁进口了，如新生儿、娶媳妇、新近迁入户等，这些客观上增加的人就成为村干部确定增贫的主要对象。减贫则主要依靠政策，根据上级下达的指标进行减贫人数的确定，而不是根据实际情况。因而，在精准识别的实际执行中，所谓的动态化管理流于形式，成为空谈，没有实质性的作用。

2. 群众公认原则

在《山西省扶贫开发建档立卡"回头看"工作指导意见》中，我们可以看到国家试图结合实际，要求各级政府执行时要灵活掌握，但是最终效果却不尽如人意，只是停留在文件的尝试上，没有变成实践行为，最终流于形式。

在该指导意见中的第二条原则便是群众公议公认，提到"凡群众有异议的,都要严格核实,确保做到应进必进,该退必退"①;原则最后指出,"最终确定贫困户,要综合考虑住房、教育、健康等情况,以群众公认为根本原则"②,这说明国家虽然要求大体要根据指导意见中的内容进行评定贫困户,但还是给予下级政府一定的空间,要综合考虑各种情况,并且最终的判断依据是群众公认。山西省提出的指导意见与中央的理念是一致的,在国务院颁布的《扶贫开发建档立卡工作方案》中提到,"由于区域分布的不同,收支结构的差异性,对农户收入水平的测算不能简单地统一标准,要以当地群众公认的方法为准",这说明中央和省级政府在精准识别上都给予了一定的灵活性空间,但是仔细分析,又发现没有具体的操作指导,只是纸面的、表面上的灵活,基层在执行政策时很难灵活掌握。

(三)一刀切:一统性政策的灵活性没有得到发挥

从政策到政策行为的过程中,除了前面两个机制在起作用,具体执行者没有灵活执行政策也是制约政策行为与政策出现偏差的因素。不断细化政策的政策行为并非完全脱离地方性知识,也有许多举措非常接地气,但是执行得到底怎么样,还取决于具体执行者的行动。如果只是照章办事,只负责根据上面的政策分解,而不考虑农村实际,这样的执行势必会脱离实际,引发民愤。如果具体执行者,是本着"识真贫、真扶贫"的为人民服务的态度,希望为老百姓办实事的态度完成精准识别,那么他就会考虑实际情况和民意。精准扶贫工作期望村民达成共识,那么在制定某些标准的时候,如果把标准拿到农村议一议,经过地方商量后制定的实施细则可能就更贴近地方实际、更融洽一些。

---

① 《山西省扶贫开发建档立卡"回头看"工作指导意见》,山西省扶贫开发领导组,晋贫组字〔2015〕15号,2015年11月19日。
② 《山西省扶贫开发建档立卡"回头看"工作指导意见》,山西省扶贫开发领导组,晋贫组字〔2015〕15号,2015年11月19日。

在 W 村的精准识别过程中，我们看到，基层政府试图结合实际情况对政策做灵活调整，但是 W 村的村干部没有遵照执行，这使得 W 村出现村里公认最穷的家户被排除在外。在 W 村村干部的实际执行政策过程中，"十一不进"被定义为精准识别中不可逾越的红线。他们丝毫没有注意到"十一不进"里还有一条是"对群众有质疑不能做出合理解释的"这样的群众公认原则。当政策过于一统时，就需要实际执行者灵活调整，但是，农村执行者不仅没有主动灵活调整，而且无视乡镇一级的复核要求，依然严格执行"十一不进"，没有对贫困户名单做出相应的调整。原因在于，其一，名单已经上报公示了，再做调整和更改，无疑会在农村掀起一场风波，这是村干部认为最棘手的问题。反正已经统一口径了，不能因为个别家户的问题把之前所做的工作推倒重来。其二，即使没有灵活调整也不会给村干部带来太大的问题，因为他们是按照文件办事，上面查下来，他们没有过错，不会承担责任。村干部"不出事"逻辑和照章办事逻辑使得政策行为在执行过程中过于僵化。

"政策一统性与执行过程灵活性之间的一个组织学悖论：国家政策越明确一统，它与地方实际条件的差异就越大，政策决策过程与执行过程的分离就越大，其执行过程就不得不越允许灵活应变。"[①] 从精准识别的各级文件里，我们均能看到政策有灵活调整的空间，但是基层却僵化地执行政策，究其原因，主要有四个方面。

第一，国家虽然给予灵活调整的空间，但是没有明确规定如何灵活掌握。因为一旦灵活掌握，可能就会给一些群体可乘之机，使得扶贫资源重新被"精英俘获"，进而达不到"精准"的目的。第二，政策规定中的指标分为刚性指标和柔性指标，对刚性指标的追求容易使柔性指标被忽视：一方面人们没有看到柔性指标，另一方面国家没有规定如何柔性、弹性处理。在"八不进"的规定中，提

---

① 周雪光：《基层政府间的"共谋现象"——一个政府行为的制度逻辑》，《社会学研究》2008 年第 6 期。

到"对于儿女有赡养能力的人员要严格审查、认真评议,在广泛征求群众意见的基础上决定是否纳入贫困户范围",然而,农村在执行过程中只注意到了那些刚性的金科玉律,而忽视掉了这些需要灵活调整的弹性政策。第三,人们更容易重视可量化指标,从而使不可量化指标被遗忘。第四,在压力层层传导的过程中,基层具体执行者没有得到灵活执行的尚方宝剑,不敢随意灵活,怕追究责任。比如在2015年11月21日发布的《L县扶贫开发建档立卡"回头看"工作实施方案》中提到保障措施,要求严肃追究责任。"对建档立卡识别过程中不按有关规定程序实施,胡作为、乱作为的人员严肃追究责任。对识别结果存在问题的,要倒查责任,按照谁调查、谁登记、谁审核、谁负责的原则,严格追究相关人员的责任。"这些规定都成为悬在基层执行者头上的利剑,使得执行者倾向于照章办事,明哲保身。

精准识别的执行困境中,"精准"恰恰成为掣肘政策和政策执行的关键节点:基层政府为了达到"精准",制定了一系列精细化和便于操作的规则,并且在"选择性忽视"的机制下忽略掉中央政策的一些内核,具体执行者则在需要灵活调整时僵化执行政策。认识和掌握政策执行的逻辑,有助于我们在政策落实的过程中监督和规范政策执行。如何使政策执行既符合各地实际情况,又不与政策发生偏差,是政策制定者和监督者都应该重视的问题。只有认识和厘清政策执行自身的逻辑,才有可能解决这一组织学上的难题。

政策与政策执行实际上是两个不同的问题,二者的区别在于"谁是主体"。政策是国家制定的,国家是主体,遵循的逻辑是国家视角;而在政策执行中,地方是主体,不得不面对地方文化。在精准扶贫政策的制定过程中,国家是主体,受扶对象成为政策的客体;而在精准识别的实际执行过程中,基层执行者成为主体,国家的政策成为地方政策执行的对象,即客体。这样的转化过程,是国家政策执行出现偏差的根本原因:国家政策没有考虑到政策执行主体的文化环境，国家视角与地方文化之间的张力使得政策在执行过程中效果不理想，即使严格根据政策执行也依然难以获得老百姓的认同。于是，国家在制定政策的时候，应该保证地方基层在正确贯彻政策的前提下，可以根据地方情境和地方文化灵活变通，使政策和政策执行之间上传下达充分。

第三节　中国传统文化的调适作用

主位（emic）相对于客位（etic）而言，这两个术语由结构语言学家肯尼思·派克（Kenneth Pike）提出，后经文化人类学家沿用而得以发展。主位研究是一种研究视角，指"研究者尽可能从当地人的视角去理解文化，通过听取当地报道人所反映的当地人对事物的认识和观点进行整理和分析的研究视角"[1]。"该方法将报道人放在更为重要的位置，要求研究者熟悉研究对象的知识体系，通过深入的参与观察，尽量像本地人那样去思考和行动。"[2] 而客位研究则是"研究者站在文化外来观察者的角度，以研究者制定的标准，如结构性问卷等那样，对其行为进行因果关系的解释，从而达到对该文化的理解和重新表达"[3]。笔者尝试站在贫困和贫困户的立场，运用主位视角去反思贫困治理，去思考中国传统文化对于现代社会的调适作用，这只是笔者的一个粗浅探讨。

一　关于贫困的思考

（一）贫困的几种代表观点

贫困的含义在不同社会的不同时期是不同的。对贫困含义的界定一开始在经济学领域展开，将贫困这一概念局限于物质生活，强

---

[1] 罗红光：《人类学》，中国社会科学出版社2014年版，第67页。
[2] 罗红光：《人类学》，中国社会科学出版社2014年版，第67页。
[3] 罗红光：《人类学》，中国社会科学出版社2014年版，第67页。

调物质和收入的绝对数量，后来将把个人能力和权利纳入贫困的含义之中。

对贫困的界定最早开始于经济学，主要有3种代表学说，即收入贫困说、能力贫困说、权利贫困说。19世纪末英国学者朗特里[①]最早给出了较为确定的贫困定义，他在著作《贫困：城镇生活研究》中认为："如果一个家庭的总收入不足以支付仅仅维持家庭成员生存所需的最低量生活必需品开支，这个家庭就基本上陷入了贫困之中"[②]。中国国家统计局认为："贫困一般是指物质生活困难，即一个人或一个家庭的生活水平达不到一种社会可接受的最低标准。他们缺乏某些必要的生活资料和服务，生活处于困难境地。"[③] 运用收入来判断贫困与否，便于理解和统计，因而许多国家主要是依据收入多少来判断谁是穷人，从这一意义上看，判断贫困的标准是经济意义上的收入贫困。我国目前的精准扶贫政策是以人均年收入作为主要依据来识别贫困人口的。世界银行最早用能力定义贫困，在以贫困问题为主题的《1990年世界发展报告》中将贫困定义为"缺少达到最低生活水准的能力"[④]。20世纪80年代后期到90年代末，阿马蒂亚·森（Amartya Sen）系统阐述了能力贫困的概念。在他看来，贫困是指对人类基本能力和权利的剥夺，而不仅仅是收入缺乏，贫困的真正含义指贫困人口创造收入的能力和机会的贫困。后来，他又提出著名的权利贫困概念，他认为贫困者之所以贫困，根本在于穷人应该享有的基本权利往往被系统性地剥夺，从而使他们陷入贫困的恶性循环。[⑤]

[①] 国家统计局《中国城镇居民贫困问题研究》课题组：《中国城镇居民贫困问题研究》，《统计研究》1991年第6期。
[②] 樊怀玉：《贫困论——贫困与反贫困的理论与实践》，民族出版社2002年版，第43页。
[③] 国家统计局《中国城镇居民贫困问题研究》课题组：《中国城镇居民贫困问题研究》，《统计研究》1991年第6期。
[④] 世界银行：《1990年世界发展报告》，中国财政经济出版社1990年版，第4页。
[⑤] ［印］阿马蒂亚·森：《以自由看待发展》，任赜、于真译，中国人民大学出版社2012年版，第88页。

"贫困"这一概念被经济学提出以后,各个学科尝试从不同的视角对贫困进行解释。托马斯·罗伯特·马尔萨斯(Thomas Robert Malthus)从人口学解释贫困具有代表性,他提出支配人类命运的永恒的人口自然法则,由三大原理组成,人口的制约原理即"人口的增长,必然要受到生活资料的限制"、人口的增殖原理即"生活资料增加,人口也常随着增加"和人口的均衡原理即"占优势的人口繁殖力为贫困和罪恶所抑制,因而使现实的人口得以与生活资料保持平衡"。[①] 根据他提出的人口自然法则,他最终得出"贫困和罪恶是人口规律作用的必然结果,而不是社会经济和政治制度造成的"的结论,他不赞成济贫法,因为济贫法会增加人口数量。

社会人类学则从文化和生态两个视角解释引起贫困的原因。贫困文化论者认为贫困是由贫困文化引起的。他们认为贫困从表面看是经济性的、物质性的,而社会文化因素却起着深层次的作用。这种社会的、文化的因素长期积淀后形成一成不变的思维定式和价值取向,进而生长成为一种顽固的文化习俗或生活习惯、意识形态。从经济地理角度考察贫困,贫困被定义为生存空间不足,即指人们从事生产和生活的场所环境恶劣,这种归因认为自然条件和经济发展状况引起一种地区性的贫困。

对贫困进行政治学解释的代表人物有彼得·汤森(Peter Tomsen)和卡尔·马克思(Karl Max)。20世纪70年代,英国著名学者汤森提出相对贫困论,他认为:"当某些个人、家庭和群体没有足够的资源去获取自己所属的那个社会公认的、一般都能享受到的饮食、生活条件、舒适和参加某些活动的机会,那么就可以说他们处于贫困状态。他们由于缺少资源而被排斥在一般生活方式、常规及

---

① [英]托马斯·罗伯特·马尔萨斯:《人口原理》,王惠惠译,陕西师范大学出版社2008年版,第13页。

活动之外。"① 在他看来，制造贫困是一个剥夺与被剥夺的过程。马克思从资本主义所有制和资本积累的规律着手探讨贫困根源，他认为财产所有权是决定社会地位的终极原因，掌握资本的资本家靠剥削无产阶级的"剩余劳动"发家致富，而无产阶级则陷入贫困。

(二) 反思贫困：贫困的相对性和主观性

英国学者奥本海默（Oppenheim）认为，"贫困本是一个模糊概念，它不具备确定性，并随着时间和空间以及人们思想观念的变化而变化"。② "饥饿人口总量相应并绝对地随文化进化而增长"成为现代社会无法克服的悖论，贫穷与进步是不可分离的，这在18世纪便得到经济学家的认同。③ 18世纪的意大利经济学家奥特斯·贾马里亚在1774年宣布一个公理：一个国家的富裕程度与其人口相对应，而其痛苦程度也与财富相对应；约翰·穆兰法在1782年写道，最大多数的穷人不是出现在贫穷或野蛮的国家，而是出现在最富庶或最先进的国家。④ 萨林斯认为贫困是"人与人的一种关系，是一种社会地位，它恰是文明的产物"⑤，"世界上最原始的人们拥有极少的财产，但他们一点都不贫穷"⑥，在萨林斯看来，贫困与欲望相关，物质再丰裕也难填无穷无尽的欲壑。

因而，贫困是相对的而非绝对的，一方面，随着人们对贫困问题的深入研究，人们对贫困的认识在不断变化；另一方面，物质经济水平的提高使得贫困线不断提高，原本是富裕生活的象征可能在

---

① 汤森：《英国的贫困关于家庭经济来源和生活标准的调查》，阿伦莱恩和培根图书公司1979年版，第82页。
② Oppenheim, C. and Harker, L., Poverty: the Facts, CPAG, 1990.
③ 刘斐丽：《对话马克思：两条明暗交织的线索——读萨林斯〈石器时代经济学〉》，《社会发展研究》2017年第3期。
④ [匈] 卡尔·波兰尼：《巨变：当代政治与经济的起源》，黄树民译，社会科学文献出版社2013年版，第197页。
⑤ [意] 马歇尔·萨林斯：《石器时代经济学》，张经纬、郑少雄、张帆译，生活·读书·新知三联书店2009年版，第45页。
⑥ [意] 马歇尔·萨林斯：《石器时代经济学》，张经纬、郑少雄、张帆译，生活·读书·新知三联书店2009年版，第45页。

一段时间的发展以后却成了贫困。人们对于贫困感受实际上是在与他人比较中产生的，现代发达国家穷人也许比许多不发达国家中的富人生活水平更高，可是在本国却被认定为贫困者。同时，贫困具有主观性，即谁来界定贫困，以何种目的识别、衡量贫困，判定贫困的标准是什么，这一系列问题都是我们需要深入思考的。

在全球化和现代化席卷全球的大背景下，一些国家和地区依靠技术革新发展经济率先富裕起来，这使得一些先富裕的国家和地区尤其是西方发达国家参照本国、本文化的发展水平去评价别国、他国文化的经济发展，这样做的危险在于容易犯西方中心主义的错误，认为"西方的"先进于"东方的"，"东方的"就是贫穷的、落后的。实际上，现代化过程是在全球范围内复制西方理性的过程，在此过程中作为资本主义文化的经济理性或实践理性，即"文化是从实践活动以及实践活动背后的实用利益中逐渐形成的"[1]占据主导地位，而人们则往往忽视了所谓的贫困地区的文化理性，忽视了所谓的贫困地区有其独特的生存之道。如果一味地以西方理性的逻辑去发展经济而忽视、看不起甚至贬低本国文化，是错误的；如何在发展过程中正确处理本国文化和西方文化的关系，这一问题非常关键。正如费孝通所提倡的"各美其美，美人之美，美美与共，天下大同"，文化可以自我觉醒、自我反省、自我创建，在发展过程中要尊重文化的特殊性。

当然，我国的反贫困政策与现代国家以发展的名义干预发展中国家具有本质的不同，提出这一问题不是说我国目前的反贫困政策是西方中心主义的、是不可取的，而用意仅仅在于提出一种反思贫困的思路：我们不能想当然地认为贫困就是绝对落后的，相反，贫困是相对的和主观的。一部分人在特定的时期内运用一定的标准将另一部分人划入贫困之列，在此过程中，谁处于贫困、何种情况可

---

[1] [美]马歇尔·萨林斯：《文化与实践理性》，赵丙祥译，上海人民出版社2002年版，第1页。

视为贫困这些均关涉到"对贫困的分类"这一根本问题,一定程度上体现出贫困的相对性和主观性。反贫困政策如何才能观照到贫困的相对性和主观性呢?笔者认为反贫困政策首先应该摒弃掉施助者对受助者居高临下的优越感,其次应该考虑和尊重受助者的地方性知识,正所谓"子非鱼,安知鱼之乐",应该考虑受助者的文化,了解他们真正的需求。我国目前的扶贫开发政策暗含着先进帮扶落后的理念,即经济发展和提高有利于贫困地区和贫困人口生活得更加幸福,经济发展与生活幸福,二者可以画上等号吗?受助者到底是怎样考虑的?这些均应该置于制定政策的范畴内。

二 关于扶贫的思考

扶贫是国家通过发展贫困地区经济、提高贫困户经济收入使经济落后的地区和人民提高物质生活水平的政策,可以体现出社会主义社会的本质,体现出以人为本以及一切以人民群众的根本利益为出发点的执政理念。这无疑是一项关系民生的福利政策,然而,扶贫政策重点关注的是经济发展,经济发展与生活幸福是一回事吗?提高物质水平是不是一定能够获得精神上的富足呢?中国传统社会如何看待贫困呢?过分追求物质与中国传统文化是否一致?

(一)安贫乐道:中国传统美德

贫困在漫长的中国封建社会也是困扰思想家和统治者的难题,先秦儒家普遍认为统治者应该进行贫困治理并且提出了一系列如何与贫困有关的思想。孔子提出"贫而无怨难;富而不骄易"[1],他认为贫困是引起社会动荡的因素;孟子和荀子提出"不违农时""斧斤以时入山林"[2] 和"节用裕民""以政裕民"[3] 的政治主张,要求统治者养民、富民,从国家政策的角度提出治理贫困的措施。

---

[1] 《论语》,张燕婴译,中华书局2015年版。
[2] 《孟子》,方勇译,中华书局2017年版。
[3] 《荀子》,方勇、李波译,中华书局2015年版。

先秦思想家们虽然建议统治者对贫困进行治理，但是他们更重要的作用在于教化民众"安贫乐道""富贵在天"，提出精神追求比物质享受更崇高的思想和安于天命的宿命论观点，这些思想虽有片面的一面，但在国难时期是一种激励人的正能量。先秦思想在一定程度上塑造了中国人的人格，形成中国人稳定的文化心理结构，深刻影响着人们的思想行为，制约着人们对生活方式的选择和对生产规划的安排。

儒家的开创者孔子一生追求仁义，"不患寡而患不均，不患贫而患不安"①，不担心贫困而害怕内心的不安。子贡曰："贫而无谄，富而无骄，何如？"子曰："可也，未若贫而乐，富而好礼者也"。② 这是孔子教人虽处于贫困境地，仍以守道为乐。他的高徒颜回能够得到他的欣赏，也是因为他自甘贫困的生活态度，正所谓"贤哉！回也。一箪食，一瓢饮，在陋巷，人不堪其忧，回也不改其乐。"③ 为追求充实的精神生活，他们不畏物质生活的匮乏。孟子提出"富贵不能淫，贫贱不能移，威武不能屈"，说明他认为物质条件的富足与否并不重要，最重要的是精神上的力量。儒家强调自我修养，追求仁义礼智信，以圣人为做人的最高典范，这种道德本位的价值取向使中国传统社会形成把精神生活看得高于物质生活的心态，因而，安贫乐道、君子固贫的生活观念成为中国传统文化中的精髓。

以老庄为代表的道家，认为人们如果过多依赖物质与外部环境，会妨碍精神的独立与自由，他们的出世哲学更加推崇"安贫乐道"，正所谓"不恤乎穷，不荣乎达。不戚乎毁，不悦乎誉，道家之业也"④。相较于物质，道家更加向往精神追求，反对身为物役，

---

① 《论语》，张燕婴译，中华书局2015年版。
② 《论语》，张燕婴译，中华书局2015年版。
③ 《论语》，张燕婴译，中华书局2015年版。
④ 《抱朴子》，张松辉译，中华书局2011年版。

"物物而不物于物"①；在道家看来，人可以有一定的物质方面的要求，但不能被外物所驱使，人最根本的落脚点在于恢复和回到人的"本性"，使个体获得人格独立和精神自由，达到其所谓的"真人"。同时，强调"无为"的道家还信奉顺应自然、听天由命、毫不作为、随遇而安，"生存死亡，穷达贫富，贤与不肖毁誉，饥渴寒暑，是事之变，命之行也"②则充分体现出道家的这一特点。

中国传统文化中蕴含着君子固贫、安贫乐道、随遇而安的生活观念，这种生活观念不是不思进取、好逸恶劳，相反，是一种美德，这种生活观念体现出中国人处理心与物的智慧：相较于物而言，中国人的关注点在乎心，注重在人心之内寻求善和幸福。可见，中国的传统社会更加注重精神，而不是过分追求物质，他们认为精神世界的富足远远比物质的丰裕带来的幸福感更大。

（二）扶贫的隐喻

在《中国农村扶贫开发纲要（2011—2020年）》中有一段话阐明中国扶贫事业的重大意义："扶贫开发事关巩固党的执政基础，事关国家长治久安，事关社会主义现代化大局。深入推进扶贫开发，是建设中国特色社会主义的重要任务，是深入贯彻落实科学发展观的必然要求，是坚持以人为本、执政为民的重要体现，是统筹城乡区域发展、保障和改善民生、缩小发展差距、促进全体人民共享改革发展成果的重大举措，是全面建设小康社会、构建社会主义和谐社会的迫切需要。必须以更大的决心、更强的力度、更有效的举措，打好新一轮扶贫开发攻坚战，确保全国人民共同实现全面小康"。在《"十三五"脱贫攻坚规划》中也有关于扶贫意义的论述，"打赢脱贫攻坚战，确保到2020年现行标准下农村贫困人口实现脱贫，是促进全体人民共享改革发展成果、实现共同富裕的重大举措，是促进区域协调发展、跨越'中等收入陷阱'的重要途径，是

---

① 《庄子》，孙通海译，中华书局2016年版。
② 《庄子》，孙通海译，中华书局2016年版。

促进民族团结、边疆稳固的重要保证，是全面建成小康社会的重要内容，是积极响应联合国 2030 年可持续发展议程的重要行动，事关人民福祉，事关党的执政基础和国家长治久安，使命光荣、责任重大。"从这些国家话语中，我们可以看出中国的扶贫事业是为了人民生活幸福、实现共同富裕，从而保障社会稳定和谐的局面。扶贫实际上是运用经济的手段对贫困地区、贫困户进行扶助，最终使他们的生活水平得到提高和改善，使他们的生活更加幸福。

然而，我们需要思考的是，追求经济上的富足与幸福之间有必然联系吗？较早受过现代化风雨洗礼的英国哲学家罗素来到中国后不无感叹地说："在我看来，一个普通的中国人，即使非常贫困，也比一个普通的英国人更快乐，因为中国是建在一个更合乎人情，更文明的人生观上的。"他认为，"西方文化最显著长处是科学的方法，中国人最显著长处是对人生之目标的看法。""在中国能找到智慧、美丽和人生乐趣，比在忙乱的、纷扰的西方所能找到的要多得多。"[①]

中国传统文化中虽然也提倡追求财富，子曰："富而可求也，虽执鞭之士，吾亦为之"[②]，但是前提是合乎"道"，而不是不择手段地为赚钱而赚钱。中国传统文化更看重灵魂平和，强调的是安贫乐道、知足常乐、克己复礼，这些使得人们能够在物质匮乏中仍保持精神上的崇高境界，达到幸福和自我满足。那么，在经济高度发达的资本主义社会，人们是不是幸福的呢？马克思认为资本主义社会的异化劳动"从人那里剥夺了他所生产的对象，从而也剥夺了他的类生活、他的现实的、类的对象性，而把人对动物所具有的优点变成缺点"，"异化劳动把自我活动、自由活动贬低为单纯的手段，

[①] 王德军：《乐道而不安贫——对中国传统生活观念的反思》，《中州学刊》1995 年第 2 期。
[②] 《论语》，张燕婴译，中华书局 2015 年版。

从而把人的类生活变成维持人的肉体生存的手段"①。这样，在资本主义社会，异化劳动使得人的类本质异化，成为丧失类本质的人，人们毫无幸福可言。

经济发达的资本主义社会将欲望正统化，过分追求物质，甚至认为伦理的"至高之善"，即是"尽量地赚钱"②。在韦伯看来，新教伦理使得人们疲于赚钱而规避享受，这样的生活根本没有幸福和享乐可言。他认为"把赚钱纯粹当作目的本身，从个人幸福或对个人的效用的观点看，显然是完全超然和绝对不合理的"③。韦伯认为，在资本主义社会，"赚钱、获利支配着人，并成为他一生的最终目标。获取经济利益不再从属于人，不再是满足他自己需要的手段"④，他将这种状态称为"自然关系的颠倒"。因而，"儒家的高贵理想同禁欲清教的天职概念就更加水火不相容了"⑤，前者追求的是"建立在多面性基础上的道德，亦即自我完善"，而后者追逐的却是金钱，即"单面性获取的财富"⑥。

萨林斯认为，部族社会虽然拥有的物质没有现代社会多，但是部族社会的有限需求使得物质相对"富足"，在这样的社会，人成为人，能够安享闲暇、安享"富足"的物质；而在现代社会里，人们追求财富的无限欲求，使得人类沦为物质的奴隶，贫穷成为挥之不去的阴影⑦，他发出"人类前进的每一个脚步都使他双倍远离自

---

① ［德］卡尔·马克思：《1844年经济学哲学手稿》，刘丕坤译，人民出版社1979年版，第51页。
② ［德］马克斯·韦伯：《新教伦理与资本主义精神》，彭强、黄晓京译，陕西师范大学出版社2002年版，第25页。
③ ［德］马克斯·韦伯：《新教伦理与资本主义精神》，彭强、黄晓京译，陕西师范大学出版社2002年版，第25页。
④ ［德］马克斯·韦伯：《新教伦理与资本主义精神》，彭强、黄晓京译，陕西师范大学出版社2002年版，第25页。
⑤ ［德］马克斯·韦伯：《儒教与道教》，王容芬译，商务印书馆1995年版，第211页。
⑥ ［德］马克斯·韦伯：《儒教与道教》，王容芬译，商务印书馆1995年版，第211页。
⑦ 刘斐丽：《对话马克思：两条明暗交织的线索——读萨林斯〈石器时代经济学〉》，《社会发展研究》2017年第3期。

己的目标"① 的感慨，说明人类社会的经济发达未必就会带来幸福，过度追求经济反而会使人的类本质异化。

很有趣的一点是，一味强调发展经济的扶贫政策暗示着安贫乐道、克己低调的中国传统美德是形成贫困、制约经济发展的贫困文化。在发展的时代主题下，发展经济已经成为中国乃至世界的主要工作，是使中国立于世界不败地位的必然要求，这是毋庸置疑的。但是，如何在追求经济发展的过程中，不把获取金钱当作唯一目的，保持本国文化的独立性和优越性，这是值得我们深思的问题。国家的扶贫政策应该在强调经济发展的同时，重视传统文化的精神力量，帮助人们树立正确的贫富观：既要不甘居清苦，而靠辛勤劳动去创造丰裕的物质生活；又要穷不失志，不受物欲所驱使，保持内心的独立和富足。既努力发展经济又不忘传统美德，引导精准扶贫政策能够发挥传统文化的正功能，无疑是提出精准扶贫政策的文化视角的现实意义。

三 关于贫困文化的思考

文化是人类学的研究对象，不同的人类学家对文化有不同的定义②。克罗伯（A. L. Kroeber）和克拉克洪（Clyde Kluckhohn）将文化定位在由传统所表达的思想观念和价值观上。泰勒（Edward B. Tylor）在《原始文化》中认为，"文化，就其在民族志中的广义而言，是个复合的整体，它包含知识、信仰、艺术、道德、法律、习俗和个人作为社会成员所必需的其他能力及习惯。"马林诺夫斯基把文化分为物质设备、精神文化、语言和社会组织 4 个方面。

20 世纪 60 年代初，"刘易斯（Oscar Lewis）的《贫困文化：墨西哥五个家庭实录》、班费尔德（Edward C. Banfield）的《一个

---

① ［美］马歇尔·萨林斯：《石器时代经济学》，张经纬、郑少雄、张帆译，生活·读书·新知三联书店 2009 年版，第 45 页。

② 罗红光：《人类学》，中国社会科学出版社 2014 年版，第 11—12 页。

落后社会的伦理基础》、哈瑞顿（Michael Harrington）的《另类美国》，通过来自墨西哥、意大利和美国等不同社会的经验资料，共同构筑起贫困文化的概念架构"①，形成贫困文化理论。人类学家刘易斯首先提出了"贫困文化"的概念，主要从社会、社区、家庭和个人4个层次对贫困文化进行阐释。他指出，"贫困文化是一个特定的概念模型的标签，是一个拥有自己的结构与理性的社会亚文化"②。班费尔德也相信，"穷人基本不能依靠自己的力量去利用机会摆脱贫困之命运，因为他们早已内化了那些与大社会格格不入的一整套价值观念。改变贫困的可能，只取决于外群体的力量"③。哈瑞顿认为，"在美国，穷人是一种文化、一种制度和一种生活方式，穷人是一个稳定的、不思也不可能变迁的群体"。④ 因而，贫困文化理论认为，贫困不仅是一种经济现象，而且是一种文化现象，虽然贫困表现了一种经济条件，但它同时也是一种自我维持的文化体系。穷人由于长期生活于贫穷之中，结果形成了一套特定的生活方式、行为规范、价值观念体系等。

受贫困文化理论的影响，目前学界对贫困文化的界定主要指贫困者自身拥有的一套特定的生活方式、行为规范和价值观念体系，侧重于引起贫困的主观文化因素，如懒惰、不思进取等负面价值观。农村特有的价值观和行为方式被学者们和政策制定者们视作致贫的因素，称之为具有贬低含义的贫困文化。但是，这样的解读只是从客位的视角出发去考虑的，而如果我们立足于农村贫困者的视角，即主位视角去看待学者眼中的贫困文化，我们便可以获得另一种解读。

其一，农业劳动有周期性的间歇，决定了农业生产是一个有忙

---

① 周怡：《贫困研究：结构解释与文化解释的对垒》，《社会学研究》2002年第3期。
② Lewis Oscar, "The Culture of Poverty", *Scientific American*, 1966, 215 (4).
③ 周怡：《贫困研究：结构解释与文化解释的对垒》，《社会学研究》2002年第3期。
④ 周怡：《贫困研究：结构解释与文化解释的对垒》，《社会学研究》2002年第3期。

有闲的事业，这种闲暇经济使长期以种地为生的村民习惯了慢节奏的生活。而在生活在快节奏的城市和从事其他行业的人们的眼中，农民却是"自由散漫"的，他们过着一种慵懒而又贫穷的生活。因而，农业的特点决定了农民独特而又稳定的生活习惯和品格，这是很难改变的。乡村特有的慢生活的确不利于产生更多的财富，然而，村民们却过着令人羡慕的田园生活。W村农忙和农闲的不同景象为我们展现出农村人的生活图景。农忙的时候，在村里几乎看不到人，因为人们都去地里干活去了；而在农闲的时候，村里就是另一番景象了：村里到处都是人，他们三五一群、四五一伙集中在村落集中点闲聊，倒没有什么特定的主题，有时是关于农事的，有时是关于村里的家长里短的，也有时是关于村里发生的大事的，人们有一搭没一搭地说着话，慵懒地打发着时间。孩子们在打闹、小狗在嬉戏、小猪到处觅食，还有几头牛在河滩上吃草，在被划分为贫困村的村落里，丝毫感受不到因贫穷带来的不幸福感，相反感觉到的是岁月静好和舒适自在。因而，农业的生产特点决定了一种农村特有的恬淡宁静和舒适自在的氛围，这种文化品格是处于现代化包围的城市人根本无法理解的。

其二，中国农民与生俱来的节俭和有限需要，决定了他们对物质的欲望并不十分强烈。在1840年英国用枪炮和鸦片打开中国大门以前，传统中国早已有了几千年自给自足的小农经济，这种小农经济与有限需求天然地联系在一起。这一点在马克思对中国的研究中可见一斑。马克思于1859年发表在《纽约每日论坛报》刊登的《对华贸易》一文中，在探讨为什么鸦片战争没有促进英国对中国棉纺织业上的出口额的时候，引用了米切尔对中国的观察，"中国人的习惯是这样节俭、这样因循守旧，甚至他们穿的衣服都完全是以前他们祖先所穿过的。这就是说，他们除了必不可少的以外，不论卖给他们的东西多么便宜，他们一概不要"……"一个靠劳动为生的中国人，一件新衣至少要穿上三年，而且在这个期间还要能经得住干最粗的粗活时的磨损，不然他们是添置不起的。"① 同时，他还用额尔金勋爵对他溯航长江时所见到的农民的描述，作为补充："我所看到的情形使我相信，中国农民一般说来过着丰衣足食和心满意足的生活。我曾竭力从他们那里获取关于他们的土地面积、土地占有性质、他们必须交纳的税金以及诸如此类的精确资料，虽所得无几，我已得出这样的结论：他们大都拥有极有限的从皇帝那里得来的完全私有的土地，每年须交纳一定的不算过高的税金；这些有利情况，再加上他们特别刻苦耐劳，就能充分满足他们衣食方面的简单需要。"② 这些史料虽然是从英国人的视角去分析为什么中国对英国的棉布进口量少，但是，我们可以看到中国人的节俭和有限需要是与生俱来、根深蒂固的。简单的欲望使得中国人可以生活得心满意足、安宁恬淡，尽管在外人看来，他们的生活或许是穷困潦倒的。骨子里的勤俭持家、清心寡欲正是中国人特有的文化气质，也是中国所特有的精神气质，而不是客位视角下的落后的贫困文化。因而，在谨记"落后就要挨打"的教训下，在全球经济快速发展的今天，如何能够既保持中国的经济高速增长又守住中华民族特有的精神财富，将关系到中国文化能否独具优势和魅力，进而确保中国处于领先地位。

其三，在农村，重视人与人之间的关系，这是传统中国社会最重要的特点。中国本就是重人伦的社会，而在农村，这种传统得以保留下来。在人情大于金钱的农村，交换的地位至关重要。"门户"③ 成为支出的大头。农村人认为人情关系是非常重要的，即使平日里省吃俭用，也要将钱攒下来用于人情往来上，这是农村人独特而又非常具有文化色彩的观念，这种文化观念根深蒂固。而学者

---

① 《马克思恩格斯选集》第1卷，人民出版社2012年版，第845页。
② 《马克思恩格斯选集》第1卷，人民出版社2012年版，第846页。
③ 山西省L市将人与人之间的礼尚往来称为"门户"，诸如婚丧嫁娶等宴请。这种叫法虽然具有地域性，但农村的人情交换却是普遍存在的。

无法理解生活贫困、朝不保夕的贫困者为什么会形成"吃在酒上，穿在银上，用在鬼上"的消费观念，认为贫困者为了名声，平时节衣缩食，而在筵席时则大办招待、在祭祖时不惜耗费大量钱财，这样做无疑增加了消费支出，加大了贫困家庭负担。[1] 实际上，学者认为的这种非理性的消费具有其独特的文化意义。

人类学家早就发现了传统社会存在的一种特殊现象——礼物馈赠和疯狂消费，马林诺夫斯基通过参与观察，发现居住在地域广泛的海岛周边的各部落之间存在一个封闭循环交换的库拉交换圈，它是"一种特别重大而复杂的风俗"[2]，"把为数众多的部族结合在了一起，并且包括了大量复杂的活动，将这些部族关联交织在一起，这样就使之形成一个有机的整体"[3]；莫斯发现有一些社会存在夸富宴，人们会定期通过宴会等形式大量浪费财物。但是，人类学家通过长期研究，普遍认为这些非理性行为都具有重要的意义。马林诺夫斯基认为传统社会存在的这种部族和部族之间大规模的交换圈"不是以对功用效应、盈亏账目的简单估计为基础的，而是对一种比纯粹动物性需求更高层次的感情与审美需要的满足"[4]，莫斯认为礼物使得交换成为责任和义务，是维系人与人之间关系的重要纽带，"这种礼物交换的经济完全远离了功利主义的自然经济"[5]，而具有了道德层面的重大意义：礼物可维护传统社会各民族之间的和平，"各个民族正是通过把理性与情感对立起来，用和平的意志来

---

[1] 付耀华、石兴安：《"贫困文化"视域下滇西边境片区"贫困加剧、回归、潜伏"精准扶贫研究》，《中国名城》2016 年第 9 期。

[2] ［英］布罗尼斯拉夫·马林诺夫斯基：《西太平洋上的航海者》，张云江译，中国社会科学出版社 2009 年版，第 46 页。

[3] ［英］布罗尼斯拉夫·马林诺夫斯基：《西太平洋上的航海者》，张云江译，中国社会科学出版社 2009 年版，第 46 页。

[4] ［英］布罗尼斯拉夫·马林诺夫斯基：《西太平洋上的航海者》，张云江译，中国社会科学出版社 2009 年版，第 3 页。

[5] ［法］马塞尔·莫斯：《社会学与人类学》，余碧平译，上海译文出版社 2014 年版，第 297 页。

对抗这类意外的疯狂，从而成功地用联合、礼物与贸易代替了战争、隔离与萧条"①，认为礼物的互惠是传统社会的智慧。疯狂消费"不是大公无私的"②，可以体现一定的社会关系，通过这些礼物和仪式，"在酋长与属下之间，在下属与追随者之间就形成了等级制"③。萨林斯也认为，礼物更重要的是社会性和政治性功能：礼物的意义不在于组织社会之为团体，而在于联系分散的群体；同时，礼物是部族社会达成和平的方式。因而，"礼物是一种理性，是人类的理性对愚蠢战争的胜利，人类运用文化力量解决人类面临的难题"④，这种经济性的交换承担着相互调解的政治重任，具有一定的社会功能。

我国农村目前普遍存在的"门户"本质是一种互惠的礼物馈赠，在红白喜事的宴请、庙会以及宗教仪式等事务上的消费实际上是一种文化习俗，具有一定的社会功能和文化意义，成为联系人们的重要纽带，有的甚至代表了人们精神上的寄托和文化上的需要。当然，提出这个观点，不是要提倡这种铺张浪费，而是试图站在主位视角去理解农村特有的文化现象，不能一味地认为这些文化现象是愚昧落后的、是制约经济发展的，相反，它们的存在是传统社会几千年沿袭下来的文化生活内容，发挥着一定的正功能。

因而，用另一种视角进行反思，可以使我们不落当前扶贫政策思维的窠臼，发现不一样的视野。如果站在主位视角看农村，我们看到的是个体的知足常乐、低调节俭以及安贫乐道，我们看到的是一个个舒适的、满足基本需要的个体；是一个健康和谐、稳定安逸

---

① ［法］马塞尔·莫斯：《社会学与人类学》，佘碧平译，上海译文出版社2014年版，第310页。
② ［法］马塞尔·莫斯：《社会学与人类学》，佘碧平译，上海译文出版社2014年版，第301页。
③ ［法］马塞尔·莫斯：《社会学与人类学》，佘碧平译，上海译文出版社2014年版，第301页。
④ ［美］马歇尔·萨林斯：《石器时代经济学》，张经纬、郑少雄、张帆译，生活·读书·新知三联书店2009年版，第197—198页。

的社会。在这样一个不必疲于赚钱的农村社会里，安静恬淡的社会心态成为主导，因而，传统文化实质上可以适当调和当前急功近利的社会心态。过分追求物质、满足难以填满的欲壑无疑会使人们迷失方向。传统文化提倡为了追求精神富足，人们可以安贫守穷、淡泊名利，这种文化便获得一种力量，使得人们可以在经济快速发展的时代仍保持自我，不忘初心，这也促使我们要坚定信念、树立文化自信，坚信中国道路、中国文化可以带领我们走向幸福的生活。这样看来，作为具有文化功能的扶贫政策，不应该将关注点仅仅放在扶助贫困的精准与否上，而更重要的应该是兼顾经济与文化：既促进农村经济发展又能引导人们保持可贵的文化传统，才是扶贫政策的终极关怀。

结　　论

本书试图以精准识别为切入点，对精准扶贫政策在执行过程中出现的困境进行文化视角的探讨，即运用格尔茨阐释学意义上的"文化"，对贫困、扶贫进行一番文化的解释。在王铭铭写的"格尔茨文化论丛"译序中提道，"'文化的解释'是一种解释的人类学，是为了'说明一个易为人们忽略的真理'的工具，而这个真理正是——'思想的宏大却能使我们把自身列于他人之中来反省其身'"[1]，可见，运用"深描"的方式，人类学可以将理解作为工具，"理解他人的理解"，目的是站在一个"异文化"的位置上体察人类学家自身的"本文化"。

格尔茨的人类学所揭示的是："边缘的意义世界所取得的成就，与正在不断扩张的主流文化所取得的成就一样，具有自身的价值"[2]，这里的"边缘的意义世界"指非西方的，而"主流文化"指西方的。"地方性知识"的概念也是在全球现代化的背景下提出的，既是对现代性的反抗，也是对科学知识普遍性的质疑。因而，格尔茨实质在反对进化论式的思维模式，认为现代性、西方世界即是先进的，而非西方世界即是落后的。

---

[1] [美]克利福德·格尔茨：《文化的解释》，纳日碧力戈等译，上海人民出版社1999年版，第9页。

[2] [美]克利福德·格尔茨：《文化的解释》，纳日碧力戈等译，上海人民出版社1999年版，第17页。

事实上，反对西方中心论的文化观，提倡尊重文化的特殊性是不少人类学家所孜孜以求的。罗伯特·路威在《文明与野蛮》中，通过阐述文明的历史，强调我们要着眼于全人类的贡献，破除"文明人"的自大狂妄。他认为文明是一件东拼西凑的百衲衣，是各民族相互学习借鉴的结果，西方"文明人"比"野蛮人"并没有先进多少，他要我们摒除种族的和时代的自大心，用远大的眼光来观察人类文明的全史，要我们敬重那些奠定我们的文化基础的先民。① 现代西方的实践理性与部族社会的文化理性之间没有不可逾越的鸿沟，正如列维－斯特劳斯将二者的思维分别称作"科学的思维"与"野性的思维"，他认为二者不是"原始"与"现代"或"初级"与"高级"这样的等级不同的思维方式，而是人类历史上始终存在的两种互相平等发展、各司不同文化职能、互相补充互相渗透的思维方式。土著人的分类法不仅是有条有理的，而且还以精心建立的理论知识为根据。② 萨林斯的文化决定论，重视文化理性，强调每个社会都有其自身发展的逻辑，尊重文化的特殊性。"没有哪一种文化可以，甚至有必要囊括适应变异的更多种类，对甲种文化具有选择性优势的，对乙种文化就可能是毁灭性的。同样不能断言，那些被看作一般进化过程中的高级文化，就必定能够比低级的更好地适应其自身环境。"③ 他赞同部族社会的清心寡欲、安享闲暇和以人为本，而反对现代社会的无限餍足、追求物质和功利主义，认为现代社会中的人被"可耻地沦为物质的奴隶"④。

因而，借用格尔茨的"地方性知识"概念，不仅提倡国家在制

---

① ［英］罗伯特·路威：《文明与野蛮》，吕叔湘译，生活·读书·新知三联书店1992年版，第4—6页。
② ［法］克洛德·列维－斯特劳斯：《野性的思维》，李幼蒸译，中国人民大学出版社2006年版，第41页。
③ ［美］托马斯·哈定等：《文化与进化》，韩建军、商戈令译，浙江人民出版社1987年版，第22页。
④ ［美］马歇尔·萨林斯：《石器时代经济学》，张经纬、郑少雄、张帆译，生活·读书·新知三联书店2009年版，第34页。

定和落实精准扶贫政策时,要时刻关注由当地人的价值观、认知和意义系统共同构建的文化,还暗含着对精准扶贫政策的反思,促使我们重视我国传统文化的调适作用。在精准扶贫中,虽然不存在西方与非西方的对立、种族主义与非种族主义的对立,但是,在中国这个"仍然凭借现代性的各种理念来营造权力秩序的社会中"[①],精准扶贫政策是国家用经济的、理性的手段使村落实现普遍理性、提高经济效益的一种发展政策,暗含一种经济发展即是进步,经济不发展即是落后的根本理念。本书虽无意于直接质疑这种理念,但是暗含了对经济理性这一根本性发展理念的反思,"格尔茨的文化观至少为我们开拓了一个有价值的新视野"[②]。

一 精准识别"瞄不准":田野发现

在深入田野后,发现精准识别在执行过程中遭遇了"瞄不准"的困境,这一现象引发人们的不满,影响到精准扶贫的实际效果。如何理解"瞄不准"现象呢?经笔者研究发现,"瞄不准"实际有两种情况。

第一种情况,从国家政策的角度看,精准识别瞄准了;而从乡土逻辑的角度看,精准识别没有瞄准。这背后,其实是文化系统的不同。国家理念的特点是简单化原则和经济视角;而地方性知识却重视丰富复杂的文化意涵。其一,对户的不同理解,前者遵循"分户即分家"的理念,而乡土则认为"分户不分家"。人们认为测算年迈的父亲是否贫困主要应该看儿子的家境如何,如果儿子家境殷实,那么父亲就不能被认定为贫困户。梁金金一户的案例生动地反映了这一问题。其二,对"懒恶俘获"的不同理解。在农村,有一

[①] [美]克利福德·格尔茨:《文化的解释》,纳日碧力戈等译,上海人民出版社1999年版,第17页。

[②] [美]克利福德·格尔茨:《文化的解释》,纳日碧力戈等译,上海人民出版社1999年版,第17页。

些懒惰的人或不思进取、专门作恶的村霸,他们可能在经济上确实符合国家的政策,属于贫困户,也被村干部认定为贫困户。那么,真正贫困的懒恶之人被确定为贫困户后,按照国家的理念和逻辑就应该(deserving)接受着国家的救助。然而,在村民眼中,这两类人由于个人品质问题致贫,即使真的贫困,也不应该获得国家的救助,认为大家都在一个起跑线上,都需要靠自己的辛勤劳动致富。

第二种情况,从国家政策和老百姓的角度看,精准识别均没有瞄准。其一,"十一不进"的筛出机制与村干部的教条执行引发的"瞄不准"情况。"十一不进"的筛出机制实际是地方各级政府为了使中央政策便于执行而制定的实施细则,为精准地识别贫困户提供了可操作化的准则,然而基层村干部却教条执行,没有根据实际地方情境做出调整,使得一些经济上真正贫困的家户被排除在外。其二,基层干部在执行过程中权衡利弊引发的"瞄不准"情况。受制于权力的文化网络,村干部不得不变通国家政策以笼络关系亲近者,又不得向无理上访的村民妥协以稳定农村环境。

那么到底是什么原因导致精准识别出现"瞄不准"的情况呢?经过分析,根本原因在于精准扶贫政策在执行过程中遭遇了地方性知识。具体原因是,其一,精准扶贫政策在顶层设计时有一些理念与乡土逻辑不一致。比如对"户"的理解、对"贫"的理解、对"扶"的理解,这些根本理念的不同成为阻碍精准识别推行的关键。其二,精准扶贫政策在执行过程中产生的政策行为与政策初衷出现偏离。这点又可以从3方面来解释:第一方面,精准扶贫政策中的规模指标制为村干部的权衡提供了空间。国家给W村下达的贫困户指标数多于W村实际所需的贫困户指标数,也就是说,W村实际上没有国家给定数字那么多的贫困户。在这种情况下,村干部不得不"凑"人数。这些多出来的指标就是"瞄不准"的空间。第二方面,村干部的工作逻辑使得政策行为与政策初衷出现偏离。村干部在精准扶贫中遵循的是自己的一套工作逻辑:"迎合上意"的基本逻辑、日常工作的简单化原则、愚民策略以及日常工作方法和策略的"研究决定",这些可以解释政策行为与政策初衷为何会出现偏离。第三方面,政策行为与政策初衷出现偏离的发生机制,即客观存在的致密化过程,选择性忽视策略,以及"一刀切"的政策行为客观解释了精准识别为何"瞄不准"。

二　用文化视角研究精准扶贫政策的表现

（一）立足地方性知识,提出"懒恶俘获"这一新的瞄准偏差形式

"世界银行规定,瞄准机制的主要目标是将更多的资源分配给人口中最贫困的群体。"① 基于这个最基本的定义,学界普遍认为,如果在一项社会政策或扶贫政策中,没有将资源和项目分配给最贫困的群体,就出现了瞄准偏差的问题。瞄准偏差指的是某一项具体的反贫困政策是否能将所有贫困者纳入其中并将非贫困者排除在外,有两种类型的瞄准偏差:第一种情况,排斥性偏差（exclusion error）,又叫"应保未保",即部分贫困者没有得到扶贫资源的覆盖;第二种情况,"漏出偏差"（leakage）,又叫"不应保而保",即非贫困者被纳入了以反贫困为目标的社会政策之中。②

这里的"应"与"不应"在不同的文化系统内的意义是不同的,在国家看来,经济贫困之人就"应该"获得救助;而从地方性知识来看,经济贫困之人不一定"应该"获得救助,而应该结合个人禀性、致贫因素等来判断。即在地方性知识的意义系统中,还存在一种"懒恶俘获"的新的瞄准偏差形式,如果不运用文化视角,这一瞄准偏差形式是看不到的。③ 在地方性知识意义系统里,"应保未保"和"不应保而保"的情况与国家的判断不同:国家的识别

---

① 李棉管:《技术难题、政治过程与文化结果——"瞄准偏差"的三种研究视角及其对中国"精准扶贫"的启示》,《社会学研究》2017 年第 1 期。
② 李棉管:《技术难题、政治过程与文化结果——"瞄准偏差"的三种研究视角及其对中国"精准扶贫"的启示》,《社会学研究》2017 年第 1 期。
③ 刘斐丽:《地方性知识与精准识别的瞄准偏差》,《中国农村观察》2018 年第 5 期。

体系一般是以经济指标为标准,因而,在国家的识别体系下不是贫困户而不应该接受救助的人,在地方性知识系统里可能是真正贫困户或者是有发展潜力、经济负担大的应该接受帮助的人,这样就出现了地方性知识意义系统下的瞄准偏差——"应保未保";在国家的识别体系下是贫困户应该接受救助的人,在地方性知识系统里可能是懒恶之人,这样就出现了地方性知识意义系统下的瞄准偏差——"不应保而保"。

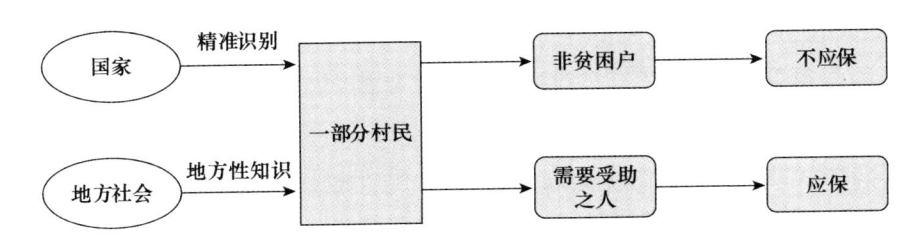

图6—1 地方性知识意义的"应保未保"

图6—1说明,地方性知识意义的"应保未保"是如何发生的。在国家识别体系下不是贫困户而不应该接受救助的人,在地方性知识系统里可能是需要受助之人,如真正贫困户或者是有发展潜力、经济负担大的人,因而是应该接受帮助的人,这样就出现了地方性知识意义系统下的瞄准偏差——"应保未保"。

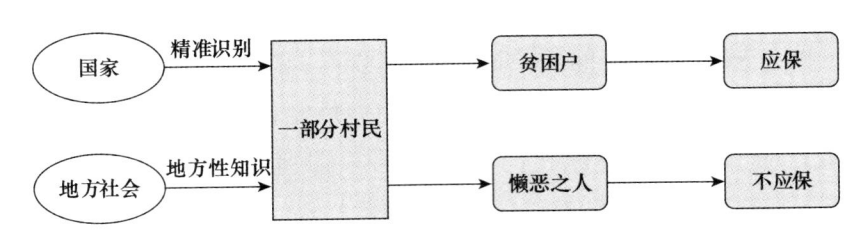

图6—2 地方性知识意义的"不应保而保"

图6—2说明,地方性知识意义的"不应保而保"是如何出现

的。国家的识别体系下是贫困户应该接受救助的人,在地方性知识系统里可能是懒恶之人,这样就出现了地方性知识意义系统下的瞄准偏差——"不应保而保"。

不管存在哪种形式的瞄准偏差,均说明地方性知识与国家识别体系出现了不一致,这是使人们不认同精准识别所确定的贫困户名单、引发人们不满的根本原因。

为何会出现两个知识系统的认知不一致呢?经研究,发现根本问题在于运用经济视角指导精准识别的整个程序而缺失文化视角。具体表现在两方面,一方面是识别技术存在问题。其一,没有考虑到地方的复杂性,而用规模指标制这一简单化的方法去控制规模,这一原则为瞄准偏差提供了政策空间;其二,"十一不进"的筛出机制,过分关注经济指标,致使一些人被这一刚性机制排斥在外;其三,用量化的既定表格无法全面测算一个家庭的全部年收入;其四,"整户识别"里的识别单位"户"与地方性知识的判断单位"户"不一致,成为识别难以达到人们心中的精准的重要原因。另一方面是识别理念存在问题。国家在制定精准扶贫政策的时候根本没有考虑到究竟哪些人"应该受助"(deservingness),经济贫困成为受助的唯一条件,而没有考虑价值观,忽略了地方性知识意义系统里的"应该受助"与国家理念里的"应该受助"不是一回事。事实上,每个人心中都有一把尺子,用来评判国家的精准识别到底精不精准,当政策制定和执行与人们心中的期待和判断一致时,人们就会心悦诚服地认可这一政策。

(二)将"是否符合地方实际"引入政策执行偏差的分析范畴

人们在考察政策执行偏差的时候,往往倾向于分析政策在执行过程中是否与制定的政策发生不一致,而忽略掉是否与地方实际一致这一因素。运用"地方性知识"这一分析概念,笔者将"与地方实际的偏离情况"引入,提出政策执行偏差的4种形式:第一,变通执行政策但符合地方实际;第二,正确执行政策但偏离地方实际；第三，僵化执行政策且偏离地方实际；第四，变通执行政策同时偏离地方实际。第一种和第四种的变通执行是目前研究执行偏差时学者们普遍关注的；而笔者发现第二种和第三种形式的执行偏差，这两项是运用文化视角发现的新形式的执行偏差。在田野调查中，笔者发现村干部进行精准识别时，虽然表面上严格遵照上级政策，但执行结果却与地方实际发生偏差，从而招致村民的非议。这一现象实际是第三种形式的执行偏差。这样的偏差往往比较隐蔽，是学者和政策制定者所不容易察觉的，但是在实际执行过程中，却是老百姓所关注的，这些偏差会造成老百姓对政策不满、对村干部不满，影响了政策的成效。

进一步，本研究试图站在政策行为的立场，发现政策行为与政策出现偏差的发生机制。主要有以下三大机制：其一，从总体性原则到实施细则的政策精细化过程；其二，使一些政策流于形式的选择性忽视策略；其三，使得一统性政策的灵活性没有得到发挥的"一刀切"执行行为。在这些机制中，我们没有看到村干部为了谋私利的苦心钻营，只是看到村干部在执行过程中的被动执行，在政策执行中充当着国家的"办事员"的角色，没有充分发挥主观能动性，只是一味地机械教条地执行政策。这三大机制既可以解释某项制度或规定是如何从中央到地方一步步演化为基层的政策行为的过程，也可以被看作政策行为的行动逻辑，或者进一步讲是政策行为的地方性知识。

（三）中国传统文化对现代社会的经济理性具有调适作用

与传统社会自给自足、自在自发的日常的自然经济相比，经济活动的理性化无疑是现代社会的本质特征之一，现代经济具有受内在的科学理性和计算原则支配的特征。[①] 19世纪中叶，随着资本主义的发展，现代西方社会开始出现大规模的经济危机和工人运动，

---

① 衣俊卿：《现代性的维度及其当代命运》，《中国社会科学》2004年第4期。

许多社会思想家围绕现代社会的经济理性对这一现象进行分析。

沿着商品—资本—异化的线索，马克思对西方资本主义生产方式下的现代社会进行全面诊断，他批判资本主义社会中存在的资本无限的、过度的增殖和积累的现象。在他看来，资本以无孔不入的运动方式破坏一切封建的、宗法的、田园诗般的关系，"它使人和人之间除了赤裸裸的利害关系，除了冷酷无情的'现金交易'，就再也没有任何别的联系了"①。在马克思的诊断中，现代社会对资本的无限追求成为经济理性的特点，人们不得不追求金钱、商品。现代社会的经济理性使得商品带上拜物教性质，成为联结全部社会关系的纽带，人和人之间的关系表现为"人们之间的物的关系和物之间的社会关系"②；现代社会的经济理性使得人际关系日趋简单化和冷漠化：雇佣关系取代了传统社会的各种复杂的社会关系，同时，"利害关系"和"现金交易"充斥日常生活，人情世故变得日趋冷淡。

韦伯对现代社会的经济理性进行了深刻的分析。他认为资本主义社会"赚钱、获利支配着人"，从纯粹幸福主义的利己立场出发，资本主义精神中所包含的追求金钱显然是非常不合理的，但它"曾经是而且至今仍然是我们资本主义文化最重要的特征要素之一"③。同时，在他看来，现代社会中的人们在追求物质的过程，逐渐成为没有精神的专家、没有感情的享乐者，成为资本主义大机器中的一个个小零件，成为严密组织的官僚科层体制里的一个个环节，而没有办法自由自在地生活。因此，韦伯提出一个著名的论点，即现代西方世界的一个最基本和最明显的现实就是"形式的合理性和实质的非理性"，也就是说，现代社会的理性化导致了非理性的生活方

---

① 《马克思恩格斯选集》第1卷，人民出版社2012年版，第403页。
② 《马克思恩格斯选集》第2卷，人民出版社2012年版，第124页。
③ [德]马克斯·韦伯：《新教伦理与资本主义精神》，彭强、黄晓京译，陕西师范大学出版社2002年版，第52页。

式。韦伯针对现代社会理性化过程的洞见，提醒我们"不要忘了'现代'的物质成就也会强索精神上的一定代价"①。

西方资本主义理性在资本和市场的扩张过程中，伴随着掠夺、侵略、殖民将其文化席卷全世界。可以说，当今世界的全球化实际上是资本主义文化在全球的胜利，资本主义的价值理性在全球范围内建立秩序。但是，资本主义文化仅仅是一种文化类型，不应该成为全球化的唯一模板。世界各个国家和民族在这种经济秩序的安排下不应该迷失自我，相反，应该在借鉴和利用先进的生产力的同时，坚持和保有自身文化，只有这样才能保证本国的独特性。无限的欲望和资本的无限增殖成为资本主义文化最显著的特征，而中国传统文化则是根植于自给自足的小农经济之上的，本身就是有限需求，中国传统文化中蕴含着君子固贫、安贫乐道、随遇而安的生活观念。这种生活观念不是不思进取、好逸恶劳，相反，是一种美德，可以体现出中国人处理心与物的智慧：相较于物而言，中国人的关注点在乎心，注重在人心之内寻求善和幸福。可见，中国的传统社会更加注重精神，而不是过分追求物质，他们认为精神世界的富足远远比物质的丰裕带来的幸福感更大。所以说，中国传统文化对现代社会的经济理性具有一定的调适作用，我们在立足经济增长的同时，应该更加注重弘扬中华民族的传统文化。

三　用文化视角研究精准扶贫政策的启示

为什么在精准扶贫的背景下，出现一种"争穷"趋势？为什么贫穷不再仅仅是一种生活状态，相反有人把它当作"光荣"，当作一种"待遇"？人们本应该通过自主意愿选择自己的生活：或者甘于贫穷，或者勤劳致富，但是，在国家输入资源的背景下，人们将"穷"当作武器、借口和待遇，或者"等靠要"，或者挖空心思争

---

① 顾忠华：《韦伯学说新探》，台北：唐山出版社1992年版，第104页。

贫，或者争而不得便招致心理失衡。我们应该反思的其实是我们的扶贫政策是否尚存改进之处：如果我们始终用项目、资金想当然地为贫困户设计发展蓝图，为贫困户设计教育、医疗、就业的各项待遇，那么贫困户有可能被"宠坏"，甚至丧失自我发展的主动性。因而，笔者认为，以共同富裕为目的的社会主义的确应该为贫困者提供一套支持系统，但是如何提供是值得深思的。

从国家层面看，贫困治理需要国家转变观念、调整具体措施。

第一，贫困治理政策应该由给钱给资源的项目制向健全农村社会保障体系转变。首先，项目制往往有自上而下实施的过程，在这一实施过程中难免会出现精英俘获的现象或者基层村干部执行走样的问题，很难直接惠泽每一位普通贫困户。其次，通过项目制来进行贫困治理的过程，往往会面临着项目与农村的调适问题，一些项目会出现水土不服的情况，导致项目运行得不尽如人意，进而浪费公共资源。最后，农村的基层治理不足以承担和应付目前以项目制为核心的扶贫政策。一个个项目需要有合适的人运作、需要完善的基层治理来支撑，正所谓，"上面千根线，下面一根针"，千头万绪的农村工作，使得村干部疲于应付，一些项目难以真正发挥作用。通过健全农村社会保障体制可以为农村贫困人口构筑安全大厦，提高贫困人口的抗风险能力，进而可以规避不健全的基层治理所带来的减法效应。

第二，国家的重点在于为农村提供公共产品服务，制定有利于吸引人才的乡村振兴政策，从而吸引更多的本村人回到农村、参与农村建设。重视农村基础、普惠的服务。通过实地调研，发现国家在治理经济上的贫困时，着重点放在"精准"二字上，虽然取得了一定的成效，使得国家能够帮扶到更多真正贫穷的人，但是精准政策不是完美的，出现了"应保未保"和"不应保而保"的瞄准偏差，并且在精准识别中出现政策理念与地方性知识不一致的问题，进而引发人们的不公平感，对农村社会秩序产生了负面的影响。因而，国家在治理贫困以促进经济发展时，应该将重心放在"服务"上，着力提升农村的整体生活环境和基础设施、提供就业技术培训、提供农业技术指导服务等服务水平，而不要将所有的资金打包成项目由基层政府和农村政权自行分配，因为，我国当前的基层政府、农村政权和农村社会均达不到这一水平，他们无法很好地承接这么多涉及利益分配、多方协调的项目。农村人才的有效流动为中国城市建设作出了巨大的贡献，却给农村经济发展带来不利的影响。这样看来，贫困治理的关键不在于运动式的治理，而在于常态化的日常化的建设，这样的治理才是有效的、经得起考验的。

第三，在发展经济的同时，应该加强精神文明建设，充分发挥文化的力量。在发展是硬道理的现代社会，发展经济成为全世界的工作重心。发展经济实际是遵循西方理念的一种经济发展模式，在此经济理性化过程中，关注物质成为合法合理的，但是，任何事物都过犹不及，过分推崇经济，无疑会使人们深陷物质的泥淖而迷失自我，会使国家在发展中迷失方向。究竟该如何考量发展呢？何种发展才是达到目的的呢？消除贫困是不是仅仅以划定一个经济数字为标准就可以了呢？笔者认为，国家在治理贫困方面的标准应该是增进幸福感，注重人的全面发展。因而，治理贫困应该文化先行，关注精神。其一，从根本理念上，关注文化的力量。重视中国的传统文化的力量，养分汲取可以使一个人的精神独立，传统文化的不断传承可以使我国屹立世界而保持独一无二，因而，应该加强中国的传统文化的引导和发展，让每个人都拥有富足的精神世界；其二，从具体政策上看，充分尊重地方性知识，尊重贫困主体的需求和文化，力求以贫困者为主体，发挥国家与社会的合力，实现共赢。

第四，认识和掌握政策行为的逻辑，在政策落实的过程中监督和规范政策行为。如何使政策行为既符合各地实际情况，又不与政策发生偏差，是政策制定者和监督者应该考虑的问题。只有认识和厘清政策行为自身的地方性知识，才有可能实现这一组织学上的难题。

从基层农村看，贫困治理需要解决基层治理困境。

第一，结合农村经济制度改革破解基层治理困局，通过发展农村集体经济或农村合作社来调动村干部积极性。党的十八大以来，国家全面深化农村市场化改革进程，2014年正式确立坚持土地集体所有权、保障农户土地承包权和搞活土地经营权的"三权分置"制度。同时，有关部门开始实施农村土地确权登记、集体产权制度改革等举措，我国农村正在经历较大农村经济制度改革，基层治理可以结合这一契机得以健全和改善。土地经营权如何搞活的问题是今后农村市场化改革的重要课题，村干部是农村事业无法绕开的力量，因而，如果可以有效调动村干部的积极性，让村干部在土地经营权方面赋权担责，那么一方面，农村基层治理中村干部动力不足的问题可以得到解决，另一方面，有能力解决农村事务的村干部能够为农村经济改革提供内生动力。以农村合作社或者集体经营为抓手，使村干部成为带动农村集体经济的"领头羊"、带动者，是农村后脱贫时代贫困治理的关键。

第二，结合农村经济制度改革破解基层治理困局，通过发展农村集体经济或农村合作社来解决基层组织缺钱缺人的问题。农村集体经济得到发展以后，基层农村组织有了一定的经济基础，所谓有钱好办事，农村集体事务才有得到解决的可能，农村组织才能有效组织起来。另一个层面，农村集体经济或农村合作社真正发展起来可以为农村人口提供稳定的就业机会，有利于农村的稳定脱贫、长期脱贫。具体在发展过程中，应当发挥农民的主体性地位，只有这样才能充分发挥其主观能动性，进而探索出一条适合农村亦工亦农的路子。

第三，通过培育农村的传统文化网络来加强基层治理的弹性和有效性。到底谁来治理？精准扶贫政策中的"第一书记"制度是一种加强基层治理的手段，但是，空降的"第一书记"能否成为真正的依靠力量？研究发现，"第一书记"实际发挥作用非常有限，仍然需要依靠村干部开展工作。因而，治理农村还是需要依靠土生土长的本地人。虽然现在的农村社会受到现代社会的影响不断发生着社会变迁，出现了许多问题，但是乡土社会的传统不可能消失殆尽，权力的文化网络依然是存在的，"长老统治"[①] 还是有一定基础的。因而，国家如何利用这种文化网络，既坚持法治又不忘传统权威的文化作用，是农村贫困治理需要思考的。

第四，畅通农村信息传播渠道，尤其是健全国家政策下达基层机制。农村缺乏正式途径来传播信息，依靠小道消息获取信息。村民对于政策的模糊一方面是基层政策在执行过程中走样的原因，为村干部提供变通执行的空间和可能；另一方面成为制约基层治理的一个重要因素，基层治理需要群策群力，如果广大村民连政策都没有知晓和掌握，何谈治理农村。因而，贫困治理需要国家下大力气去畅通农村信息传播渠道，使得每一位村民都能够掌握政策，这样也能防止以讹传讹，利于营造良好的贫困治理氛围。具体而言，政府应该健全农村信息传播的正式渠道，开拓一个公开发布政策、信息的官方渠道，同时，积极推进公开透明的村务公开制度，使村民知道每项政策的内容、执行情况等。这样一方面可以规避掉村干部的"活动空间"，另一方面，可以使村民掌握和了解政策，从而使村干部与村民、国家与村民建立双向沟通机制，有助于政令畅通地执行。

治理贫困是中国政府义不容辞的责任，是一项涉及民生、关乎民意的国家政策。应该是经济与文化并重：既促进农村经济发展又能引导人们保持可贵的文化传统；应该是效率与公平共举：既能针

[①] 费孝通认为传统的乡土社会既不依赖于社会冲突中的横暴权力，也不依赖于社会合作中的同意权力，而主要依靠长老权力，一种教化性的权力。参见费孝通《乡土中国》，北京出版社2004年版，第42页。

对各种类型的受助人群，做到"因材施教""对症下药"，又能兼顾人心向背，"公平地"识别和帮助"应该受助"的人。

四 讨论和展望

尽管在精准扶贫精准脱贫的执行过程中存在一些问题，但是经过政府和全国人民共同的努力，中国于2020年实现了历史性地解决绝对贫困问题的目标。中国历史性地解决绝对贫困带来了如下启示：

第一，中国历史性地解决绝对贫困问题是社会主义意识形态的重大胜利，我们要坚定道路、理论、制度、文化"四个自信"。纵观全球，在新冠肺炎疫情的影响下，西方资本主义国家乱象丛生，面临着巨大的经济、政治等社会治理危机，而作为全球最大的社会主义国家，中国不仅成功防控疫情，而且顺利完成消除绝对贫困的既定目标。这些都说明在马克思主义的指导下，社会主义制度具有无以比拟的优越性。西方坚持鼓吹自由民主制度是"人类意识形态发展的终点"与"人类最后一种统治形式"，并因此形成"历史的终结"论。[①] 然而，中国却以实际行动宣告社会主义意识形态取得重大胜利，在巨大的成功面前西方的不实言论将不堪一击、不攻自破。习近平总书记在庆祝中国共产党成立95周年大会上强调指出："坚持不忘初心、继续前进，就要坚持中国特色社会主义道路自信、理论自信、制度自信、文化自信，坚持党的基本路线不动摇，不断把中国特色社会主义伟大事业推向前进。"中国消除绝对贫困为实现中华民族伟大复兴奠定基础，因而，我们要自觉坚定理想信仰，增强"四个自信"，为实现中华民族伟大复兴而努力。

第二，中国历史性地解决绝对贫困问题说明中国共产党具有强有力的执政能力，我们要坚持中国共产党的领导。中国共产党是世界上最大的党，要领导14亿多人的社会主义大国，必须要有强有

[①] ［美］弗朗西斯·福山：《历史的终结及其最后之人》代序，陈高华、孟凡礼译，中国社会科学出版社2003年版，第1页。

力的执政能力。经过革命年代血与火的洗礼、探索时期的惨痛教训，改革开放以来多种思潮的碰撞激荡，见证过苏联解体东欧剧变——世界社会主义运动跌入低谷的困局，面对日新月异飞速发展的全球一体化的世界，中国共产党的执政能力在一次又一次考验中不断得到提升，中国能够历史性地解决绝对贫困问题，展现出作为一个执政大党所应该有的气魄、胸襟和担当。坚持党的领导是国家各项事业得以开展的根本保证，是党和国家的根本所在、命脉所在，是全国各族人民的利益所系。在今后的工作中，我们仍然要坚持党总揽全局、协调各方的领导核心地位，并发挥好党的领导核心作用。只有跟着中国共产党这个掌舵人，我们才能在建设社会主义现代强国的征程上保持正确的航向。

第三，中国历史性地解决绝对贫困问题是汇聚全社会力量的硕果，我们要坚持依靠人民的力量。习近平指出，"我们要始终把人民立场作为根本立场，把为人民谋幸福作为根本使命，坚持全心全意为人民服务的根本宗旨，贯彻群众路线，尊重人民主体地位和首创精神，始终保持同人民群众的血肉联系，凝聚起众志成城的磅礴力量，团结带领人民共同创造历史伟业。"[1] 他不止一次地提道，"人民是我们党执政的最大底气"[2]，人民是历史的创造者，人民是真正的英雄，中国的历史是人民共同书写的。如果没有人民的积极参与与贡献智慧和力量，中国是不可能实现解决绝对贫困问题的目标的，精准扶贫精准脱贫的每一项措施都离不开人民。因而，依靠人民的力量是国家各项事业得以顺利开展的根本动力，正所谓"众人划桨开大船"，只有把人心凝聚到建设社会主义现代化强国的伟大事业上来，我们才能朝着目标一路前行。经过几代中国共产党人和全国人民的共同努力，中国几十年的大规模贫困治理取得了举世瞩目的成就——中国历史性地解决绝对贫困，然而，尽管如此，我

---

[1] 《习近平谈治国理政》第3卷，外文出版社2020年版，第136页。
[2] 《习近平谈治国理政》第3卷，外文出版社2020年版，第137页。

们仍然必须清楚地认识到，中国历史性地解决绝对贫困问题标志着中国扶贫事业进入新的历史阶段，如何治理相对贫困成为"后脱贫时代"必须要探索的课题。

2020年消除农村绝对贫困之后，中国仍面临着贫困治理的问题，因为只要有人有社会就存在相对贫困。从某种意义上讲，解决相对贫困将涉及收入、分配，涉及不同区域、不同群体，如何能够平衡不同利益群体之间的关系，这些问题如果没有政策体系加以调整，将很难解决相对贫困的问题。面对相对贫困的问题，我们应该注意以下几个方面的问题。第一，应当建立相对贫困的测量体系，如相对贫困的标准应该如何设定，衡量相对贫困的工作方法怎么确定，这是关涉全面建成小康社会后的人民福祉问题。第二，应该正确处理城市和农村的关系，构建城乡一体化发展成为解决城乡差距的手段。第三，应该保持扶贫政策的可持续性，将精准扶贫精准脱贫方略中效果比较好的措施保留下来，使其能够以制度的形式延续下来继续在减贫领域发挥作用，比如教育扶贫、就业扶贫这些可以整体提升人民素质和劳动技能的发展性措施应该固定下来。第四，应该考虑农村减贫与乡村振兴的关系。消除绝对贫困后，乡村振兴战略的实施有助于整体提高农村的经济发展水平。具体应该从以下几个方面实现：其一，改善农村基础建设，着力改善农村的环境；其二，完善农村基层治理制度，着力提高农村社会治理能力；其三，培养和保护农村的本土人才，着力解决农村社会治理的主体缺失问题；其四，理性评价传统文化，着力保护传统文化中的宝贵经验和精神元素；其五，人民是主体，着力发挥受助者的主观能动性。此外，在构建人类命运共同体的战略下，中国日益走近世界舞台中央，不断为人类作出更大贡献。在2020年完成全面消除绝对贫困的历史目标后，未来值得关注的将是"中国经验能否成为其他国家治理贫困的借鉴"以及"中国应该如何继续发挥责任大国作用、推动和帮助世界扶贫事业"等问题。

参考文献

一 古籍类

《抱朴子》，张松辉译，中华书局2011年版。

《论语》，张燕婴译，中华书局2015年版。

《孟子》，方勇译，中华书局2017年版。

《荀子》，方勇、李波译，中华书局2015年版。

《庄子》，孙通海译，中华书局2016年版。

二 专著类

[印] 阿马蒂亚·森：《以自由看待发展》，任赜、于真译，中国人民大学出版社2012年版。

[英] 安东尼·吉登斯：《民族—国家与暴力》，胡宗泽、赵力涛译，生活·读书·新知三联书店1998年版。

[英] 布罗尼斯拉夫·马林诺夫斯基：《西太平洋上的航海者》，张云江译，中国社会科学出版社2009年版。

[美] 杜赞奇：《文化、权力与国家：1900—1942年的华北农村》，王福明译，江苏人民出版社2003年版。

樊怀玉：《贫困论——贫困与反贫困的理论与实践》，民族出版社2002年版。

费孝通：《乡土中国》，北京出版社2004年版。

[美] 弗朗西斯·福山：《历史的终结及其最后之人》，陈高华、孟

凡礼译，中国社会科学出版社 2003 年版。

［匈］卡尔·波兰尼：《巨变：当代政治与经济的起源》，黄树民译，社会科学文献出版社 2013 年版。

［美］克利福德·格尔茨：《文化的解释》，纳日碧力戈等译，上海人民出版社 1999 年版。

［美］克利福德·格尔茨：《地方性知识——阐释人类学论文集》，王海龙等译，中央编译出版社 2000 年版。

［法］克洛德·列维-斯特劳斯：《野性的思维》，李幼蒸译，中国人民大学出版社 2000 年版。

［英］罗伯特·路威：《文明与野蛮》，吕叔湘译，生活·读书·新知三联书店 1992 年版。

罗红光：《人类学》，中国社会科学出版社 2014 年版。

［德］卡尔·马克思：《1844 年经济学哲学手稿》，刘丕坤译，人民出版社 1979 年版。

［德］马克斯·韦伯：《新教伦理与资本主义精神》，彭强、黄晓京译，陕西师范大学出版社 2002 年版。

［德］马克斯·韦伯：《马克斯·韦伯社会学文集》，阎克文译，人民出版社 2010 年版。

［德］马克斯·韦伯：《儒教与道教》，王容芬译，商务印书馆 1995 年版。

［法］马塞尔·莫斯：《社会学与人类学》，佘碧平译，上海译文出版社 2014 年版。

［美］马歇尔·萨林斯：《石器时代经济学》，张经纬、郑少雄、张帆译，生活·读书·新知三联书店 2009 年版。

［美］马歇尔·萨林斯：《文化与实践理性》，赵丙祥译，上海人民出版社 2002 年版。

［美］乔尔·S. 米格代尔：《社会中的国家：国家与社会如何相互改变与相互构成》，李杨、郭一聪译，江苏人民出版社 2013

年版。

世界银行：《1990年世界发展报告》，中国财政经济出版社1990年版。

［美］托马斯·哈定等：《文化与进化》，韩建军、商戈令译，浙江人民出版社1987年版。

［英］托马斯·罗伯特·马尔萨斯：《人口原理》，王惠惠译，陕西师范大学出版社2008年版。

［美］西奥多·舒尔茨：《改造传统农业》，梁小民译，商务印书馆1987年版。

［美］詹姆斯·C. 斯科特：《国家的视角：那些试图改善人类状况的项目是如何失败的》，王晓毅译，社会科学文献出版社2011年版。

三　论文类

白立强：《究竟是"社会国家化"还是"国家社会化"？——从马克思"国家—社会"结构理论看当代中国"政治国家"与"市民社会"的关系》，《理论探讨》2007年第2期。

蔡科云：《政府与社会组织合作扶贫的权力模式与推进方式》，《中国行政管理》2014年第9期。

陈柏峰：《无理上访与基层法治》，《中外法学》2011年第2期。

陈柏峰：《乡村江湖中的"混混"群体》，《文化纵横》2015年第1期。

陈辉、张全红：《基于多维贫困测度的贫困精准识别及精准扶贫对策——以粤北山区为例》，《广东财经大学学报》2016年第3期。

陈永刚、毕伟：《村干部代表谁？——应然视域下村干部角色与行为的研究》，《兰州学刊》2010年第12期。

崔凯、冯献：《供需视角下的农村信息传播：国内外研究述评与展望》，《中国农村观察》2017年第1期。

邓维杰：《精准扶贫的难点、对策与路径选择》，《农村经济》2014年第6期。

付耀华、石兴安：《"贫困文化"视域下滇西边境片区"贫困加剧、回归、潜伏"精准扶贫研究》，《中国名城》2016年第9期。

葛志军、邢成举：《精准扶贫：内涵、实践困境及其原因阐释——基于宁夏银川两个村庄的调查》，《贵州社会科学》2015年第5期。

龚宏龄：《农村政策纵向扩散中的"悬浮"问题》，《西北农林科技大学学报》（社会科学版）2017年第2期。

国家统计局《中国城镇居民贫困问题研究》课题组：《中国城镇居民贫困问题研究》，《统计研究》1991年第6期。

韩小凤、高宝琴：《农民组织化：农村协商民主治理优化的社会基础》，《探索》2014年第5期。

贺雪峰、刘岳：《基层治理中的"不出事逻辑"》，《学术研究》2010年第6期。

胡联、汪三贵：《我国建档立卡面临精英俘获的挑战吗？》，《管理世界》2017年第1期。

简小鹰、谢小芹：《"去政治化"与基层治理——基于我国西部农村"混混治村"的地方性表达》，《甘肃社会科学》2013年第6期。

雷望红：《论精准扶贫政策的不精准执行》，《西北农林科技大学学报》（社会科学版）2017年第1期。

李博：《项目制扶贫的运作逻辑与地方性实践——以精准扶贫视角看A县竞争性扶贫项目》，《北京社会科学》2016年第3期。

李连江、欧博文：《当代中国农民的依法抗争》，载吴毅主编《乡村中国评论》第3辑，山东人民出版社2008年版。

李棉管：《技术难题、政治过程与文化结果——"瞄准偏差"的三种研究视角及其对中国"精准扶贫"的启示》，《社会学研究》

2017 年第 1 期。

李小云、唐丽霞、许汉泽：《论我国的扶贫治理：基于扶贫资源瞄准和传递的分析》，《吉林大学社会科学学报》2015 年第 4 期。

李祖佩：《"项目进村"过程中的混混进入》，《青年研究》2016 年第 3 期。

李祖佩：《混混、乡村组织与基层治理内卷化——乡村混混的力量表达及后果》，《青年研究》2011 年第 3 期。

刘斐丽：《对话马克思：两条明暗交织的线索——读萨林斯〈石器时代经济学〉》，《社会发展研究》2017 年第 3 期。

刘斐丽：《地方性知识与精准识别的瞄准偏差》，《中国农村观察》2018 年第 5 期。

刘斐丽：《精准识别政策的僵化执行及偏差分析》，《西北农林科技大学学报》（社会科学版）2018 年第 6 期。

刘辉武：《精准扶贫实施中的问题、经验与策略选择——基于贵州省铜仁市的调查》，《农村经济》2016 年第 5 期。

刘升：《精英俘获与扶贫资源资本化研究——基于河北南村的个案研究》，《南京农业大学学报》（社会科学版）2015 年第 5 期。

刘素军：《非正式信息在社会组织中的传播》，《职业技术》2007 年第 4 期。

刘占勇：《精准扶贫思想内涵特征及对扶贫实践的启示》，《江汉学术》2016 年第 4 期。

罗红光：《少数民族边疆地区的城市化困境——以内蒙古为反思案例》，《文化纵横》2016 年第 5 期。

聂平平、邱平香：《社会治理过程中的农村"空心化"与精准扶贫》，《中国民政》2016 年第 20 期。

牛宗岭、刘秀清、刘泓：《预防型治理：精准扶贫背景下的基层社会治理模式创新》，《湖北社会科学》2016 年第 6 期。

邱建生、方伟：《乡村主体性视角下的精准扶贫问题研究》，《天府新论》2016 年第 4 期。

邱新有、肖荣春、熊芳芳：《国家农村政策传播过程中信息缺失现象的探析》，《江西社会科学》2005 年第 10 期。

饶静、叶敬忠、谭思：《"要挟型上访"——底层政治逻辑下的农民上访分析框架》，《中国农村观察》2011 年第 3 期。

任超、袁明宝：《分类治理：精准扶贫政策的实践困境与重点方向——以湖北秭归县为例》，《北京社会科学》2017 年第 1 期。

孙飞宇、杨善华、张雨晴：《镶嵌式公益扶贫模式与反思——对 K 基金会扶贫模式的个案研究》，《学术论坛》2016 年第 1 期。

孙立平、郭于华：《"软硬兼施"：正式权力非正式运作的过程分析——华北 B 镇收粮的个案研究》，载清华大学社会学系《清华社会学评论：特辑 1》，鹭江出版社 2000 年版。

覃志敏：《连片特困地区农村贫困治理转型：内源性扶贫——以滇西北波多罗村为例》，《中国农业大学学报》（社会科学版）2015 年第 6 期。

唐丽霞、罗江月、李小云：《精准扶贫机制实施的政策和实践困境》，《贵州社会科学》2015 年第 5 期。

田杰：《社会分化视野下的精准扶贫——兼论精准扶贫的社会意义》，《四川行政学院学报》2016 年第 5 期。

万江红、苏运勋：《精准扶贫基层实践困境及其解释——村民自治的视角》，《贵州社会科学》2016 年第 8 期。

汪磊：《精准扶贫视域下我国农村地区贫困人口识别机制研究》，《农村经济》2016 年第 7 期。

汪三贵、郭子豪：《论中国的精准扶贫》，《贵州社会科学》2015 年第 5 期。

王春光：《扶贫开发与村庄团结关系之研究》，《浙江社会科学》2014 年第 3 期。

王春光：《社会治理视角下的农村开发扶贫问题研究》，《中共福建省委党校学报》2015 年第 3 期。

王德军：《乐道而不安贫——对中国传统生活观念的反思》，《中州学刊》1995 年第 2 期。

王汉生、王一鸽：《目标管理责任制：农村基层政权的实践逻辑》，《社会学研究》2009 年第 2 期。

王雨磊：《村干部与实践权力——精准扶贫中的国家基层治理秩序》，《公共行政评论》2017 年第 3 期。

王雨磊：《精准扶贫何以"瞄不准"？——扶贫政策落地的三重对焦》，《国家行政学院学报》2017 年第 1 期。

吴彤：《两种"地方性知识"——兼评吉尔兹和劳斯的观点》，《自然辩证法研究》2007 年第 11 期。

吴毅：《"双重角色"、"经纪模式"与"守夜人"和"撞钟者"——来自田野的学术札记》，《开放时代》2001 年第 12 期。

吴重庆：《小农与扶贫问题》，《天府新论》2016 年第 4 期。

向家宇：《贫困治理中的农民组织化问题研究》，博士学位论文，华中师范大学，2014 年。

邢成举、李小云：《精英俘获与财政扶贫项目目标偏离的研究》，《中国行政管理》2013 年第 9 期。

徐勇：《中国家户制传统与农村发展道路——以俄国、印度的村社传统为参照》，《中国社会科学》2013 年第 8 期。

许汉泽、李小云：《"精准扶贫"的地方实践困境及乡土逻辑——以云南玉村实地调查为讨论中心》，《河北学刊》2016 年第 6 期。

许汉泽、李小云：《精准扶贫视角下扶贫项目的运作困境及其解释——以华北 W 县的竞争性项目为例》，《中国农业大学学报》（社会科学版）2016 年第 4 期。

许汉泽、李小云：《精准扶贫背景下农村产业扶贫的实践困境——对华北李村产业扶贫项目的考察》，《西北农林科技大学学报》（社会科学版）2017 年第 1 期。

杨小柳、谭宗慧：《良美村的桑蚕种养业：基于微观家庭生计的人类学分析》，载陆德泉、朱健刚主编《反思参与式发展——发展人类学前沿》，社会科学文献出版社 2013 年版。

应星：《草根动员与农民群体利益的表达机制——四个个案的比较研究》，《社会学研究》2007 年第 2 期。

于建嵘：《当前农民维权活动的一个解释框架》，《社会学研究》2004 年第 2 期。

尧水根：《论精准识别与精准帮扶实践问题及应对》，《农业考古》2016 年第 3 期。

詹国辉、张新文：《"救困"抑或"帮富"：扶贫对象的精准识别与适应性治理——基于苏北 R 县 X 村扶贫案例的田野考察》，《现代经济探讨》2017 年第 6 期。

周飞舟：《从汲取型政权到"悬浮型"政权——税费改革对国家与农民关系之影响》，《社会学研究》2006 年第 3 期。

周雪光：《基层政府间的"共谋现象"——一个政府行为的制度逻辑》，《社会学研究》2008 年第 6 期。

周怡：《贫困研究：结构解释与文化解释的对垒》，《社会学研究》2002 年第 3 期。

朱天义、高莉娟：《精准扶贫中乡村治理精英对国家与社会的衔接研究——江西省 XS 县的实践分析》，《社会主义研究》2016 年第 5 期。

左停、杨雨鑫、钟玲：《精准扶贫：技术靶向、理论解析和现实挑战》，《贵州社会科学》2015 年第 8 期。

四　文件及讲话类

《关于创新机制扎实推进农村扶贫开发工作的意见》，中办发〔2013〕25 号，2013 年 12 月 18 日。

《扶贫开发建档立卡工作方案》，国务院扶贫办，2014 年 4 月 2 日。

《山西省农村扶贫开发建档立卡工作方案》，山西省扶贫开发办公室，2014年4月22日。

《L县农村扶贫开发建档立卡工作方案》，L县扶贫开发领导组，2014年5月4日。

《建立精准扶贫工作机制实施方案》，国开办发〔2014〕30号，2014年5月12日。

《习近平在贵州召开部分省区市党委主要负责同志座谈会上的讲话》，2015年6月18日，http://www.china.com.cn/lianghui/fangtan/2016-03/01/content_37908434.htm，2016年3月1日。

《山西省扶贫开发建档立卡"回头看"工作指导意见》，山西省扶贫开发领导小组，晋贫组〔2015〕15号，2015年11月19日。

中共中央办公厅 国务院办公厅印发《关于加大脱贫攻坚力度支持革命老区开发建设的指导意见》，http://www.gov.cn/xinwen/2016-02/01/content_5038157.htm，2016年2月1日。

《吕梁市生态脱贫工程行动计划》，吕梁市人民政府，2016年8月31日。

《"十三五"脱贫攻坚规划》，国发〔2016〕64号，2016年11月23日。

《中办国办印发意见 支持深度贫困地区脱贫攻坚》，http://www.gov.cn/zhengce/2017-11/21/content_5241334.htm，2017年11月21日。

五 报纸资料类

张玉：《在社会治理中实现精准扶贫》，《光明日报》2016年5月8日第6版。

李贞：《习近平谈扶贫》，《人民日报海外版》2016年9月1日第7版。

《精准扶贫：好政策为何也有"微词"》，《中国经济时报》2014年

9 月 17 日第 A1 版。

《落实六大政策扶贫精准到户》,《山西日报》2015 年 4 月 21 日第 A2 版。

《尧都区精准扶贫由"黑"转"绿"》,《山西日报》2015 年 7 月 12 日第 A1 版。

《太原打出精准扶贫"组合拳"》,《山西日报》2015 年 9 月 29 日第 A2 版。

《精准扶贫切忌眼高手低》,《山西日报》2016 年 5 月 3 日第 C4 版。

《王拴富与他的"精准扶贫"梦》,《山西日报》2016 年 8 月 30 日第 7 版。

《运城"挂图作战"精准扶贫》,《山西日报》2016 年 9 月 25 日第 2 版。

《我省着力构筑"精准扶贫"大格局》,《山西日报》2016 年 10 月 16 日第 1 版。

《"千企帮千村精准到户"扶贫强势推进》,《山西日报》2016 年 10 月 19 日第 4 版。

《岚县干部下乡全覆盖精准扶贫惠民生》,《吕梁日报》2015 年 5 月 15 日第 2 版。

《石楼县"七个一"确保"第一书记"精准扶贫》,《吕梁日报》2015 年 11 月 28 日第 3 版。

《精准扶贫的"和顺答卷"》,《晋中日报》2016 年 11 月 22 日第 1 版。

《精准扶贫不是"精准填表"》,《忻州日报》2016 年 12 月 21 日第 2 版。

《146 家民营企业投身精准扶贫工作》,《阳泉日报》2016 年 12 月 30 日第 7 版。

《吕梁市第十批 995 名"吕梁山护工"实现就业》,《山西经济日报》2017 年 7 月 5 日第 1 版。

六 网络资料类

《山西省委第二十六批农村工作队动员培训会在太原召开》，2014年3月24日，http：//www.sxsfpb.gov.cn/shsy/xzyljg/20140324/171343330a31.html。

七 外文资料类

Applebaum, Lauren D., "The Influence of Perceived Deservingness on Policy Decisions Regarding Aid to the Poor", *Political Psychology*, Vol. 22, No. 3, 2001.

Bardhan, P. and D. Mookherjee, "Pro-poor Targeting and Accountability of Local Governments in West Bengal", *Journal of Development Economics*, Vol. 79, No. 2, 2006.

Carvalho, S. and H. White, *Combining the Quantitative and Qualitative Approaches to Poverty Measurement and Analysis: the Practice and the Potential*, Washington D. C.: the World Bank, 1997.

Clarke, Geraldine. "What Really Matters in Planning Welfare-To-Work Employment Training: a Case Study of Programs for African American Public Housing Residents" [DB/OL]. http://getd.libs.uga.edu/pdfs/clarke_geraldine_201005_phd.pdf, 2010.

Escobar, Arturo, *Encountering Development: The Making and Unmaking of the Third World*, Princeton: Princeton University Press, 1995.

Ferguson, James, *The Anti-politics Machine: "Development", Depoliticization and Bureaucratic Power in Lesotho*, Cambridge: Cambridge University Press, 1990.

Gans, H. J., *The War Against the Poor: The Underclass and Antipoverty Policy*, New York: Basic Books, 1995.

Gardner, Katy and D. Lewi, *Anthropology, Development and the Post-*

Modern Challenge, London: Pluto Press, 1996.

Grosh, M., C. del Ninno, E. Tesliuc, and A. Ouerghi, *For Protection and Promotion: The Design and Implementation of Effective Safety Nets*, Washington D. C.: the World Bank, 2008.

Guetzkow, J., "Beyond Deservingness: Congressional Discourse on Poverty, 1964 – 1996", *The Annals of the American Academy of Political and Social Science*, Vol. 629, No. 1, 2010.

Jeene, M., W. van Oorschot and W. Uunk, "Popular Criteria for the Welfare Deservingness of Disability Pensioners: The Influence of Structural and Cultural Factors", *Social Indicators Research*, Vol. 110, No. 3, 2013.

Lei Pan, and L. Christiaensen, "Who is Vouching for the Input Voucher? Decentralized Targeting and Elite Capture in Tanzania", *World Development*, Vol. 40, No. 8, 2012.

Lewis, Oscar, 1966, "The Culture of Poverty", *Scientific American*, Vol. 215, No. 4, 1996.

Oi, J. c., *State and Peasant in Contemporary China: The Political Economy of Village Government*, Berkeley: University of California Press, 1989.

Oppenheim, Carey and Lisa Harker, *Poverty: The Facts*, CPAG, 1993.

Petersen, M. B., "Social Welfare as Small-Scale Help: Evolutionary Psychology and the Deservingness Heuristic", *American Journal of Political Science*, Vol. 56, No. 1, 2012.

Scott, J. C, *Seeing Like a State*, London and New Haven, CT: Yale University Press, 1998.

Townsend, P., *Poverty in the United Kingdom: A Survey of Household Resources and Standards of Living*, London: Allen Lane and Penguin

Books, 1979.

Van Oorschot, W. J. H, "Who Should Get What, and Why?" in S. Leibfried, & S. Mau, eds. *Welfare States: Construction, Deconstruction, Reconstruction*, London: Edward Elgar, 2008, pp. 353–368.

Verhelst, Thierry G., *No Life Without Roots: Culture and Development*, London: Zed Books, 1990.

Wong, S., 2010, "Elite Capture or Capture elites? Lessons from the 'Counter-elite' and 'Co-opt-elite' Approaches in Bangladesh and Ghana", WIDER Working Paper 82, http: www.wider.org/papers/w82.

后 记

本书的雏形是我的博士学位论文，3年的读博生涯让我收获了许多，这本书无疑是博士3年最大的成果。一晃距离入学已经过去6年，距离完成博士学位论文也过去了3年之久，现在回顾本书的完成过程，历历在目，记忆犹新。博士学位论文从选题、确定田野点到入驻田野点、着手写作历时一年半，其中艰辛只有自己知道，能够一路走下来，实属不易。

我的博士导师罗红光教授一入学就告诉我们，他要教会我们如何做学问，而不是要教我们学问是什么，所以他一直坚持要我们自己选择研究课题，没有规定任何条条框框，唯一的要求就是自己感兴趣，他让我们一遍遍地拷问自己的内心："你到底喜欢这个课题吗？"在反复确定选题的过程中，我经历过徘徊犹豫、迷茫踟蹰，不知道自己到底该研究什么，自己的方向是什么。在那段日子，感到自己就像一只风筝，在广袤的天空自由飞翔，广泛涉猎感兴趣的领域，拽着我的那根线就是专业知识。罗老师坚持每周召开一次学术沙龙和读书会，以读书的形式开拓思维、增长见识，培养我们的专业素养，让我们保持对社会现象的学术敏锐度。在这样专业系统的训练中，通过不断阅读社会学、人类学经典著作，我逐渐生发了自己的兴趣偏好、找到了属于自己的问题意识，最终确定将"精准扶贫"作为研究主题。我原本打算写精准扶贫的某些扶贫项目的实施困境，所里开题的时候，王春光教授提到研究精准识别引起的个人、社会和国家之间的互动应该是很有意思的课题。后经阅读前人的研究成果和初步调研，发现这一课题确实值得研究，于是最终确立以精准识别为切入点。在此，我要感谢我的导师罗教授的精心指导和王教授的悉心点拨。

论文的撰写过程也比较曲折，面对搜集到的大量的田野资料，我不知道该如何组织、运用，虽然调研前已经有相对清晰的问题意识，但是分析框架是什么、如何行文、如何布局，都是我最初面临的难题。在动手写作之前，罗老师安排我就田野调查的情况做一次专门性的汇报，在这次汇报会上，我受益匪浅。罗老师非常肯定我的田野工作，认为我的问题意识清晰，搜集到的资料丰富翔实且有针对性，而且有些观点见解独到；同时，他提出了建设性的指导意见，使我对论文的框架搭建、分析架构等有了初步的想法。同门师姐师妹们也提出了宝贵的意见，她们的洞见开拓了我的思维、激发了我更多的灵感。接着便是田野资料的整理、分类，框架的搭建，在此过程中，导师都会在关键时刻一针见血地指出问题，并且提出有针对性的指导意见，听完他的指导，我常常会茅塞顿开、豁然开朗。

3年的时间一晃而过，如白驹过隙，刚入学的场景仿佛昨日，而今，我即将离开中国社科院这个学风严谨的大家庭，心中有万分不舍。回想这3年的点滴，我心中充满感恩，感恩自己能够有幸在殿堂级的研究机构学习。在这个平台上，我接触到殿堂级的老师们，他们都是各自领域中的翘楚，他们彬彬有礼、温文尔雅，他们治学严谨、认真负责，他们学识渊博、才华横溢，他们的言行举止都在潜移默化地影响着我。郑少雄老师、王春光老师、李炜老师、赵立玮老师、何蓉老师、崔岩老师、夏传玲老师，感谢你们，你们不仅教会我具体的学术知识，更重要的是，言传身教潜移默化地熏陶着我。

感恩自己能够遇到学风严谨、认真负责、风度翩翩的罗红光教授,他的精心栽培使我在中国社科院的博士生涯中收获颇丰,我不仅学会了如何做学问,还学会了如何做人、做事。恩师睿智、敏锐,恩师严谨、负责,对待我的每次请教都一丝不苟。感恩我有这样的人生导师,是他让我最终明白了自己的真正兴趣,在一次次探索研究课题的过程中我逐渐掌握了做学问的方法;是他带我在人类学的世界里自由驰骋,让我领略了更多人类学家的理论和风采;是他的言传身教使我明白了何为"治学严谨",明白了如何做人。

感恩自己的博士学位论文能够在预答辩和答辩中得到大师级的老师的指导,感谢景军老师、赵延东老师、鲍江老师、李炜老师、陈光金老师的不吝赐教,提供了许多有洞见的指导,令我茅塞顿开,感谢论文评阅人张小军老师、赵旭东老师的精彩点评,一针见血地指出存在的不足与需要改进的地方。感谢你们的辛勤付出,正是有你们,我的论文才有了提高的可能。

感恩自己有许多睿智聪慧的同门师兄师姐师妹们,在一次次学术沙龙、读书会上我们碰撞学术思想。感谢有你们,正是你们的真知灼见启迪了我的思维,在这里我们百花齐放,竞相争艳。

感恩自己能够遇到志同道合的同学,万华颖博士、臧小聪博士、伍亦雯博士、李一博士、杨嘉莹博士、徐磊博士、张云亮博士、胡备博士,和你们一起读书、一起讨论的时光那么难以忘怀,彼此间惺惺相惜的感情更是弥足珍贵。

在此,我要感谢我这位亲戚付叔叔的热心帮助,没有他的帮助我就无缘W村;我要感谢W村的每一位村民,他们质朴、真实,为我的论文提供了丰富的素材。

感恩家人的理解和包容,梁先生是我的精神支柱,他不仅鼓励我考博,还主动担负起家庭的经济重任,对我的学习给予无限支持;我的父母不仅慷慨解囊、为我提供学费支持,还主动帮我照顾小孩;公婆更是在最后写论文的关键时刻倾力相助为我解除后顾之忧。最后,感谢我的妹夫,作为一名从事一线扶贫工作的乡镇公务员,他为我提供了许多丰富宝贵的扶贫素材,得益于大量扶贫故事的深入了解,我才能对精准扶贫有如此深入细致的考察。

　　同时,我也感谢为此书的出版精心打磨和努力的出版社的各位工作人员,尤其是对责任编辑孔继萍同志的辛勤、敬业和严谨深感敬佩,在此一并表示由衷的感谢!

　　能够读博深造、走上学术之路,真的是我人生最大的惊喜和意外,我的考博、读博、做学术的经历,让人相信:心有多大,舞台就有多大;只要敢想肯干,原本遥不可及的事情也可以慢慢成为现实。希望每一位怀揣梦想的人,能够朝着目标勇敢地追逐!只要心怀梦想,什么时候开始都不算晚,让梦想照进现实!